Hijo del siglo

EDUARDO HARO TECGLEN

Hijo del siglo

CRÓNICA

EL PAIS
AGUILAR

1998, Grupo Santillana de Ediciones, S. A.
Torrelaguna, 60. 28043 Madrid
Teléfono (91) 744 90 60
Telefax (91) 744 90 93

• Aguilar, Altea, Taurus, Alfaguara S. A.
Beazley 3860. 1437 Buenos Aires
• Aguilar, Altea, Taurus, Alfaguara S. A. de C. V.
Avda. Universidad, 767, Col. del Valle,
México, D.F. C. P. 03100
• Ediciones Santillana, S. A.
Calle 80 Nº 10-23
Bogotá, Colombia

ISBN: 84-03-599285-5
Depósito legal: M-11.063-1998
Impreso en España por Rogar, S.A.
Printed in Spain
Foto de cubierta: Rafael Roa
Diseño cubierta: Francisco González

Índice

Crónica

"NO HAGAS ruido, que tu padre está escribiendo la crónica". Mi padre era el escritor en un despacho renacimiento español, con un enorme tintero de cristal continuamente renovado para que la tinta no se secase, no hiciese grumos. La palabra "crónica" tenía para mí un carácter sagrado: la casa tenía que quedar silenciosa y tranquila para que pudiese ser escrita la crónica. Mi padre tenía una letra bellísima y personal: su padre, mi abuelo Dulcino, era calígrafo de fama, y había conseguido de su hijo esa escritura clara y elegante. No pudo conmigo: yo ya fui de máquina de escribir. La letra escrita formaba parte de la estética del escritor. Todos buscamos una estética. He visto escritores que encargaban el papel a Finlandia, otros a Venecia.

Mi padre escribía en cuartillas satinadas. El folio o la holandesa no daban la medida de su página manuscrita: era un espacio demasiado abierto. Ahora la cuartilla no tiene uso, y al papel largo le llamamos A-4. Las cuartillas eran el único papel en mi redacción de *Informaciones*; pero era la posguerra, y se hacían cuartillas de posteta: cortadas de los restos de bobinas para la rotativa. Los diccionarios no recogen, ni los prontuarios de tipografía, esta acepción de la palabra posteta; pero allí la empleábamos. Posteta, posguerra: el papel era grumoso, reciclado de esparto, de viejos trapos, de alpargatas de obrero. Las plumillas se enganchaban en las estacas alisadas de su abominable superficie. Víctor de la

Serna, el director, tenía otras, también satinadas, y hacía sus surcos con una letra caligráfica. Era un esteta: un estilista, se decía entonces, y se aplicaba sobre todo a personas como Azorín, como Gabriel Miró.

En ese momento, mi padre escribía sobre papel higiénico, que era el único del que disponía en las prisiones por donde le llevaban: Ciudad Rodrigo, Pastrana. Hacía así las crónicas que nunca se publicarían: estampas, imágenes de la cárcel, miradas o vidas de los otros presos. Luego lo destruyó todo: lo que escribió en esos días largos y amargos que se iban haciendo años y años, en el patio de los penados envueltos en mantas, bajo la geometría levísima de las cigüeñas anidadas que se iban y volvían con sus estaciones; y también lo escrito que tenía guardado en casa, y los recortes cuidadosamente pegados —esos sí, en folios— de las crónicas publicadas. No quiso dejar nada detrás de él: su vida de escritor había terminado. No dijo nada a nadie: se destruyó en silencio. Un día fui a buscar algo que quería releer, y ya no estaba: ni nada. Aún escribía papeles alimenticios: traducciones de diálogos de películas cuyo doblaje dirigía él mismo, en los estudios de Hugo Donarelli. Y las papeletas para la Real Academia Española, que le había encargado Pemán. Ahora se están informatizando los millones de papeletas que se guardaron desde otros siglos: me pregunto que será de las manuscritas —quizá el fuego: la culminación de lo que él destruyó, los últimos surcos de su escritura— entre las que estarán las que caligrafió mi padre. Que era un cronista.

La palabra "crónica", escrita bajo el título de este libro, es un homenaje al escritor que se encerraba en su despacho, abría la carpeta negra, reposaba en el forro de raso verde el mazo de cuartillas blanquísimas y suaves, y con la escogida plumilla del calígrafo escribía, arriba, la palabra "Crónica", el epígrafe con el que se publicaban en su periódico, *La Libertad*: un título audaz, decimonónico y prohibido luego. Abajo los libertarios, los librepensadores, los libertaristas.

Todos los que escribían, trabajaban allí, fueron privados de libertad, o saltaron al exilio, o se escondieron, o vivieron en la miseria, privados de su trabajo. Un episodio que forma parte de la crónica general de España.

"Crónica" no tiene otro sentido: es la obra del cronos, del tiempo. Se escribe sobre el día; y los días hacen el año, la vida. El siglo, o casi siglo, que empieza en mis recuerdos de antes del nacimiento (¿se puede decir eso?) y avanzan hasta lo que ha de venir (aunque no venga nunca). La crónica es una "historia en la que se observa el orden de los tiempos": misteriosa acepción. ¿Tienen un orden los tiempos, cómo se les observa? Es también "un articulo de actualidad"; y la actualidad es un fragmento de tiempo. En el diccionario *Claves* se pone un ejemplo, al que me acojo: "En una crónica se cuenta algo de lo que se ha visto y se permiten comentarios personales": parece que es lo de mi padre, lo mío.

Bajo un libro anterior, *El niño republicano*, a cuya manera está hecho éste, puse la palabra "narración": se contaba, también, un tiempo que vi, que viví o que comenté y pasó. O por el que pasé como pude. En todo caso evito la palabra "memorias" y mucho mas la palabra "recuerdos", porque me parecen demasiado elevadas: la memoria inventa, arregla, modifica, actualiza el pasado. Escribo sobre lo que pasó, y lo escribo desde hoy, como lo siento hoy y como corresponde a la textura que tengo hoy. Con unos recuerdos: están deteriorados. Escribo sobre notas ya escritas, sobre otros escritos anteriores; a veces los tomo enteros para que sean mas auténticos, para que tengan la textura del momento en que fueron escritos. Hay párrafos o segmentos que han sido escritos después de haber entregado el primer original; otros vienen de años pasados. Si algún lector del libro anterior encuentra en éste líneas, o quizá algún párrafo, o una docena de palabras que han emigrado hasta aquí, que sepa que no han caído por error, o por el ordenador y su propia memoria extraviada: será porque esas cuatro líneas o veinte palabras están dentro de otro contexto, alimentan otros párrafos, se nutren ellas. No soy el primero es decir que escribo con trozos, con restos, con esquirlas de otras cosas: creo que los existencialistas franceses ya lo descubrieron. Y antes. El propio Musset, que fue probablemente el primero que escribió la frase "hijo del siglo" —*Confesiones de un hijo del siglo*—, que luego hemos usado todos, contaba ya la historia del hombre que quería hacer una casa nueva con el material de la que caía en ruinas, tenía que hacerla con los escombros porque no llegan jamás las piedras nuevas para su edificio. Un punto más allá de este hombre patético está aquel que *desconstruye*, palabra que no existe en nuestro idioma pero que tendrá que estar en algún momento de lo por venir: por toda la riqueza que tiene ya en los idiomas donde existe, en inglés o en francés. En inglés el primero que habló de la *desconstrucción* como algo deseable, necesario y justo, fue Oscar Wilde, el siglo pasado. Había ya pasado por esa terrible experiencia de los trabajos forzados: de picar piedras para nada, para *desconstruir*, para que los otros destrozaran su vida de ciudadano libre, y él lo había aplicado a su trabajo. En ese sentido lo tomó, setenta años después, el filosofo francés Derrida; y de él llegó otra vez al inglés, a la Escuela de Yale: en ese tiempo había adquirido ya su propia *desconstrucción* y se había ido haciendo incomprensible. En el *Robert* se dice que es destruir por el análisis lo que ha sido construido: se descontruye un concepto, una estructura. Por el análisis: por la voluntad. Por la, digamos, razón; que también se va *desconstruyendo*.

Se *desconstruye* un libro, o una vida que se ha montado de una manera diferente; o una realidad extratextual. Este libro ha sido *desconstruido*. Despiezado: en el periodismo actual hay una palabra nueva (en esta acepción), que es "despiece". Obedece a razones formales. A partir del momento en el que aparecieron en la expresión imágenes y sonidos creados por la técnica —o con una técnica desarrollada a partir de otras literaturas, de las teatrales— cundió el pánico entre los editores de libros y de periódicos: creyeron que el lector iba a ser ya reacio a la lectura y que había que ofrecérsela entre imágenes y blancos. Los libros "de texto" —es decir, los que no tenían imágenes, o "santos" o "monos", como se llamaba a las ilustraciones en el infantil lenguaje profesional— comenzaron a cambiar de forma: empezaron a desnaturalizarse, a colorearse, a convertirse en lo que se ha llamado "libros de editor". Y los periódicos, a perder su virtud de lectura. Algunos han resistido: periódicos magistrales como *Le Monde* o *The Times* han estado hasta hace poco negándose a meter imágenes entre sus bellos textos. Pero ya cayeron. Otros se resisten todavía a darlas en color, y se acogen al prestigio solemne del blanco y negro.

Empezaron a entrar en el periodismo formas de *desconstrucción* de la lectura: sistemas sintácticos de brevedad, artículos cortos. Y espacios blancos. Como todas las necesidades, como todos los grandes sustos de los tiempos, se derivan hacia formas de arte. La máscara griega era un artefacto que se usaba en el teatro limpio y puro del aire libre para que el sonido, la resonancia de la voz, llegara al lejano anfiteatro, de esta forma de personar o ampliar el sonido se hizo "personaje", y de la máscara un misterio y un símbolo. En los periódicos los espacios blancos, los tipos grandes, hicieron nacer un arte, y un empleo de Director de arte nacido del antiguo confeccionador. Un artículo largo, ahora, si no se puede cortar o conviene hacerlo, se despieza. Los trozos se publican con distintas tipografías, en recuadros diferentes, a veces como pies de fotografías, o como entradas; fragmentos en negritas, otros en redonda; quizá alguno, excepcionalmente, en cursiva, que ahora no gusta. *Desconstruido*.

Este libro tiene todos estos "des": escrito sobre esquirlas y piedras caídas de una vida, y de una escritura; pero no completa esa vida, ni la mantiene; está hecho de escombros; está *desconstruido* en sí mismo, pero también tiende a la *des-*

construcción wildeana, la de los análisis contra las imposiciones. Está despiezado: lo que a veces era una línea continua de narración ha estallado, y se encuentran trozos aquí y allá. Metido lo personal entre lo general; la vida propia entre los datos de la historia. Esto es, una crónica. No nace de una voluntad de estilo, sino de una necesidad de escribir la crónica. La vida se hace cada día de una anécdota personal, de una barbarie política, de una injusticia que nace del vientre violado de la Justicia en los frontis de sus templos, de un amorío o de un abandono, de la frase de un niño o del paso de una mujer o de una matanza lejana.

Quizá esté describiendo un periódico: quizá la vida de un periodista y su cerebro, su textura mental, sean, en sí, un periódico. Para mí todo esto es una crónica. No la crónica ordenada, como si el tiempo fuera un calendario o un reloj reales, como si hubiera páginas distintas para cada suceso, sino la que se hace al vivir. Deja un artificio; pero entra en otro. Es una manera de contar.

Hijo del siglo

Père Ubu: C'est tout de même un bon réveil, qui marque le cours de la lune et de la rente, les heures, les minutes, les secondes et les siècles.... (La sonnerie redouble) Ah mon Dieu! c'est au moins l'heure du Jugement Dernier.

La Conscience: (sortant de la table de nuit). Pas exactement, Père Ubu: ce n'est que le siècle qui sonne!

(Alfred Jarry, *Confession d'un enfant du siècle. Calendrier du Pére Ubu pour 1901)*

"Mais pourtant je ne suis pas de ceux qui s'humilient et qui acceptent. La tempête, j 'en serai l'auteur et une des victimes. Pensées amoureuses devenez plus terribles et plus sereines, jour prochain du règlement de comptes, lève-toi.

Je demeure, ils passent.

Et qu'ils passent ainsi, vagues fantômes soumis des rites sexuels et qui ont oublié les lois spirituelles de l'amour qu'ils prétendent éprouver. Vivant par l'âme et la matière je n'aurai au jour voulu qu'á lever le doigt pour que ces mirages dérisoires soient balayés avec les premières épaves, au souffle de l'amour réciproque.

(Robert Desnos, *Confession d'un enfant du siècle. Tandis que je demeure).*

Voilà un homme dont la maison tombe en ruine; il l'a démolie pouren bâtir une autre. Les décombres gisent sur son champ, et il attend des pierres nouvelles pour son édifice nouveau. Au moment où le voilà prêt à tailler ses moellons et à faire son ciment, la pioche en main, les bras retroussés, on vient lui dire que les pierres manquent, et lui conseiller de reblanchir les vieilles pour en tirer parti. Que voulez-vous qu'il fasse, lui qui ne veut point de ruines pour faire un nid à sa couvée ? La carrière est pourtant profonde, les instruments trop faibles pour en tirer les pierres. "Attendez, lui dit-on, on les tirera peu à peu; espérez, travaillez, avancez, reculez." Que ne lui dit-on pas ? Et pendant ce temps-là cet homme, n'ayant plus sa vieille maison et pas encore sa maison nouvelle, ne sait comment se défendre de la pluie, ni comment préparer son repas du soir, ni où travailler, ni où reposer, ni où vivre, ni où mourir, et ses enfants sont nouveau-nés.

(Alfred de Musset, *La confession d'un enfant du siècle*, Capítulo II)

[Padre Ubú.- Bueno, en cualquier caso se trata de un buen despertador que marca los ciclos de la luna y de los ingresos, las horas, los minutos, los segundos y los siglos... (*La campanilla del reloj incrementa su sonido*) ¡Oh, Dios mío! ¡Por lo menos debe ser la hora del Juicio Final!

Su Conciencia.- (*Saliendo del cajón de la mesilla*) Os equivocáis, Padre Ubú. Apenas si se trata de que comienza el siglo.

(Alfred Jarry: *Confession d'un enfant du siècle. Calendrier du Père Ubu pour 1901*)

Pero sin embargo yo no soy de ésos que se humillan y lo aceptan todo. Seré el que hace la tempestad y el que la padece. ¡Pensamientos amorosos, convertíos en más terribles y serenos aún, próximo día de ajuste de cuentas, levántate!

Yo vivo, ellos pasan.

Y pasan así tenues fantasmas sometidos a ritos sexuales que han olvidado las leyes espirituales del amor que pretenden probar. Viviendo del alma y de la materia, al cabo del día no habré querido mover ni un dedo para que esos espejismos irrisorios sean barridos con los primeros desechos, al soplo del amor recíproco.

(Robert Desnos: *Confession d'un enfant du siècle. Tandis que je demeure*)

Imaginemos a un hombre cuya casa se derrumba; procederá a su demolición para edificar una nueva. Los escombros yacen sobre el terreno y aguarda nuevos bloques, para edificar otra vez. En el momento en que le vemos listo para tallar sus morillos y amasar su cemento, la azada entre las manos y los brazos remangados, vienen a decirle que no hay piedras, aconsejándole que blanquee las antiguas para aprovecharlas. ¿Qué queréis que haga, el que detesta las ruinas, para construir un nido a su camada? La cantera, sin embargo, es profunda, pero los instrumentos resultan demasiado débiles para extraer la piedra. "Espera —le dicen—, poco a poco las sacarás; espera, trabaja, avanza, retrocede". ¿Qué no le dirán? Y mientras tanto, este hombre, no disponiendo ya de su antigua casa ni, todavía, de la nueva, no sabe cómo defenderse de la lluvia, ni cómo preparar su cena, ni dónde trabajar, reposar, vivir o morir. Y sus hijos son recién nacidos.

(Alfred de Musset: *Confession d'un enfant du siècle*. Capítulo II).]

ME DESPERTÉ en la madrugada y dije en voz alta: "Socorro". No sé por qué. Quizá fuera una oración. Me vendría en el sueño: a veces se sueña que se es creyente. Uno de los perros subió a la cama, me pasó la lengua por la cara: ¿Dios? Le llamamos *Top*: lo máximo, lo más alto, lo mejor. "You're the top", cantaban unos, cuando yo era niño. Fred, Ginger... No sé. *Top* es un perro exigente y está siempre de mal humor. Le amo.

Aixa la Ojos me pidió una noche que la llevara a la tumba de su perro, en el cementerio de animales, junto al de los ingleses: amos y perros. Llovía, había un arroyuelo: el Cadillac era muy pesado para ese barro, y seguimos a pie. Con cerillas íbamos buscando la tumba; la lluvia las apagaba y Aixa la Ojos estaba desesperada. Era una mujer dura, quizá mala: sería su única defensa en la vida. Delgada, acalaverada, tenía unos enormes ojos saltones. La Ojos. Era mayor que sus compañeras nocturnas: las quería dominar, no se dejaban. Una noche se peleó por mí con Zohora. Quiero decir por mi dinero, por el cliente. Yo no lo era. Sólo charlábamos, sólo pagaba su whisky mientras estaba desocupada. Zohora: la luz más bella que he visto en el mundo estaba en sus ojos. "Nur yamalek ayam bil'Lah; amin tibil'Lah": era una canción de moda entre ellos. La luz de tus ojos es obra de Dios: por eso creo en Dios. Un Bécquer moro. Pero yo no se la podía citar a Zohora: se sabía tan horriblemente impura, tan repugnante, tan hundida, que no permitía que se citara el nombre de Allah en su presencia: le dañaría. Ella misma era una blasfemia.

Zohora era diminuta, bonita, sentimental, enamoradiza. Iba al cine para llorar con las películas de amor: luego salía para "hacer la puta", como decía ella. Canturreaba boleros. La noche que entró en aquel bar, quién sabe ya cuál era, se reía porque yo era muy alto y ella muy pequeña: nunca había visto a nadie tan alto. No podríamos, decía ella, acostarnos juntos: "Ven —me dijo—, vamos a probarnos", y se pegó a mí, y me agarró el sexo con sus manecitas. Se reía. Aixa la Ojos no pudo más y le saltó encima: le arrancó la blusilla de color naranja, se le quedaron los pechitos al aire y a ella, que hacía de puta, le salió el pudor árabe: se agarraba los jirones y lloraba. Me enfadé con Aixa la Ojos, metí en el coche a Zohora, la llevé hasta la Medina; y allí seguimos a pie hasta el hotelucho donde vivía: con su madre y con su hija. Ella misma, pienso ahora, no tendría más de dieciséis o diecisiete años. Pero entonces, y allí, no nos preocupaban las edades. Todavía me asombro cuando oigo los lamentos contra la prostitución infantil en el Tercer Mundo, o donde sea: no tienen otra cosa con la que trabajar, no tienen nada que vender más que su sexo. Niños y niñas. Sus padres, sus madres: los hermanos pequeños van aprendiendo. A las chicas les ponen una nuez, más tarde una avellana, en la vagina, para que desarrollen sus músculos: se agarran al sexo del hombre con esos labios, lo absorben, lo meten hacia dentro, le masturban.

Me lo contó Fátima. No sé si se llamaba Fátima: este nombre lo invento para escribir. Uno puede recordar a una persona toda la vida, y sentir la emoción antigua, y una forma de amor, sin saber quién era, ni cómo se llamaba. A veces pienso que la mujer que más me ha deseado ha sido Fátima: por mi dinero, porque no le pegué ni la insulté, porque no le arrojé vaharadas de alcohol, ni vomité sobre ella, ni la humillé: porque la acaricié y le hablé con buenas palabras. Era la más pequeña de todas; la tenían aterrorizada sus compañeras, y los policías, y los matones, y los confidentes, y las rocosas dueñas de los bares. Claro que yo encuentro el amor en el sexo y procuro darlo: tres minutos son una vida. Me parece que la mujer me da tanto cuando se da ella que no basta con un poco de dinero que se le dé: hay que darle las gracias. Y un profundo amor para la media hora: empieza y termina y se olvida, o no se olvida jamás, pero es un verdadero amor. No creo que haya mucha gente preparada para entenderlo.

A Fátima (quizá no supe nunca su nombre: Fátima es el nombre tópico, como ellos llaman a las nuestras María: uno puede recordar a una persona toda la vida, y sentir la emoción antigua, sin saber quién era, ni cómo se llamaba) la saqué una noche de un bar diminuto, de Le Trou dans le Mur, por el poco de piedad de verla maltratada. Fue entonces cuando me succionó con su sexo: viva y ardiente, pero adiestrada. Por su padre, por sus hermanos, y antes por la madre y la avellana, la nuez. En ese momento me pidió no sé cuánto dinero más. Claro, claro. Siempre es poco: una mujer, aunque sea la última, vale más.

—¿Quién te ha enseñado eso?

Creyó que era su poder vaginal: me lo contó. Hablaba, como todas, mezclando idiomas, entre infinitivos y gestos.

—Digo: a pedir dinero en el momento preciso.

También su madre, sus hermanos. El tercer o cuarto, o decimosexto mundo: el de la gente descalza y harapienta. Los ínfimos entre los ínfimos. Dentro de cada mundo hay muchos mundos, y los últimos son iguales en todas partes. El Bronx o Tánger. Fátima tendría trece o catorce años. Habrá muerto ya. Habrán muerto todas. Una puta mora, en Tánger, no tiene mucha vida por delante: les pegan, las arrastran: los hombres que las prostituyen y las emplean creen que son ellas las culpables, las verdaderas pecadoras: si las hieren y las insultan, si las tiran a la calle de un coche en marcha (Zohora tenía de ello una leve cojera), Dios les estimará: les verá en su verdadera pureza, en su repudio del mal por el odio al pecador. El catolicismo de España ha aprendido mucho del islamismo fanático. Ved a alguien que castiga a alguien y será que le muestra a Dios su odio por el mal. Su inocencia de canalla. Habrán muerto aquellas niñas: de palizas, de alcohol, de enfermedades, de abandono, de pobreza. (El sida estaría allí antes que en el mundo: un crisol, un *melting-pot*). ¿Cómo iban a vivir hasta ahora? Tendrían cuarenta años: una puta mora no llega nunca a esa edad. La habrá sucedido su hija, y la hija de su hija. Pero ahora son peores tiempos. Las enfermedades, el miedo a África, el islamismo...

Quizá Aixa la Ojos haya sobrevivido: la vi un día, años después, en Madrid. No sé cómo llegó hasta aquí: quizá estaría ella misma importando moritas para España: en las gasolineras eran muy estimadas, pero ahora prefieren a las rusas, las polacas. No deben tener, como ellas, el truco de la vagina elástica, aunque no todas lo sepan hacer: no han tenido buenos instructores, o no había varones en la familia para practicarlo con su gran bálano circuncidado y crecido libre en el niño desnudo, o dentro en los enormes zaragüelles. Zohora no lo hacía conmigo: eso no se hace con el hombre al que se ama. Enrojecía cuando yo le explicaba cómo lo hacía Fátima: conmigo, me decía, ella no era una puta.
Tampoco sé si lo sabía Aixa la Ojos: nunca estuve con ella. Una amistad, eso sí: y, compartida, la noche de la tumba del perro. Estábamos empapados, buscábamos en los montículos y en las lápidas, en los huecos entre los monumentillos. En un momento, emitió un aullido y se tiró al suelo: lloraba, hablaba en chelja, escarbaba en el barro. Había encontrado la tumba. Comprendí entonces que un perro podía ser el dios de alguien. Y morirse como un dios.

"...Mujeres extraviadas entre el cuerpo y el alma", escribía Cioran. Será difícil hacer comprender a quien no sea así que el amor puede aparecerse, afirmarse, cumplirse, desganarse y morir en el espacio de una hora. Pero no en cualquier hora. En una, en algunas que aparecen en la vida. No se sabe por qué.

Top se sentaba junto a mí mientras yo estaba escribiendo. Ya no está. *Top* ha muerto de un cáncer en las glándulas salivares. Ya no podía comer, ni casi respirar. El veterinario empleó las palabras clásicas y dulces: dormirle, sacrificarle. Le matamos, en fin. No era dios, aunque consolase por las noches. No era nada: un perro. Le pusieron la inyección tranquilizante y poco a poco se fue quedando dormido; yo estaba a su lado, con la mano en su cabeza, diciendo las palabras sin imaginación que se dedican a los que mueren. Pasaban los otros clientes, con sus perros, por el pasillo de la muerte, y no comprendían bien la escena. Cuando *Top* se quedó dormido del todo, me despidieron: era el momento de ponerle el no sé qué, cianuro o arsénico. Adiós, *Top*.

A alguien que moría le mentí. Era mi hijo Alberto. Era el más pequeño de todos, sin duda un último esfuerzo de un amor ya agotado: nació en Tánger. No llegó a los veintitrés años. No habían sido buenos años, y él mismo lo comentaba cuando ya se sabía próximo al final: entendía que era duro haber pasado una vida de esfuerzos para morir sin obtener ningún beneficio. Todavía esperaba algo, y al morir me dijo que esto no puede terminar así: debe haber algo más, un cierto más allá, el que fuese. Fue entonces cuando le mentí, y le dije que coincidía con él, que esto no podía acabarse definitivamente. No le mentí, sin embargo, cuando en la planta trece de La Paz, la de los terminales, el médico me dijo que el último esfuerzo que se podía hacer era un gota-a-gota que podría hacerle sobrevivir un tiempo; pero que podría precipitar su muerte. No me pareció honesto decidir yo: había que dejarle a él la opción. De todas maneras, me tomó de la mano y me preguntó qué haría yo. Yo lo aceptaría, dije sinceramente; aceptaría el cara o cruz, no me quedaría sin hacer nada. No le dije que todo era inútil: estaba a condenado a muerte, y de todas formas moriría. No hay que decir esas cosas: no ayudan, y sólo justifican al que lo explica: justifican su asco de conciencia limpia. Qué invento, la conciencia. Ha sido útil: ha engañado a la humanidad miles de años y todavía quedan sus residuos, perdidos en la pobre maraña que forman la dignidad, la ética, la moral, el honor y las demás trampas por las que el hombre se encadena a sí mismo para servir a sus amos. Alberto escogió el goteo de la medicina tóxica: se lo pusieron en el conducto por donde recibía los sueros. Murió.

"¡Qué pena que Haro no haya encontrado todavía a Dios y no vislumbre la auténtica felicidad! No dejo de deseárselo de todo corazón, cada día, con la esperanza de que sea pronto. Manuel Cruz". Una columnilla en el suplemento clerical 'Alfa y Omega' de *Abc* (sale los sábados; unas hojillas descoloridas junto a otro manojo, el suplemento de pasatiempos; una conjugación sin duda inteligente de lo trascendental con lo frívolo) me explicaba un poco la tragedia de mis ausencias, de los vacíos de la casa. ¡Manolito Cruz! En la estrecha redacción del *España*, de Tánger, el joven aprendiz de periodista —la vocación le venía, como a tantos de nuestra especie, por vía dinástica— ponía los ojos en blanco cada vez que Carlos Sampelayo blasfemaba. Carlos era uno del *Heraldo*, del histórico y deslenguado *Heraldo de Madrid*, donde Ruano y Lucientes y otros grandes: en la guerra fue a parar a la CNT, creo que por escapar de la izquierda roja y dura, la comunista, pero algo de un anarquismo literario tenía dentro. Escapó a América, corrió por allí raros kilómetros de selva y fango buscando trabajos prometidos, fue a París, a Méjico, volvió cuando ya no le iban a matar ni a nada a Barcelona, pero nunca le dieron trabajo. Otro periodista de su tiempo, Julio Zarraluqui —padre del buen novelista que ahora ha cambiado por "k" la "q" del apellido—, un hombre que era exactamente igual que Eisenhower y lo cultivaba como en broma, poniéndose corbata de lazo y sonriendo con amplitud, abriendo mucho sus ojos azules, nos lo mandó al diario *España* de Tánger. Era un hombre bronco y abierto, endurecido por la vida, que escribió una serie de artículos, luego libro, que se llamó *Los que no volvieron*: los españoles muertos en el exilio antes de que la Madre dura y bruta que algunas personas aún llaman patria les abriera el regreso. Al principio, Sampelayo blasfemaba con naturalidad, como quien habla: el lenguaje de la tierra, del periodismo y del exilio. Cuando advirtió el sobresalto que le producía a Manolito Cruz, acentuó el lenguaje. Le llamaba al despacho, le pedía que se moderase. "Pero ¿ha visto usted a ese gilipollas, a ese niñato? Es tonto, tonto, tonto...". "Respételo usted, Carlos. Está haciendo su trabajo, tiene derecho a sus creencias..." Prometía. Pero Cruz, en uno de los momentos siguientes, leía en voz alta una noticia: "El Santo Padre ha deseado el bien en su mensaje hasta a los no creyentes..." Quizá su voz era un poco meliflua, quizá su forma de decir "Santo Padre" resultaba exageradamente reverencial: quizá podía parecer que provocaba al terrible blasfemo. El cual, de pronto estallaba en carcajadotas y explicaba lo que el "Santo Padre" podría hacer con sus órganos sexuales, y cómo debería aproximarlos a los de la "Santísima Virgen": en un tono, eso sí, convincente. Y Cruz volvía a la ventana, y el rostro a las estrellas, y musitaba sus oraciones de desagravio, mientras el subdirector se agazapaba en su cuchitril para no oír ni ver ni intervenir. Quería ser de dos religiones simultáneamente, y si fuera posible también ateo, y ser grato a los islámicos: se llamaba Samuel Cohen como hebreo de casta religiosa pero firmaba en *Abc* Claudio Laredo, un apellido de familias hebreas ilustres, pero disimuladas.

(Pobre Samuel, viajaba por todo el mundo con invitaciones de periodista; Luis Calvo se las daba a la esposa, Conchita. En cada ciudad visitaba al mejor cardiólogo: tenía neurosis cardiaca. Todos le tranquilizaban: estaba completamente sano. Una mañana cayó fulminando de un ataque al corazón, cuando jugaba al tenis en el Emsallah. Las neurosis matan a su hombre).

Carlos Sampelayo murió, doblado por la edad y la miseria, por las leguas funestas atravesadas en el exilio y las peores del regreso; y Manuel Cruz ha devenido presidente de los periodistas católicos, o de una asociación de ellos, no lo sé bien. Aparece en letra cursiva, recuadradito, en *Alfa y Omega*, y decía en la nota citada: "Al matrimonio Iñaki-Cristina le han deseado todo lo bueno y lo mejor, como es natural. Incluso ha habido un columnista —en *El País*— que le ha deseado buenos divorcios, sin duda porque sólo se ofrece lo que se tiene. Eduardo Haro Tecglen, a quien quiero entrañablemente desde la distancia; fue mi director en el diario *España* de Tánger cuando yo era un chaval, y durante años admiré su brillantez profesional, su tolerancia y su amor a Pilar, su esposa, con la que tuvo seis hijos. Tuve ocasión de comprobar hasta qué punto respetaba, desde su agnosticismo, a los fieles de todas las creencias que convivían en paz en la bella ciudad marroquí". Es grato que ahora llamen fieles de todas las creencias a quienes fueron simplemente infieles, y a los perros judíos, a los marranos. Está bien. No recuerdo haber tenido nunca tolerancia. Detesto la tolerancia: supone, o ha llegado a ser, una manera de indulto o de perdón para los que ya por ser tolerados son distintos. Un permiso que da quien está en posesión de la verdad única. Tolerancia religiosa, tolerancia para los homosexuales: "casas de tolerancia". Qué absurdo. Es cierto que la tolerancia es mejor que la intolerancia, pero no es su antónimo: lo inverso de la intolerancia es la total convicción de que el otro no es distinto. Es lo que yo pensaba de Manolito Cruz. Había pasado por unos Cursillos de Cristiandad que iban a esas tierras donde el pecado es, o era, tan fácil; los cursillistas temibles, aquellos que cantaban "De colores..." (y el título de la canción primaveral y amatoria se convertía en su consigna), que pensaban que todo era gozoso y alegre.

"En diversas ocasiones traté de catequizarle, llevado del furor incontenible de quien había reencontrado a Dios en unos Cursillos de Cristiandad. Eduardo me escuchaba con una sonrisa amable, sin entrar nunca en polémica; yo era entonces demasiado tierno —lo sigo siendo, querido Eduardo— y no le hubiese durado ni un minuto, de habérselo propuesto". Recuerdo una de esas ocasiones. Entró en mi despacho, que era austero y lúgubre: todos ellos, y las visitas, miraban siempre —unos con disimulo, otros con desafío— el lugar donde había estado el retrato de Franco, que yo quité: quedaba, denunciante, el hueco sin decolorar en la pared. Con mi tolerancia habitual, no despedacé el retrato, sino que me limité a guardarlo en un armario para que lo sacase y lo repusiese el director que un día habría de sustituirme. Entró Cruz en mi despacho: estaba demudado, se le saltaban las lágrimas. "Esta noche —me dijo— me he despertado con una pesadilla: usted se moría, director, y se iba al infierno... Desperté a mi mujer, se lo conté y los dos hemos pasado el resto de la noche llorando y rezando...". Pensé que no debía comer queso de noche, no sé si se lo dije, le tranquilicé como pude. Insistió: "Hemos pensado que era un aviso, una advertencia. Director, usted se va a morir y creo que yo soy la persona que ha sido elegida para conseguir su contrición y su arrepentimiento".

Reconstruyo, claro, unas palabras que no serían exactamente así. Y al escribirlas ahora pueden parecer tocadas de una cierta comicidad. No era así: lo que había era patetismo. Le encargué que volviera tranquilo a su trabajo y le pedí a Sampelayo, como favor personal, que esa noche fuera especialmente respetuoso para el joven Cruz. Sin explicarle por qué. Algo murmuró, en su vieja barbarie, acerca de "los meapilas". No sé si lo haría. Han debido pasar, no sé, treinta o cuarenta años de aquel aviso: ni he muerto, ni me he convertido, ni hay infierno, ni Cruz ha hecho más que ascender en su fe. "La tragedia familiar que Haro ha vivido acaso pueda explicar la amargura que destilan las columnas del 'Visto y Oído' de *El País*. Lo que no explica es que este excelente periodista que, en otro tiempo, fuera un enamorado padre de familia, pueda desear a nadie buenos divorcios en compañía de sus cachorros. ¿Dónde está su vieja tolerancia? Eduardo sabe perfectamente que el matrimonio católico es indisoluble y que ése ha sido el compromiso contraído por Iñaki y Cristina. Desearles buenos divorcios es como invitarles a que falten a su palabra... y sean desgraciados", dice mi entrañable amigo. Qué sabe él de lo que era mi vida, mi familia, las tragedias de antes de la tragedia; qué sabe quien cree que es intolerancia desear que una Borbón pueda divorciarse de un no sé qué (no merece la pena que busque ahora la ortografía del nombre).

(Ah, el tercer personaje de esta edificante historia está también unido a mí y a lo que escribo: la sobrina de Carlos Sampelayo es la excelente dibujante que ilustra mis columnillas, mi 'Escáner', en 'Babelia', suplemento literario de *El País*. Un puro azar. O no: estas familias del periodismo vamos siempre encontrándonos como personajes recurrentes de un largo folletín).

A veces cuento historias sin nombre; o recuerdo nombres sin historia. A veces los lugares están equivocados; o los recuerdos de algunas personas, o las citas de otras. A veces no quiero dar un nombre, sólo porque me duele escribirlo; otras, para que no le duela a la persona citada. Quizá a alguna le duela que no hable de ella: y es que tengo un pudor fuerte. Un miedo a contar lo que no se debe contar.

Me dijo:

—El día en que vuelva mi marido de la guerra de Argelia, se acabó todo. Me iré con él para siempre.

Volvió, se fueron. Nunca había pensado que se pudiera sufrir tanto.

"Así sucede con los mares: te enamoras de aquellos cuyo oleaje induce a ahogarse en su seno". Quizá conoció a los mismos que yo.

Ángel, o Antonio Vázquez, era el hombre perfecto para una redacción de periódico. Estuvo en la de Tánger. Conocía perfectamente el inglés y el francés, escribía a máquina con los diez dedos, era taquígrafo, tenía una cultura asombrosa, su idioma castellano no solamente era bueno, sino también bellísimo. Había vivido profundamente la ciudad. El problema esencial de Ángel, o Antonio —se le llamaba de las dos maneras: los libros los firmaba como Ángel, pero su amigo íntimo, Emilio Sanz de Soto, también lo es mío: un gran talento, un sabio tan soberbio que ha elegido la modestia, le llamaba Antonio— es que era uno de esos hombres que se creen perdidos: por el alcohol, como él, o por algo. Como se creía perdido, se perdía. No descubro nada: a veces nos instalamos en un fondo y encontramos esa rara felicidad de la absoluta desgracia. Quizá mi hijo Eduardo, que tanta amistad tuvo con Vázquez, encontró también algo de eso en la vida. No sé: especulo. Vázquez iba vestido como el funcionario perfecto: nada que le denunciase. Como un cuarentón atolondrado y tímido. Un invisible. Hablaba en voz muy baja: era irónico, vagamente impertinente. Vi después otro hombre invisible, otro disfrazado de normal, otro de los tangerinos de adopción: Burroughs. Ya había escrito *The naked lunch*: ya había matado a su mujer en Méjico: inadvertidamente, se decía, distraído: jugando a Guillermo Tell, cuentan otros. Le conocí en la Librairie des Colonnes, donde dos grandes personas, las cuñadas Géroffi, no sólo vendían la cultura sino que la tenían y la practicaban; tomamos luego algún whisky. Quizá en la terraza de El Djenina, con unas velitas resguardadas por pantallas de cristal para que el viento Levante no las apagase; ni la brisa del mar, que estaba enfrente. En la oscuridad solamente se le oía y se mezclaba a las conversaciones inseguras de los bebedores. Tennessee Williams, Truman Capote, Cecil Beaton. Un día en una playa de otra vertiente, mi hijo Eduardo me dijo que con cuidado, sin mover la cabeza bruscamente, mirase un poco a las tres "locas" más grandes del mundo: por sus gestos o sus pamelas o sus toallas, no sé ahora por qué: no tengo la imagen, se ha perdido. Cuando me volví a ellos, me saludaron alborozados: Luis Escobar, Cecil Beaton, Vitín Cortezo. (Vitín, luego, entraba en Oliver de Madrid, saludaba a Escobar, y le decía que no pensase de sí mismo que era el maricón más grande del mundo: no lo sería mientras estuviese él, Vitín Cortezo. Enorme decorador, figurinista. Un día que fui a un cine, por Rosales, le vi tomándose sus whiskys [si se escribe así] en el exiguo bar, mientras la película ya se proyectaba: "No pienso pasar —me dijo—; pero es que éste es el whisky mejor de Madrid". Era, claro, una botella como todas. Le echo de menos. No por su amistad, que no tuvimos mucha, sino por que su querida figura, su valentía, su arte, eran únicos. Irrepetibles).

"Es un oficinista", dijo Eduardo cuando vino a ver a Burroughs. Una parte de su cultura de niño prodigio, de poeta incesante —grafómano: escribía, un cuaderno detrás de otro— estaba alimentada por Burroughs, por Kerouac, por Ginsberg. *The naked lunch*, decía uno de los chicos, "enseñaba el mundo". Sus discípulos por todo el planeta se llamaron *beatniks* (la invención del término se la disputaba Kerouac; el sufijo *niks* era una forma de rusificar la condición de batidos, *beats*, golpeados pero también batientes, aquellos que laten o baten: gentes de pulso rápido, de corazón: una generación americana). Burroughs vestía de correcto traje azul, camisa blanca, corbata. Sin embargo, los escándalos venían con él: el juicio por este libro condenado por inmoral en Estados Unidos; la heroína, el alcohol, el sexo libre; la muerte de su esposa: siempre ignorada, sin juicio, porque escapó antes de Méjico. La agresión al orden establecido. Al "sueño americano" o la "manera de vida". Había otras maneras de oposición, entonces: pero los *beatniks* se destruían a sí mismos, y aparecían como los hijos del sistema maltratados por sus padres. Muchos habían ido también a Tánger, pero Burroughs no les trataba. Bastantes murieron, después, por la elección de vida de aquel momento. De "su propia muerte", como decían, remedando un poco a Rilke; o sea, de la muerte a que les condenaban sus padres. Nosotros, creo. Por entonces, hace no sé si treinta años o más, las drogas aún no tenían el valor negativo que ahora: eran sólo un experimento y muchos creían que una manera de agrandar las percepciones, los sentimientos. El libro de Huxley sobre la mezcalina era como una biblia.

Tánger parecía un paraíso de esa manera de vida, con los residuos de los exiliados de las generaciones anteriores (ingleses desclasados, americanos de la generación perdida, cosmopolitas de ningún sitio: allí, claro, Jenny Bowles, haciendo que resaltara por ella su marido) y con una apertura de la vida árabe de antes del islamismo crudo de ahora: con la sexualidad abierta (¿quién pensaría, entonces, que la pedofilia iba a tener la repulsa universal de ahora?), y el kif como tabaco: con las lecciones ya de Cocteau, o de Valle-Inclán (*La pipa de kif*). Como ganó el sistema, perdieron los *beatniks* del mundo y fueron muriendo.

"Es que tiene miedo", le dije a Eduardo, para explicarle el indumento de Burroughs. "Sabe lo que es la calle". Pero él no se lo creyó.

Tiempo después, en Madrid, Paco Uriz charlaba con nosotros en casa de Alfonso y Eva Sastre. De Peter Weiss, creo. De las costumbres, de las modas, de los *beatniks*, de los raros.

—Como en Madrid, sin embargo, no he visto nunca a nadie en Suecia, ni en Dinamarca. Ni siquiera en Amsterdam. Uno, por la Gran Vía, llevaba un chaleco de borrego sin curtir, y las piernas desnudas, y un enorme cencerro colgado del cuello...

Le tranquilicé: no había mas que uno así en Madrid. Era mi hijo Eduardo.

No todos, en Tánger, reconocían al día siguiente. Ni siquiera Madame de Kaergelen, una de las paracaidistas francesas de la resistencia, una heroína del general De Gaulle, que diría la prensa extranjera en la presidencia del Gobierno: iba a Tánger a sus ratos de vida, entre dos aviones. Se acodaba en el bar del hotel Minzah. Tampoco la princesa Pacelli, prima del Papa Pacelli —Pío XII: austero, sobrio, dominante, duro: enemigo—, que metía el enorme crucifijo por el viejo y seco descote cuando bebía en los bares nocturnos. Pequeña, anciana, brincaba a veces de alegría, canturreaba. Pero si, de día, me la encontraba y la saludaba con un "¡Buon giorno, principessa!", miraba fríamente y cortaba en francés: "Est-ce qu'on se connait?". Me disculpaba: perdone, decía yo, la confundía con otra. Había tantas princesas... La Trubezkoi, más conocida como Bárbara Hutton; un par de ellas del apellido Rúspoli. Alguna Visconti, creo. No trataba a todas.

Tennessee Williams y su escolta —un gigantesco boxeador— sí conocía de día, pero hablaba como si fuese otra persona. También como Kerouac; nunca con la elegancia del humor de Vázquez.

(¿Fue Marta Rúspoli, *née* Chambrun, amante de Jane Bowles? Lo insinúa Andy Marshall, en un texto que me da a leer Emilio Sanz de Soto. Allá, claro, ellas. La Rúspoli decía también que era descendiente directa de Lafayette. ¿Y quién no? Cuando los americanos desembarcaron en Francia, en la Primera Guerra Mundial, gritaban: "Lafayette, nous voilá!", como si hicieran una devolución de visita: la visita de la libertad. O, por lo menos, de la Libertad con mayúscula y en forma de estatua. Es decir, la de los grandes).

(También estuvo Edmundo de Amicis. A él se le atribuye la idea de que si uno va a Marruecos, debe pasar de largo, porque en Tánger habita el pecado. Amicis: el autor de *Cuore*. Nos lo daban en la escuela republicana: llorábamos con la historia del querido Garrone, con las noches del niño que escribía los sobres por las noches, en secreto, para que su padre tuviera menos trabajo de día. Y del pequeño tamborcillo sardo. Amicis, Amicis, tú sí que eras un pecado y una droga: la del existencialismo...).

El problema que planteaba Vázquez en la redacción de *España* era el de que, de pronto, podía desaparecer. Quería desaparecer para siempre, pero le buscábamos, le arrastrábamos al trabajo, a lo que nosotros, los idiotas, llamábamos la regeneración, o el buen camino, o qué sé yo. Sonríe, hablaba con su voz bajita de bien educado, se sentaba a su máquina de escribir y, velozmente, hacia su trabajo. Mientras tanto, las últimas personas de su familia iban muriendo de alcoholismo. Su madre, su abuela. Me contaba Emilio que la abuela, internada, inmovilizada por los años y la enfermedad, veía una botella en el alféizar de la cama —quizá se la llevaba Antonio, que sabía cómo se sufre—: se arrojaba al suelo, reptaba, se izaba y bebía. Todo: la botella.

Un día más desapareció Ángel Vázquez. Supimos que estaba en Casablanca y que, una vez más, había emprendido una de sus regeneraciones. Vivía en una pensión burguesa, trabajaba en una oficina. Y llegó la noticia de que le habían dado el Premio Planeta. Más que el premio, que ya era asombroso, me asombró que hubiese sido capaz de terminar una novela, ponerla en limpio y enviarla a un premio: luego supe que sin Emilio no lo hubiera hecho nunca.

Llamaban de Madrid, de Barcelona, buscando al autor de *Se enciende y se apaga una luz*. Avisamos a nuestro corresponsal en Casablanca, y le encontró sentado en un parque público, bajo la lluvia, mordisqueando un bocadillo. No trabajaba en ninguna oficina: lo fingía en su pensión, para que no le echaran, para que no le exigieran el pago adelantado. Escrupulosamente salía y entraba a los horarios que se suponían, pero pasaba el tiempo en la calle. Cuando fue a Barcelona a cobrar su premio, una nube de acreedores iba con él: le tomaron el cheque de las manos, lo cobraron ellos, se lo repartieron. No le tocó nada.

Misteriosamente para muchos, Ángel Vázquez dedicó la edición de su libro a Imperio Argentina: "Para Magdalena Nile del Río, a quien el mundo entero conoce por Imperio Argentina. El Autor". Creo que era Emilio el que llevaba a Imperio a Tánger. Volvía a Tánger, decían él y Emilio: había estado siempre, porque ellos la habían visto en las grandes películas. Yo no conocía a Imperio por su cine: nosotros, en Madrid, no íbamos a ver el cine español. La conocía por su voz, por sus canciones en la radio, cálidas y quizá sensuales: no tanto como los tangos de Celia Gámez. Las dos habían llegado de niñas a cantar tangos, las dos con padres que eran sus consejeros, las dos tenían, entonces, algo de excitante. La empecé a ver en Tánger: íbamos a Porte —"chez Porte", se decía—, a tomar un té, y ellos la adoraban. Yo le pregunté un día si era verdad que había sido amante de Hitler: ni la dejaron contestar mis amigos, furiosos. Magdalena, con Perojo, fue la artista de la "España nacional"; en la guerra la contrataron para hacer *Carmen*, y un día que Hitler dio una recepción la invitó: se saludaron y ella le dijo unas palabras en alemán. Es la versión oficial: no hay razón para no creerla. Años después fue a Estados Unidos para cantar en el Carnegie Hall, y se encontró con la leyenda hitleriana: todo se arregló, al fin.

Vázquez, Emilio... Bajaban por el Boulevard Pasteur, iban a la librería de las Geroffi, al café Commedia —en italiano— donde yo me reunía con unos mecánicos de automóviles a los que a veces compraba reliquias. Emilio iba a la oficina central de Correos: no creyó nunca en los buzones callejeros. Mucho más tarde le encontré un día en Madrid, en la Cibeles: iba a echar sus cartas a la central, como en Tánger.

Vázquez no echaba las cartas. No las suyas, que no las escribía nunca: las de los lugares donde trabajaba. Otro amigo nuestro, el abogado Torrabadella —luego fue delegado de Alianza Popular, cuna del PP, en Marbella— le colocó en su despacho. Todos los días, a la hora de salir, le daba el manojo de cartas del día y el dinero para el franqueo. Antonio Ángel— iba pasando por los bares, bebiendo poco a poco el dinero de los sellos. Al final llegaba a Correos, con cartas pero sin dinero: las tiraba a la alcantarilla. Se perdían plazos, citaciones, comparecencias, minutas, peticiones: para siempre.

Maud Métivier había sido la amante del marqués de Portago; creo, porque quizá lo fuese del marqués de Ivanrrey: tenía la casita, el pisito, lleno de fotos de ella con el deportista, con el "distinguido *sportsman*" de las crónicas de los periódicos. Ella: una belleza de los veinte; él, un apuesto corredor de coches primitivos, o de motos extrañas, con su casco, con su copa en la mano. Tenía cojines por toda la habitación. Cuando Ángel Vázquez se sentaba en uno de los divanes, ella le colocaba en la espalda y en la cintura los cojincillos bordados, seguramente con caras de Pierrot —¿quién se va a acordar? ¿sería con mariposas?— para que estuviera a gusto. Le tenía alquilada una habitación. Y le amaba. Un amor imposible. Pero Vázquez decidió un día abandonarnos a todos. Una nueva ley daba ayudas en metálico a los españoles que se fuesen de Marruecos, a los *pieds noirs*, por incompatibilidades con la marroquinización: tomó el dinero y el pasaje del barco, se despidió con lágrimas en los ojos y se fue. Pero no se fue. Simplemente, desapareció. Nos avisaron del consulado que no se había presentado en el barco: estaba en Marruecos con el dinero de la repatriación. Sin el dinero. Fuimos a preguntar a Maud Métivier y nos contó la historia: había encontrado a Vázquez caído sobre el cubo de la basura. Le había recogido y él le había contado la historia: se había bebido el dinero. Había querido morir y, como en su noche de alcohol pensaba en el barco que le llevaba a España, se había ido a una playa y se había echado a andar por el suelo del mar. Cuando ya sólo tenía la cabeza fuera, unos moros se habían lanzado a rescatarle. Le habían dejado a la puerta de su casa, en la misma basura: empapado, vomitado... Ella le bañó, le curó algunos rasguños, le preparó un *petit potage bien chaud*, le había acostado, y allí estaba. Dormía profundamente: le había dado unas pequeñas pastillas, y dormía. Como Aurora Bautista haciendo de Juana la Loca, se llevaba la mano a la boca en gesto de silencio y con el otro índice le señalaba: "No le despertéis... No le despertéis, silencio, está dormido...". Pasamos horas después, y Vázquez aún dormía. Y al día siguiente. Y por la tarde... Comenzamos a sospechar, y decidimos sacarle de allí; nos lo llevamos dormido, no sé si a mi casa o a la de Emilio, y cuando despertó nos contó la verdad. O su propia verdad. Desde que se despidió de Maud, ella le estaba dando soporíficos en los pequeños potajes calientes: para que no se fuera. Mejor dormido, pensó ella, que ausente. Pero el dinero nunca apareció.

Fue difícil arreglar otra vez la cuestión consular; pero era un hombre querido y admirado, y la Carrera a veces se preocupa de sus súbditos. Esta vez fuimos todos a llevarle al barco. Llegó hasta la sierra de Aracena, subió a lo alto, entró como un hijo pródigo en el pueblo del que era oriundo. Buscó trabajo. Se lo dio el Ayuntamiento: tenía que escribir el censo reformado del pueblo, para no sé qué referéndum, o elecciones. Cuando huyó, se descubrió que él se había inventado todo el censo, sin mirar los documentos. No sé cómo votaría ese pueblo.

En el café Commedia se sentaba conmigo, a veces, el doctor Dencás. Era un gran médico deliberadamente humilde: tenía la consulta fuera del centro, y en la sala de espera se sentaban moros, lo cual la hacía ya imposible para cualquier europeo, aunque iban algunos amigos. Catalanes. Dencás apenas cobraba: sólo para vivir difícilmente. Una vez fui a consultarle para un brote inguinal para el que los oficialistas hacían los peores augurios, quizá para reprocharme que yo tuviera alguna vez amores prohibidos. Dencás miró, se río y me dijo que eran sólo hongos. Desconfié, y me dijo que eligiese el diagnóstico que más me podía convenir. Acepté el suyo, el de hongos: me recetó, me apliqué y curé.

Pero lo importante del doctor Dencás no era la medicina, sino la rara figura política.

—Doctor, a usted se le vio un día de gran revuelta, un día histórico en la Cataluña de Companys, metiéndose en una alcantarilla de Barcelona. ¿Por dónde salió usted?

Se sorprendió un poco. Más bien como si yo fuera un hombre raro:

—¿Qué alcantarilla?

Hablaba yo de la revolución catalana de 1934, cuando Companys (al que Franco asesinaría en Montjuïc, uno de los lugares favoritos del crimen burgués, se lo entregaron —con otros— los alemanes: estaba refugiado en Francia) proclamó el Estat Catalá: iba a ser el principio de una España federal. Fue, dicen algunos historiadores, por instigación y consejo de su consejero —"conseller", decimos ahora— Dencás. Josep Dencás Puigdollers.

Este hombrecillo tranquilo y bondadoso, este médico que ayudaba a la Media Luna Roja —ya se ve, el equivalente árabe de la Cruz Roja—, que trabaja con los "jóvenes delincuentes" y con los *Boy Scouts*, había tenido una milicia propia: los *escamots*. Una milicia en la que algunos veían un fascismo: pero era un fascismo catalanista.

Dencás se reía de mis preguntas.

—Qué alcantarilla, nunca hubo alcantarilla...

—Pero usted desapareció...

Companys quizá contaba con Azaña, que estaba en Barcelona en aquel momento: sus enemigos españolistas han dicho siempre que Azaña hubiera aceptado entonces ser presidente de una República federal. El *president*—como diríamos, repito, ahora, entonces cada uno escribía en su idioma— pronunció una alocución, y telefoneó al capitán general de Cataluña, general Batet: le conminó, cuenta Hugh Thomas en su libro básico sobre la guerra civil en España, a que aceptase el nuevo régimen. Batet dijo una frase poco clara, "estoy en España", y dio una orden rotunda: mandó detener a Companys. Y a todos sus consejeros, o ministros. Menos a Dencás: sacó éste a la calle a sus *escamots*, y algo dispararon, pero bastaron los mozos de escuadra para disolverlos. Se vio a Dencás, entonces, entrar en una alcantarilla: desapareció. Tomó el poder, en nombre del Gobierno, Batet. (Más tarde me contó Luis Zarraluqui que el 18 de julio de 1936 vio pasar a una turba que llevaba en una pica la cabeza de su cliente, el general Batet. "Cuando un abogado ve pasar la cabeza de un cliente, huye", me explicó).

—¿Es verdad que reapareció usted en la Roma de Mussolini?

Se reía. Thomas sospecha que estaba ya de acuerdo con Mussolini, y que después fue agente suyo. Otro historiador, Rudolf Rocker —*The tragedy of Spain*—, ideológicamente, cerca del POUM y de los anarquistas, asegura que los separatistas catalanes —Dencás— eran aliados de los "agentes de Stalin" —léase comunistas—; cuando éstos destruyeron —dice— el verdadero frente antifascista se aliaron "con los elementos más reaccionarios del antiguo régimen, muchos de los cuales eran fascistas disfrazados". Uno, Dencás. "Que, significativamente, se fue a Roma".

—¿Qué hizo usted en Roma, doctor?

—Yo soy médico... Estuve en hospitales de París, de Bruselas... Anduve por el mundo... Estoy aquí, trabajo aquí...

Cuando murió, me envió una tarjeta su viuda, Raimonda Carach: "Encara que no tinc el gust de coneire..." Me contaba la muerte. El féretro lo escoltaban los niños del orfelinato, los *Boy Scouts* de uniforme... y "un inmenso gentío de todas clases sociales de Tánger y de todas las nacionalidades". Yo tengo el recuerdo de un hombre bueno, y de un buen médico. Quizá hubiese sido fascista: fascista catalán. Quizá lo era todavía.

"¿Qué tendrá la Silvana Mangano?", se preguntaba una cantaora, en un rumbita irónica de tablao flamenco: "¿Qué tendrá la Pampanini?" Lo tenían todo, incluso con abundancia. El neorrealismo italiano era triste, social: inquietaba: pero la imagen restallante y viva la daban estos cuerpos geniales, vivos, humanos. Y la Lollobrigida, y la Loren. Quien veía a Sofía Loren de espaldas, bajando las empinadas callejas de Nápoles, o subiendo sus cuestas; o a la Mangano con las faldas remangadas en las albuferas de *Arroz amargo*, creía que ya no había nada mejor que ver en este mundo (quedaba mucho).

Rompían la estética un poco enlutada, un mucho represiva, de la España de una posguerra demasiado larga que empezaba a corromper su rigidez. En las *boites* (de verdad, cajas, como en su etimología francesa: chiquititas, oscuras) se tomaba *porto flit* porque ayudaba a la precariedad de la alimentación: a su oporto estimulante añadían una yema de huevo; y estaba espolvoreado con alimenticia almendra. El cantante o la "vocalista" entonaban boleros, las señoritas de la casa iban de negro porque tenían las habituales desgracias recientes: "Mi padre se llevó la llave de la despensa", contaban de la muerte que las llevo a la "mala vida", eco del bolero, "y el bastón"; "¿Qué bastón?" "Con el que me molería a palos si viera lo que estoy haciendo"; y se pegaban, al bailar, morbosamente.

A la puerta pronto estarían los seiscientos, héroes de la década y de la siguiente: el principio del despegue. Aún circulan, reconstruidos —dejaron de fabricarse en el 72— y ganan: entonces eran feos, ahora tienen un prestigio bello. Los "haigas" estarían en otros sitios: en Morocco, en Casablanca, en los cabarets donde la estrella era Naima Cherki, danzarina del vientre: y los clientes, Fernán-Gómez, Alfredo Mayo, Fernando Rey, Eduardo Manzano y los estraperlistas orondos, a los que la frase popular atribuía la ignorancia del lenguaje: "haiga" por "haya", de donde el remoquete de sus coches. Los autos que llegaban de Estados Unidos, donde estaba la *Sociedad afluente* del libro que publicaba con ese título John Kenneth Galbraith. Largos y anchos, mullidos, cromados, bebiendo la gasolina. Aun así, pocos de aquí llegaban al Cadillac Eldorado, con sus cajitas de caoba forradas de seda donde había copas de champaña —cristal montado en oro—, lápiz de labios, un par de tarrinas de caviar. Algunos potentados llevaban en esas cajitas medias de cristal: para conquistar. *La media de cristal* se llamó uno de los espectáculos de moda: no sé si de "los vieneses", de "los italianos" o del Scala de Berlín. Vinieron aquí en la guerra, porque eran un poco judíos: se quedaron ya, y hace sólo unos años ha muerto Franz Joham, siempre en España; compañero de Miriam Klekova, de Gustavo Re, de Herta Frankel, que se haría famosa cuando nació la televisión. "Pronto llegara —decía la canción—; y yo te veré, y tú me verás". Todavía no nos vemos al hablar por teléfono, como se profetizaba. Yo amé un poco —muy poco, con la timidez del chico de posguerra con trajes que le estaban un poco cortos— a Violeta Schmidt, que bailaba a Debussy entre gasas azules algo de Debussy —*Nuages*: todavía lo oigo; y *Tea for two*: compré a un músico de la orquesta la partitura de piano, como ella la bailaba, y la toqueteé como pude—; un siglo después, en París, la encontré como dueña del Cirque d'Hiver. No se acordaba de nada. Por una persona le envíe una fotografía en que estábamos juntos y yo conservaba con emoción amarillenta. "Nada, no me acuerdo de nada". La gente del circo: pasa. Marañón escribió una vez la metáfora del farol, cuando los faroleros recorrían sus calles con la larga pértiga con un extremo incadescente, con la que prendían el gas de los faroles. Marañón decía que el hombre era como el farolero: pasaba, encendía el farol de la mujer, y seguía adelante. También puede hacerlo la mujer. Aunque no sea del circo.

Ángel Vázquez murió en una pensión de Madrid. Sórdida, creo; y creo que, como siempre, la debía. La patrona le encontró por la mañana muerto; encontró el teléfono de Emilio Sanz de Soto, que fue quien me llamó a mí, y a otros. Los entierros urgen, y se trataba de, entre todos, costear el suyo. Llamé por teléfono a José Manuel Lara: decidió que la editorial se encargaba de todo, y se presentó su delegado en Madrid. Fue él quien me dijo que tenía una fortunita en derechos de autor que nunca había cobrado: según Emilio, ni lo sabía. Había publicado tres libros fundamentales: *Se enciende y se apaga una luz*, *La vida perra de Juanita Narboni*, *Fiesta para una mujer sola*. "Juanita estaba dedicada a la memoria de mi madre y de su tertulia de amigas, hebreas y cristianas, de cuyo lenguaje-recuerdo se apoderó Juanita Narboni, obligándome a escribir este libro". De ella hizo una película memorable Javier Aguirre, que alternaba sus gruesas películas comerciales (con los Parchís) con una vanguardia rara y difícil; memorable, sobre todo, por Esperanza Roy, que hizo el monólogo. Esperanza, también doble: de *vedette* a actriz de teatro difícil. La edición de *Fiesta para una mujer sola* está dedicada en impresión "Para Pilar y Eduardo Haro Tecglen"; en mi ejemplar hay una elegante raya descendente de estilográfica y, de su escritura, "de El Escritor. A. Ángel Vázquez". A de alias. Una burla permanente de sí mismo.

Muchas noches sueño que vuelvo a Porte. Otras sueño que vuelvo a Tánger y no encuentro el salón: no está donde solía. Suelo tener sueños de desapariciones, de fragmentación: de objetos pequeñitos desparramados, que no construyen nada. En Porte apenas bebía Vázquez: era un bebedor solitario. Entraba solo en los bares o en las tabernas del camino. Un día se puso enfermo a morir, en Madrid —hostal Embajada— Emilio Sanz; se retorcía de dolor, y el médico le recetó un calmante. Vázquez corrió hacia una farmacia de guardia con la receta y el dinero: pero el dinero se lo bebió, mientras Emilio creía morir. La misma sensación de sentirse infame, una especie de cenestesia del que llega al fondo de todo —la que Genet convirtió en estética literaria—, le incitaba a ser así. En Porte tomaba té, y Emilio, cuyo vicio cenestésico era —es— la hipocondría, pequeñas hierbas. Jane Bowles sabía de verdad lo que era llegar al fondo de todo, y vivía en público y en privado. Un día encontré a Jane y a Emilio que bajaban hacia el centro. Iban hablando, se paraban, reían o se ponían serios.

Jane era un garabatillo negro que trotaba, cojeando, por las cuestas de Tánger. Se paraba para decir algo importante en la conversación, en un francés de prosodia y de sintaxis aproximadas, pero siempre con la inteligencia brillante; se puede hablar mal un idioma, pero la cultura, la imaginación o el humor siempre trascenderán. No me atrevería a decir que Jane murió alcoholizada; no estaba allí entonces. Los rumores de la Medina de la que emanaba siempre una cierta superstición dijeron que la había hechizado la Cherifa, la mora dominante que vivía con ella; puerta con puerta con su marido, Paul, que a su vez estaba con un muchacho marroquí. Tánger es una ciudad libre donde se sabía que los amores de los otros podrían ser literarios —desde el chisme y la anécdota a la novela, como las de Paul: las que le harían famoso— pero que siempre hay que respetarlos. Paul y Jane eran novelistas: pero a Paul se le consideraba poco, y se admiraba mucho más su trabajo como musicólogo: recorría Marruecos recogiendo en los pesados magnetófonos de entonces las canciones y las melodías populares. Hoy están en la Biblioteca del Congreso de Estados Unidos: un tesoro. Jane había escrito una obra de teatro, *Summer house* —La casa de verano— y una novela divertida y profunda: *Two serious ladies* —Dos damas serias, hay varias traducciones en español— y cuentos y una correspondencia profusa: era la preferida. Siempre hablaba de lo que iba a escribir: pero ya no podía más. No estaba allí, digo, cuando murió: Paul le mandó a un psiquiátrico —o sea, un manicomio— de Málaga: allí acabó. La enterraron como pobre. Hace un año una joven lectora lo descubrió, quiso hacer un traslado, unos actos, unas ceremonias. Supongo que le importarían poco. Ni a Paul.

Ah, bajaban charlando y riendo; y yo les pregunté de qué hablaban. Contaba Emilio que su madre estaba cosiendo en el balcón, dejó caer unos hilajos a la calle y se posaron sobre una mujer árabe: la cual creyó que se trataba de un encantamiento. Subió a pedir que deshicieran el embrujo; no le hicieron caso, y volvió con un guardia que le pedía: "Por favor señora, no le cuesta nada, hágalo, libre a esta mujer pobre y buena de la maraña de hilos que le ha echado encima". Creo que hicieron una pequeña ceremonia, y todo acabó. Emilio y Jane discutían sobre la posibilidad de que, en efecto, en aquellos hilos hubiera un enredo de sentimientos, dolores, preocupaciones, angustias, que la madre de Emilio se quitaba de en medio arrojándolos a la calle: sin siquiera saber ella misma lo que hacía. Había una mezcla de freudismo —simbolizar en algo el malestar y arrojarlo de sí— y de superstición. Ellos discutían sobre esa existencia de la brujería, incluso inconsciente; y cómo unos hilos de distintos colores, entremezclados, podían ser realmente dañinos sobre una persona que los esperaba. Quizá, les dije yo, la levedad y la multiplicidad de colores podían significar también la felicidad, el entusiasmo por la vida. Ciertamente, pero, ¿quién arroja esa felicidad por la ventana? Todos lo hacemos, creo que decía Jane, todos lo hacemos todos los días. Gentes de la literatura.

¿Cómo será, ahora, Tánger? No creo que vuelva nunca. Miro, a veces, fotos: me trajeron las de una exposición que se iba a hacer allí: en esquinas y puertas, y calles, y árboles, respiro otra vez con ellas ese aire de Tánger, que tantas veces se vuelve viento duro, el famoso Levante que se dice que alza a las personas y les da otras ideas que las que tienen en calma. De Levante a Levantisco se podía trazar una filología completamente falsa, pero muy sugerente. Con el viento Levante algunos se perturbaban —ventoleras— y podían salir a la calle con un largo cuchillo en la mano y matar a quienes se pusieran a su paso.

Algunos le llaman, a ese estado de ánimo como ritual, *amok*, con un vocablo lejano de los mares del Sur; creo que Sommerset Maugham tiene un cuentecillo con esa palabra como título. Probablemente era Stefan Zweig, sí, el Zweig de esos tiempos de literatura dirigida; el hombre que se suicidó con su esposa. Y Blasco Ibáñez, me dice un diccionarista español (Arturo del Hoyo) le llamó *amock* con esa "ck" con que tanto nos gusta a los españoles extranjerizar lo extranjero; o *hamoc*, escribieron otros, tomándola del tagalo. En ningún caso es un vocablo árabe, pero la acción es parecida: "Carrera frenética, asesina, por locura homicida transitoria" (Hoyo). Si se mira más de cerca, es la misma de los asesinos de masas en civilizaciones mas técnicas y de nuestro mundo del día. Las pistolas automáticas crepitan a veces en Nueva York o San Francisco: "amok". Hay relatos según los cuales esto pasaba alguna vez en Tánger en tiempos lejanísimos; parte de su leyenda, de las tardes de Tánger en que se arremolinan papeles y hierbas y basuras, y se levantan las faldas y las chilabas.

Los europeos (o sea, todos los que no son africanos, en la forma de hablar de los residuos coloniales) han ido allí a poner el exotismo, aunque sea con nombres de los mares del Sur: los europeos y la literatura de la que eran portadores. Los europeos: Washington o Mark Twain, Edmundo de Amicis, o Djuna Barnes o, de paso velocísimo, Patricia Highsmith: no leí su novela tangerina, pero un día comiendo con Ángel González, con Millás, con Juan Cruz, me dicen que no puedo vivir sin leerla. Durante la comida, Juan Cruz llama con su móvil a Crisol, por si la tienen allí y nos la mandan a la misma comida. Ah, Juan Cruz ha pedido, en el Hispano, una tortilla de patatas, una tortilla a la española. Después de haberse limpiado los zapatos. En Tánger corrían los morillos, descalzos ellos, con sus cajas de madera y gritaban la palabra universal, *shoeshine*; "chuchain", decían ellos. Por unas perras. Iban, claro, descalzos.

Cuando escribo "sueño" no utilizo una metáfora fácil: sueño de verdad, mientras duermo, con su librería, y con el salón de té de Porte (el mejor chocolate de toda África); y con El Djeninna y, en su terraza, con unas velitas metidas en fanales para dejarlas vivas frente al viento, la mesa con el vaso de whisky de Tenneessee Williams, el mío, y el botellín de agua mineral de Emilio Sanz de Soto, cuyo retrato de Tánger en el libro *Paul Bowles by his friends* (1992, Paul Owen Ltd.; hay versión española de José Meléndez en Alfaguara, Madrid) es uno de los más reales que se pueden escribir hoy. "Reales" en el sentido dudoso en el que siempre se puede aplicar esa palabra a Tánger: cada uno aporta a la ciudad su leyenda personal; y a su mito la fantasía que lleva consigo. Generalmente, no defrauda.

Ése es uno de los secretos de esa ciudad: suele responder a lo que se le pide, a lo que se busca en ella. Como dicen que eran antes algunas mujeres; y probablemente eran así. Esa feminidad de Tánger es probablemente la que yo esperaba encontrar; otros esperaban otros comportamientos, otros sexos y otras ilusiones, y viajaron desde lejos para encontrarlos, y parecían haberlos hallado. Y creo que esa disponibilidad de la ciudad forma parte de su mito; y la fuerza extraña, de droga permanente, con la que revive en la memoria.

Muchas veces pienso que Tánger era un estado de ánimo y que probablemente se instala para siempre en esa parte un poco fantasmal de la memoria en la que algunas personas no sabemos distinguir lo que fue verdad de lo que fue mentira.

Estoy describiendo una ciudad de asilo. Lo fue político para muchos españoles durante la guerra civil: de los dos bandos. Muchos llevaban consigo su hostilidad insaciable. No sé si estarán todavía en las paredes, entre el café Fuentes y el de Correos, clavadas las balas de pistola de los dos bandos españoles que se peleaban a veces entre las dos aceras de la calle estrecha. Fue ciudad de asilo de los judíos de la Europa maldita por los nazis; y de algunos árabes perseguidos, al otro lado de África, o ya en Asia, por los colonialismos ingleses y franceses. Tengo algún motivo para creer que fue también asilo de nazis.

Pero no hablo tanto de esos exilios o tiempos de espera, ni aún de los económicos que hacían llegar a tantos andaluces en busca de un trabajo que la península no les daba; hablo, más bien, de esas huidas de uno mismo y de su sociedad, como la que pudieron llevar, tantos años atrás, a Paul y Jane Bowles, o a la aristocracia británica maltratada en el Londres casi victoriano de sus palacios por sus inclinaciones; o la "pobre chica rica" que fue Bárbara Hutton, la mujer más rica del mundo, que no sabía dónde meterse para conseguir formarse un ser humano; o quizá poder tocar alguno de verdad, y no a sus fríos, tramposos, inhumanos novios.

Pienso que yo no fui a Tánger huyendo de nada sino a un trabajo concreto dentro de mi profesión; pero fue en Tánger donde encontré que había tenido muchas otras razones de haber escapado hasta allí y de ser ciudadano de su mito.

No sé cómo es ahora. No quiero volver, como no quiero volver a otras ciudades del mundo donde viví, por miedo a no encontrarme a mí en ellas, a añorarme, a buscar mi propio mito. Me encuentro en estas fotografías, la mayor parte no sólo anteriores a mi tiempo, sino también a mi nacimiento: como si la ciudad estuviera predestinada a recibirme. Una ciudad para recibir a todos los que fuimos a ella en un momento de nuestra vida, y nos acogió siempre.

"El siglo terminó en 1960", dijo un sociólogo de Estados Unidos al hablar de los sesenta. No es verdad, se puede decir ahora, cuando está terminando su cronología. Quizá no termine hasta que pasen años, varios años, del siglo XXI.

Los sesenta fueron un siglo entero en sí mismos; y mucho se lo debieron a los cincuenta, que no fueron "fin de siglo", ni decadentes. Se despegaba en ellos el mundo de la posguerra, y se acariciaban ciertas libertades. Fue estimulante. Se entreveía la llegada de lo posible, lo cual quizá no suceda ahora. Cierto que ya sabemos que había algo de final del tiempo en la imagen —blanco y negro, por favor— de Harry Truman tocando el piano con Lauren Bacall —y sus piernas— sentada en la tapa; pero en esa década Eisenhower inauguraba una manera de ser internacional al escuchar las propuestas de Krutschev sobre "la coexistencia pacífica", en 1956, tres años después de la muerte de Stalin: son ideas que, con sus avatares, han perdurado. Algunos de aquellos prohombres eran gorditos, sonrientes, chistosos: como Juan XXIII, y algo sucedió entre ellos que luego dejó que llegara Kennedy: esto es, que hubiera una sociedad para votarle en el 60. La sociedad afluyente.

Allí, con sabores ricos —caros—; con la pasta de dientes que tenía aroma de whisky. Aquí, modestamente afluyente. Quiero decir que Fuengirola era una arena para las masas, y Benidorm un territorio como del Far West donde la iniciativa privada comenzaba a levantar los primeros rascacielos. Llegaban los turistas: la moda de la tez era el color oscurito, y no la palidez nórdica.

La princesa Mdivani, la princesa Doan y la princesa Trubezskoi eran una sola: Bárbara Hutton, que probablemente no era princesa de nada. Hay varios países en el mundo donde los principados se adquieren, se traspasan o se fingen: uno de ellos es Laos, donde el título se adquiere, o se adquiría, con la tierra que constituía un imaginario principado. Así fue príncipe Raymond Doan, y así conocimos a Bárbara Hutton princesa. Yo ya la había conocido antes como princesa Trubezskoi, porque estaba casada con un supuesto noble lituano, el príncipe Igor. Creo que fue con ese nombre con el que llegó a Tánger. El título de Mdivani venía del heredero de una supuesta realeza georgiana.

Una de las veces que vi excitarse y volar literalmente a los cambistas judíos, en uno de los viajes que hacía yo desde Tetuán, fue cuando se anunció que Bárbara Hutton llegaba a Tánger para comprar una casa y vivir allí: era la mujer más rica del mundo y derramaba dólares. La casa fue fastuosa, pero no más espectacular que otras de la Alcazaba. Era más hermosa en el interior la de De Velasco, que inventó luego una moda entre marroquí, española y francesa: unos bellísimos caftanes: la riqueza era de David Hedge, que había sido anticuario en Venecia y en Berlín, y que tenía una pequeña historia: era muchacho de carnicero en Canterbury, y corría con su bicicleta repartiendo; entró en la cocina del palacio episcopal: su ilustrísima estaba allí en ese momento, y se enamoró perdidamente del carnicerito. David Hedge —sus rivales tangerinos le llamaban *double edge*, doble filo: por su lengua— hizo allí algo más que fortuna: cultura, educación, sensibilidad, arte. No tanta como su rival despectivo David Herbert, de la verdadera nobleza. Se notaba, se notaba. Pero la casa del noble era peor. David Hedge dejó Gran Bretaña cuando, después de Canterbury, se le consideraba peor que lo que su categoría solicitaba. Se fue a Berlín: y se decía de él que había sido el gran anticuario de los nazis, el gran colaboracionista; pero también que se había servido de sus altas amistades para una cierta labor de espionaje. No volvió a Gran Bretaña: se fue a Venecia. Un día me dijo que había dejado el palacio veneciano porque le abrumaba la cantidad de servicio que necesitaba: y ya no lo había refinado. Se había llevado sus mejores piezas para vivir sus últimos tiempos entre ellas. Un día le pedí permiso para invitar a su casa a una señora española que quería "ver cosas"; la ofreció un *cocktail* correcto y lejano, y yo la hice recorrer los salones y las terrazas enseñándola los tesoros. Ella, mientras tanto, murmuraba: "Todo falso, claro, todo falso: todo de imitación". Si hubiera vivido con el arzobispo de Canterbury hubiera adquirido otra cultura.

Conseguí una fecha y una hora y le pedí a mi joven compañero Cruz en la redacción del diario *España* que hiciese una entrevista a Bárbara Hutton. Los periodistas del mundo entero la buscaban, y a mí me dijo ella que le mandase a alguien... Creo que tuvo un ramalazo por Manolito, tan joven y tierno, tan recatado: no podían llegar a nada. Ya estaba convertido. El chaval comenzó las preguntas con un breve exordio:

—Señora, ya sé que el dinero no hace la felicidad...

—¿Quién le ha dicho a usted eso, hijo? —le interrumpió ella.

Pero la cuestión de su desgracia absoluta se atribuía a su dinero: era la "pobre niña rica" de la leyenda americana, y con esa frase se hizo luego el título de la película vagamente documental sobre su vida (la hacía Farrah Fawcet, mucho más bella. Bárbara no lo fue; y era antipática y enfermiza. Por eso se compraba hombres. "Los hombres —escribió de ella un biógrafo, Cassini— fueron el principal estímulo en la vida de Bárbara Hutton. Los compraba, los vendía, los intercambiaba. Les reemplaza de una forma muy parecida a como los *brokers* operan en la Bolsa". (Qué suerte tuvo Manolito Cruz). Tampoco fueron tantos: unos siete. Y los de paso. Pero importantes: aparte de los príncipes, de algún otro aristócrata de los bajos fondos de la nobleza europea, había tipos como Cary Grant, David Niven o Porfirio Rubirosa. Debieron sufrir, pensaba yo: Bárbara me parecía odiosa. En las fiestas de su casa, Vázquez, Emilio y yo nos escondíamos en algún rincón de la terraza, y nos acercaba una amiga los platos exquisitos. Creo que era —o iba a ser— la madre de Jorge Vestrynge. También trabajaba en Porte. Entré un día en uno de los salones: había un círculo de personas sentadas, y me hicieron un hueco. Se pasaban un cigarrillo de kif; cuando llegó mi turno, me dio vergüenza decir que no, y aspiré. Afortunadamente, no sentí nada: no hubo flechazo entre la droga y yo. No volví a ella nunca más. Digo, a esas drogas: todo lo que no es odioso es droga. Eduardo decía que la comunión era una droga. La droga de Manolito Cruz.

(Cuando Bárbara Hutton murió no tenía más que 3.500 dólares a su nombre. Había comenzado su vida como heredera de su abuelo, Frank Eoolworth, que la hizo con unos almacenes de a centavo: más o menos, lo que los Todo a Cien de estos días. Había empezado con treinta millones: unos seiscientos de los de ahora. Se lo había gastado en hombres; y sus herederos consiguieron que se la declarase pródiga).

Ya no se veraneaba en el norte, sino en el sur: al sol. Algunos decían que era una influencia geopolítica: el Tercer Mundo comenzaba a verse como vigoroso, como renovador de Occidente de rostros pálidos y, en efecto, ya estaban luchando los que después serían pósters, donde se fijaría el arte modesto de los jóvenes: Lumumba del Congo, Che Guevara, que por entonces fracasaba en Guatemala y se iba a Sierra Maestra —"y en esto llego Fidel": al final de la década, el 1 de enero de 1959, cuajado de esperanzas y con la estética de la barba—; Ho Chi Minh del Vietnam. Iríamos a copiar sus tonos. En un catálogo de perfumería, fondos de tinte para damisela: albaricoque dorado, *sparkling sherry*, fuego de plata, champan *beige*. Para todo el año, más allá de la temporada de playa.

El optimismo de una época que en su parte básica era más bien terrible —el macartismo, la guerra de Corea y las manifestaciones ofensivas en toda Europa, la ejecución de los Rosemberg— estaba en el "arte del entorno", o el paralelo entre la vida y el arte, como decía Paolozzi en su exposición con el fotógrafo Henderson.

La cultura que había naturalmente en torno nuestro: resaltarla, simplemente, bastaría para hacer arte: nacería para el mundo en los sesenta Andy Warhol, que se llevaría el mérito con sus latas de sopa. Había premoniciones de él en *Este es el mañana*, otra exposición de Paolozzi con Smithson, donde se decía que "el reloj es una máquina, pero también una alegría". Hamilton dio en esta década, y como hijo de ella, el Op-art, o arte óptico, con *$hee*, con "s" de dólar para más señas; sobre todo, Vassarely —que hablaba simplemente del despliegue de las artes cinéticas en el plano— y Alan Kaprow: pasó entonces el arte al entorno —el recorrido inverso— y de ahí nacerían luego las modas de Courrèges, y Paco Rabanne; y en Londres —*swinging* en los cincuenta, aunque le pusieran la palabra después— daría un corte de tijera a esos mismos modelos Mary Quant —bendita sea— para inventar la minifalda, como un signo de libertad para los jóvenes: las chicas tenían que ser delgadas, como lo sería Twiggy. Pero esa libertad ya estaba inscrita en la década de los cincuenta: aparecían los primeros informes de Kinsey, y ya se veía que los adolescentes hacían el amor y no la guerra, antes de la frase. Todavía el sexo adolescente asustaba: ya es costumbre. Todavía se les llamaba a la manera clásica, los *teenagers* y simplemente los *teens*: ellos mismos y sus hermanos pequeños serían los hippies.

De todo esto ya se ve que la capital mundial de la cultura estaba cambiando: iba a dejar de ser París para ser Nueva York, y un poco Londres. París celebraba sus dos mil años desde que los lobos aún merodeaban por Louvre que todavía era campo (Louvre: viene de *loup*), como cantaba Serge Reggiani. París era una gloria permanente: pensaba Sartre y le acompañaban Camus y Merleau-Ponty. De ese costado intelectual salió el existencialismo: se sentaba uno en la terraza del Flore, o del Deux Magots, en Saint-Germain-des-Prés, y les veía pasar con sus telas de saco pintadas de colores, las caritas de las chicas enjalbegadas, las medias negras. Los que se sentaban por allí eran los suramericanos: los que iban a ser, después, García Márquez, Cortázar —recorriendo atónito las calles que tramaron *Rayuela*—, Octavio Paz, ya de camino para ser conservador, elegante cónsul de traje oscuro; Vargas Llosa; y Cabrera Infante, y Sarduy. Todavía no eran *boom* en el mundo ni siquiera en España. Pero se preparaban. Se impregnaban de todo: les servía el surrealismo original para absorber el *Manifiesto amarillo* de uno de ellos, Jesús Rafael Soto, pero con Vassarely. Y las *caves*, y Juliette Greco, los poemas de Jacques Prévert, los espectáculos de La rose rouge. Llegaba el primer cine de la gran metafísica, que parecía unirse al existencialismo: el de Ingmar Bergman, con aquellas mujeres largas, elegantes, inquietantes: Bibi Anderson —no confundir con imitaciones meramente de nombre y sexo—, Liv Ulman. Hijas de Greta Garbo, que por entonces hacía en Hollywood películas comerciales y anticomunistas. Y salían otros rostros para el *glamour* del tiempo, de la época: aparecía Brigitte Bardot; aparecía, Señor, Marilyn Monroe, Marilyn Monroe, Marilyn Monroe. Las esposas no se inquietaban demasiado: de Brigitte Bardot y sus desnuditos de venus minúscula: decían que era una putita, sin mas gracia; y de Marilyn, una ordinaria. Aunque no tanto como Anita Egberg, que lo era de verdad, y se lo explotaría Fellini. No estaban las esposas dotadas para ver bien los paseos de Marilyn en *Niágara*.

(Cuando volví una mañana al piso apenas alquilado, junto a Rosales, había una nota. Ella, no: una nota. Yo ya sabía, esta vez, que sí se podía sufrir de estas frivolidades de novela galante. No fue tanto).

Para paseos, los de Antonioni, los que hacía dar a otras largas piernas, otro rostro, pálido, con ese punto asiático que tienen algunas mujeres italianas: el de Mónica Vitti. Un novelista de ese tiempo, Moravia, dedicó un libro a la carnal, frutal, incitante de Claudia Cardinale. La *Nouvelle vague*, de todas maneras, ocupaba el primer puesto intelectual: la rara belleza de Marienbad, el nuevo erotismo de *Les amants*, el balbuceo de *Hiroshima, mon amour*. Quien decidía, elevaba, hundía, era una revista, porque estabámos todavía en la era de la cultura impresa: *Cahiers du cinéma*.

Pero ese cinema, y aquellos sartres y camuses, no llegaban todavía hasta España. Había que viajar para verlo, y lo hacía el que podía —el que obtenía pasaporte y, sobre todo, divisas—; el que no, se quedaba con la cultura local. Era alegre y desenfadada, trasluciendo su crítica: como *Bienvenido, Mr Marshall*, de Berlanga. O tersa, dura, ejemplar, como *La muerte de un ciclista*, de Bardem: los dos primeros nombres (y con Bardem, una mirada profunda, una cara para amar: Lucia Bosé: la trató en seguida el maestro Visconti). Veía sus películas esta sociedad, aunque la mayoría fuese a otras, y a ver a las folklóricas. Diez años son muchos, y no se abarcan en el puño de unas cuantas líneas; del "haiga" a la puerta de Casablanca, al origen de la propiedad popular del "utilitario" hay mucho tiempo. Todavía no habían comenzado aquí las tarjetas de crédito —en Estados Unidos se fundó entonces el Dinner's: pronto había ochenta títulos de tarjetas, y el nuevo rico o el gángster gustaba de tener las carteras en forma de acordeón donde estaban todas. El crédito se definía entonces como el ahorro de antes, pero con la ventaja de que se gozaba de lo comprado desde el primer momento. A veces, los objetos se destrozaban antes de terminar los plazos. Se ha dicho después que el consumismo que empezó entonces, la emigración de obreros al extranjero y el turismo, traerían el final de la dictadura, por una necesidad económica y cultural de libertad. Palabras. A los turistas demasiado desnudos todavía algunos les apedreaban, sobre todo cuando iban a ver el románico castellano; pero había muchas personas que querían imitar sus libertades de vestir, de amar.

A una señorita holandesa le tuve que prestar mi chaqueta para que pudiese entrar en la catedral de Toledo. Recuerdo la prenda: fina, suave, *beige* —ah, beis, dice la Academia, ahora, que es ese color. Por favor, por favor—; la señorita holandesa quedaba como infantil, como niña metida en aquella cosa de papá-piernas-largas. Pero a ella no la recuerdo. Quizá fue la misma que muy poco después, visitando Lourdes, dio un grito de horror al ver la fila de enfermos terribles que iban bebiendo del mismo jarro de estaño, sujeto con una cadena para que los católicos no lo robasen —como reliquia, como metal de milagro—, del caño del que manaba la gruta que encontró la pequeña histérica (o quizá comía los hongos alucinógenos que se crían en esos lugares húmedos: y vio a la Virgen) Bernadette Soubirous: temió que se contagiasen unos de otros. No comprendió que así se curaban. Tampoco comprendió que el obispo o lo que fuera acudiese bajo palio a decir misa: por qué le tapaban, si no llovía ni hacia sol. Las señoritas holandesas no comprendían nada de lo nuestro: ahora ha pasado el tiempo y tampoco lo comprendemos nosotros, pero sigue sucediendo. La señorita era una "doncella de la reina que la viste y adereza" de una compañía —la KLM— con la que viajé entonces. O quizá eran dos: la de Toledo, la de Lourdes.

Los créditos, la pequeña propiedad, llegó con la compra de los pisos. Pronto se hizo obligatoria, y se veía como una desgracia: "¡Qué me venden el piso!", decía una canción, no sé si de Pepe Blanco —el creador de ese horror poético del *Co-*

cido madrileño— o Manolo Escobar, "un bohemio de Dios" (y, con ellos, brotan los nombres de Gila —sigue adelante, fresco y nuevo—, El Zorro —ya ha muerto—; *La Codorniz* —que tenía su gran época con Tono y Mihura—; "¡Que me venden el piso!", se decía con espanto, porque se advertía la trampa —se pagaba un precio, unos intereses, unos gastos de comunidad, un notario: y se seguía viviendo igual—; pero tan bien se hizo la trampa que pronto se deseaba la compra de un piso, y sentían el amor por la propiedad los que nunca la tuvieron, hasta los que habían aprendido, creo que de Bakunin, que "la propiedad es un robo".

Los años cincuenta fueron un *happening*, y en ellos se inventó la palabra, empezaron los japoneses, con el grupo Okai, de Osaka; lo siguió John Cage; todo el mundo creía en algo, y se comportaba como si fuese a llegar. Se quería actuar: "lo importante es participar". Se mezclan ahora nombres y palabras trascendentales: cibernética, Toynbee, Brassens, el Plan Marshall; la exaltación religiosa de Billy Graham, el principio del orientalismo en las sociedades ricas (añoraban lo pobre), Hemingway en Cuba, el Sputnik horadando el espacio exterior con su "bip-bip-bip" como una canción de triunfo del hombre sobre el espacio exterior...

France-Soir tituló a toda página, *á la une*, como dicen ellos, estas solas palabras: "Bip-bip-bip": la canción del Sputnik. Era la primera vez que "el hombre" colocaba un objeto en el espacio exterior, y este objeto transmitía señales continuas de radio de la órbita que ocupaba. Abría el camino al mundo, se conoce. Lo peor es que "el hombre" era soviético, y eso tenía muchos significados. Uno de ellos, el país enemigo, dentro de la incesante guerra fría, no era atrasado y tosco, como se decía, sino que tenía una finura técnica y científica. Otra, que poseía la dinámica, la fuerza suficiente como para colocar fuera de la Tierra ese peso sin daño para él. La tercera, que suponía una fuerza militar: tanto por la posesión del vector de lanzamiento como por lo que ese satélite, o sus sucesores, podrían "ver" de la Tierra, o por lo que pudieran "lanzar" desde allí. Políticamente hasta el nombre tenía un significado. Sputnik quiere decir "compañero de viaje". Sospecho que para los soviéticos la expresión era bastante sencilla: acompaña a la Tierra en su viaje por el universo. Pero en las tierras de la "guerra fría" se denominaba "compañero de viaje" al que sin ser comunista colaboraba con los comunistas. Un enemigo objetivo. Como el "criptocomunista". Aquí se perseguía a los compañeros de viaje: se les encarcelaba, deportaba, expulsaba de su puestos. Y de pronto, la Unión Soviética les ensalzaba llamando compañero de viaje a su gran logro. Mal asunto.

Vivía entonces en París. Era corresponsal de *Informaciones* y, naturalmente, el asunto del satélite artificial —era la primera vez que se empleaba esta palabra— me importaba mucho. Recibí un aviso del director general de prensa, Juan Aparicio, que quería que me presentase en su despacho y viajé inmediatamente, como era obligado. En la antesala del gran censor estaba, esperando también, un gran personaje de aquellos tiempos: Pedro Gómez Aparicio. Se le llamaba Pedrogó porque la agente apagaba la radio —la Nacional de España: en las otras estaba prohibida la información y el comentario políticos: se trataba de conservar el pensamiento único— cortando su apellido cuando se anunciaba la transmisión de su crónica de política internacional. Era director único de la agencia Efe (también la única permitida), consejero del ministro de Asuntos Exteriores; profesor de la Escuela Oficial de Periodismo, presidente de la Asociación de la Prensa, director de la *Hoja del Lunes* —el periódico que salía los días en que los demás descansaban—: se rió de mí cuando comenté la noticia, que en París era caliente: me explicó que era mentira, y que el sonido lo producía una estación especial de radio, para hacer creer al mundo que los rusos habían comenzado la conquista del espacio. Desde más arriba que él, Franco comentó la primera explosión nuclear soviética en unas declaraciones (creo, no estoy seguro, que al *Figaro*) diciendo que en realidad era sólo una inmensa carga de dinamita en un lugar de Siberia con la que los soviéticos querían engañar al mundo. Más crédulo, mejor persona, el ministro de Información, Gabriel Arias Salgado, creía en todos los éxitos soviéticos: "Y es que Stalin —me dijo personalmente— acude a un viejo pozo de petróleo de Bakú, por donde sale el Diablo y le dice todo lo que tiene que hacer". Menos mal que me tranquilizó: "No te preocupes: el Bien termina siempre por vencer". Así ha sido, en efecto: por la vía de Gorbachov y de Yeltsin. Los hombres del régimen eran así. Pedrogó había llegado al régimen desde el periodismo de la Iglesia: desde *El Debate* y su Escuela de Periodismo, donde enseñó. Había escrito una novela: *El idilio de Pepote*. Vaya por Dios. Y una obra de teatro: *Bendita tú*; creo recordar que en colaboración con Enrique del Corral, un compañero muy querido, que tuvo un desliz: se presentó al Premio Mariano de Cavia con un artículo que había copiado de otro autor, le dieron el premio y, con la fama, se descubrió el plagio.

"A veces el ministro de Información y Turismo, Gabriel Arias Salgado, piensa", escribí en 1956. En francés, con seudónimo, en la revista *Esprit*, en París. "Son momentos importantes en la vida del Ministerio. Los pasillos se tapizan de silencio, los ujieres montan guardia en torno al despacho y expulsan a mosca a cualquier funcionario lo suficientemente insensato como para pasar silboteando el airecillo blando e histórico del himno imperial descubierto por el padre Otaño, musicólogo del régimen, en los Archivos de Salamanca: ese himno que, desde entonces machaca varias veces al día a los españoles cuando anuncia el boletín informativo de RNE que en lenguaje popular se sigue llamando 'el parte de guerra'. Quien se permitiese faltar al respeto a la enfática grandeza de Su Excelencia Don Gabriel Arias Salgado, resumiría sus doctrinas en pocas palabras: la autoridad tiene siempre razón, por el hecho de su autoridad; el ciudadano medio no tiene los elementos de juicio que posee la autoridad para comprender los problemas nacionales. El buen sentido hubiera exigido que se compensara esa debilidad del ciudadano dándole más elementos de juicio. Su Excelencia no tiene el sentido tan común y elige un camino más seguro: convencer al ciudadano de que siendo su estado el de menor de edad no tiene otra cosa que hacer que mostrarse respetuoso y obediente hacia la autoridad. Para eso la autoridad —el señor ministro— dispone de periodistas, escritores. La misión de éstos consiste en callar lo que la autoridad quiere acallar y engrandecer lo que la autoridad quiere decir. La prensa debe ser 'orientada', es la palabra clave de don Gabriel Arias Salgado. La autoridad, en ese caso, se convierte en el Oriente mismo, en el primer rayo de sol que ilumina al periodista en su duro trabajo. Ese periodista no tiene que buscar la verdad y no debe sentir la tentación de hacerlo puesto que él mismo sufre por su falta de la autoridad necesaria: la verdad se le entrega ya hallada y bien terminada.

Don Gabriel Arias Salgado fue en tiempos gobernador de Salamanca y por ello tenía siempre un palco reservado en el teatro de la ciudad. Un día, su secretario se atrevió a preguntarle:

—El señor gobernador ¿piensa asistir esta noche al estreno?

Seco y cortante:

—No, ¿por qué?

—Porque si el señor gobernador no utilizase su palco, yo me permitiría...

Don Gabriel Arias le contempló tristemente y después con su voz débil, fatigada, bonachona, murmuró:

—Así que, hijo mío, usted es una de esas personas que van al teatro...

Si se piensa que don Gabriel es hoy el ministro del Teatro, tal respuesta permite meditar mucho acerca del vigor de la escena española".

(El agregado de prensa de la Embajada de España, Antonio González de Linares, me invitó un día a comer a su casa. Fue la primera vez; y la última. En la mesita auxiliar de los aperitivos estaba el ejemplar de *Esprit* con mi artículo clandestino. Lo miraba, me miraba a mí. Miré unos cuadros o fotos o muebles, me levanté, me cambié de sitio. Linares cogió el ejemplar, lo miró distraídamente, como mecánicamente, y lo volvió a poner a mi lado. Cuando terminamos de comer, en la mesita del café, estaba otra vez *Esprit*. No sé si como en las cenas de los acusados de Hércules Poirot esperaba ver mi reacción de culpable. González de Linares hablaba español con una "erre" francesa: el apellido fue ilustre en Francia, y un general de ese nombre se distinguió valerosamente en la derrota de Francia en Indochina, en Dien-Bien-Fu. Había empezado como reportero en la República: los falangistas, luego, le dieron aceite de ricino. Se congració con el régimen. Ha muerto ahora, casi centenario: había terminado dirigiendo una famosa revista del corazón, *Semana*. Pienso que aquel baile de mi artículo punible era, quizá, una forma de decirme que sabía quién lo había escrito, y que no iba a denunciarme. Siempre es bueno pensar lo mejor. Sobre todo, de los muertos).

(Aceite de ricino: una de las aportaciones del fascismo italiano a España. A los rojos se les obliga a beber, pegándoles con la porra —*il manganello*, en el fascismo italiano— un frasco de aceite de ricino. Se sentían morir. A veces ese sentimiento era presentimiento: morían. Pero lo interesante eran los formidables dolores, los retortijones, la conversión del individuo en viscosa materia intestinal, visceral, anal. Cuando oigo decir que Falange nunca fue fascista recuerdo varias cosas: el corporativismo, la camisa negra que aquí fue azul, el Gran Consejo, el brazo en alto. En el dinero que Mussolini dio a José Antonio Primo de Rivera. Las brigadas de voluntarios que vinieron a morir en España —Guadalajara— y a torturar y matar —Alicante, en el puerto cercado por ellos, donde los rojos esperaban barcos para ir a Orán o a Francia, y no llegaron—. Y en el aceite de ricino, tan inebioso, tan gracioso).

Don Gabriel murió: quizá dolorosamente por haber sido privado de su cargo y, sobre todo, por haber descubierto, al final, que la gente robaba en su Ministerio. Él era un hombre honrado: un buen creyente.

Un día almorzamos con él un grupo de periodistas en lo que fue el Club Internacional de Prensa, en la calle del Pinar, cerca de la Colina de los chopos donde está la Residencia de Estudiantes de la Generación del Veintisiete. Había ciertas quejas, discretas y respetuosas —como es, a veces, la voz del miedo— por la decadencia de los periódicos.

—¿A qué pensáis que se debe? —nos preguntó nuestro ministro.

Iban contestando lo que podían, lo que se atrevían. Uno dijo que por el crecimiento de la radio (la televisión no contaba aún), idea que fue rápidamente rechazada por el que representaba a la radio en aquella reunión. Otros, por no sé qué razones. Yo dije, suavemente:

—También está, claro, el problema de la censura...

Arias me miró con el brillo del reconocimiento en los ojos:

—Gracias por decirlo. No os atrevíais, y era preciso que alguien lo dijera para que yo pudiera dar una explicación.

Se arrellanó, nos miró:

—Habláis todos del daño que hace la censura, y no sois capaces de percibir el bien.

Esperaba que alguien le preguntara cuál era el bien, y uno de nosotros lo hizo. Contestó:

—¿Sabéis, por poner un ejemplo, cómo ha disminuido la masturbación en España?

Yo, personalmente, no lo sabía. Dio un porcentaje, sin duda excelente: ya los españoles se masturbaban, nos masturbábamos, menos de la mitad que antes de la censura. ¡Gracias a ella! Incluso las mujeres...

Únicamente le pregunté:

—Y eso ¿cómo se sabe?

—Por las estadísticas de los confesionarios...

No sé si aún existen hombres así en España. Ni siquiera estoy seguro de que existiera entonces alguien más que él. Que decía:

—Mi tía me dice a veces: "Gabriel, Gabrielito, ten cuidado con lo que estás haciendo... Eres un liberalote, te vas a condenar..."

Interesa saber que su hijo Rafael Arias-Salgado, unidos ya legalmente y con guión los dos miembros de los apellidos, para que no pierdan la eufonía, es ahora ministro de Comunicaciones. Muchas de las cuestiones de la libertad técnica de la expresión, como la televisión y sus satélites, están en sus manos. Que se sepa: son datos de la crónica nacional.

Susurraban dos personas, en la oscuridad de la noche de guerra civil, acerca de las desgracias en los frentes, las calamidades del hambre, las fantásticas noticias de ataques enemigos... Eran lo que se llamaba "derrotistas" (del uso francés en la primera guerra mundial, *defaitistes)* pero les oyeron y les detuvieron: "¡Traidores, bulistas, derrotistas! Os vamos a fusilar ahora mismo... No, no merecéis que os fusilemos: os vamos a ahorcar..." "¿Ves? —dijo uno al otro— ¡ya no tienen ni balas!"

Un bulo. Contra la censura está el bulo. Un viejo amigo del español. Es sinónimo de infundio, y tiene una etimología graciosa: bulo es como bola, y bola es una cosa hinchada, aumentada. En el viejo periodismo se llamaba "hinchar el perro" a la parte del oficio que consistía en aumentar las breves noticias telegrafiadas o telefoneadas con muy pocas palabras para ahorrar dinero. Hinchar el perro: añadir a la noticia típica de "perro muerde a hombre" las palabras adecuadas: "Paseaba un ciudadano de nuestra ilustre villa por una de sus calles cuando, por allí mismo, apareció un perro...". Anécdota vieja de la profesión viejísima: al telegrama "Romanones compró globo", correspondía una redacción suficientemente hinchada: "El distinguido *sportsman* conde de Romanones adquirió un aerostato con el que realizar sus arriesgadas ascensiones...". En realidad era que el Conde Romanones había comprado el periódico *El Globo* para difundir su política....

No he sabido de otros países donde haya un equivalente de la palabra bulo en esa acepción española muy peculiar que ahora apenas se usa, como la mayor parte de los vocablos castizos.

Otras etimologías: si viene de "bola": es porque es algo que rueda y rueda, haciendo ruido. Una "bola" es también, en lenguaje figurado y familiar, una mentira. Una trola. O viene del habla de los gitanos: "bulero" es el engañador, el mentiroso. Puede que venga de "bululú", voz onomatopéyica que nombraba al actor solitario que iba por los pueblos representando cuentos y fábulas, imitando distintas voces. Añado estas incertidumbres a modo de rumores: para que se vea que la ciencia tampoco es enteramente real. La inexactitud es patrimonio de todos, y no sólo del periodismo. Suelo estar enfadado con una verdad absoluta del *Libro de Estilo* de *El País*, donde ahora trabajo, que proscribe el rumor. Como si las noticias fueran más verdaderas. Vamos, vamos.

El bulo prolifera en situaciones especiales: cuando la censura, la dictadura, el totalitarismo; o en situaciones especiales como las guerras, que cortan la información normal. No suelen los poderes conformarse con eso: inventan sus propios bulos, que unas veces divulgan por medios oficiales, y otras instilan en la población, por medio de sus propios agentes secretos (que suelen ser conocidos: en sus barrios les señalan con disimulo y dicen: !Ése es un confidente!...). Cuando en la Alemania nazi se divulgó el rumor de que algunos personajes habían sido detenidos, el Gobierno hizo circular el bulo de que uno de ellos era Himmler, jefe de la Gestapo: poco después, Himmler apareció en público, y con ello no sólo se deshizo este rumor, sino que se aventaron las verdades sobre los otros detenidos. A veces estas falsedades o infundios alcanzan una envergadura grande: *Los protocolos de los sabios de Sión*, un libro que divulgaba secretos de un poder judío mundial, preparado con siglos de anticipación, para atraer el odio sobre los hebreos. Dicen que lo escribió y lanzó Henry Ford. Se demostró luego amplia y documentalmente su falsedad, pero continuó circulando y creando adeptos: era el libro que estaba en la mesilla de noche del almirante Carrero Blanco, como cuento por algún otro doblez de este libro, el día en que fue asesinado. Algunos de sus adeptos siguieron divulgando la tesis de que había sido muerto por los judíos y los masones, no sólo contra toda evidencia, sino frente a la lógica. Pero no se sabe si un día, después de algunos cambios ahora invisibles, pero no invisibles, esa versión será la realidad. Hay partidos o facciones que en sus revistas o librillos la siguen contando.

Los judíos han sido víctimas de las calumnias o de los rumores durante toda su historia. En nuestros peores siglos, se les acusaba de secuestrar, infamar y matar niños cristianos. Lope de Vega —que fue familiar de la Inquisición— tomó una de esas leyendas para escribir una obra de teatro, *El Santo Niño de La Guarda*, —La Guarda es un pueblo de La Mancha— y, donde se representaba, producía persecuciones de judíos, incendios de sus casas y hasta alguna matanza. En realidad, todo el gran Siglo de Oro teatral produjo un teatro de propaganda y podría considerarse como un antecedente de la televisión donde se usa como difusión del pensamiento oficial: obras como *El alcalde Zalamea*, *El mejor alcalde*, *el Rey* o *Fuenteovejun*a —por citar las que hoy se tienen por más progresistas— se escribían para fortalecer el poder real frente a los residuos feudales, y mostrar cómo el Rey está siempre con el pueblo por encima de los cortesanos, señores, gobernadores o militares. No es una figura que nos sea desconocida hoy, para reducir el valor de los políticos, el del pueblo en sí y la propia democracia como orden frente a los "golpistas".

Queda dicha la palabra "propaganda" como fuente oficial del bulo. Se ha desprestigiado. Hitler y Stalin tenían sus especialistas de propaganda, y de ahí se crearon —también, claro, en España— los ministerios que se llamaron "de Propaganda". Cuando la palabra se identificó con la mentira —Hitler explicaba, en *Mein Kampf*, que la más burda, grosera y enorme mentira siempre deja algo, aunque se desmienta—, se cambió su nombre por el de Información; después se advirtió que el Estado no parecía aceptar así que administraba, creaba o dirigía la información, y se mudó en Cultura, o en Oficina del Portavoz del Gobierno: es lo que más o menos existe hoy, y su encargado tiene rango de subsecretario.

Una madrugada encontré a Polanco que iba a un bar del que yo salía, y le acompañaba el portavoz de entonces, con el Gobierno de Suárez. Tan bueno, dicen: tan moderado. No digo su nombre porque ya ha muerto. Polanco quiso descubrirle:

—Mira —me dijo—: venía este amigo diciéndome que tú estás recibiendo dinero de Moscú...

—Siento que te lo haya dicho —continué la burla—; ahora tendré que darte tu parte...

Polanco: no ha habido hombre que haya sido tan fuerte víctima como él de los bulos de los servidores del régimen, desde que ese régimen —el aznarista— estaba todavía en la oposición. Lo sigue siendo ahora, mientras escribo. Uno de los hombres más calumniados de España.

También fueron cambiando los ministerios llamados de la Guerra, a principios de este siglo, a los que el malestar por la idea de guerra, cuando ésta se desprestigió como valor noble y viril, convirtió en ministerios del Ejército y, últimamente, en Defensa, que puede ser el de fin de siglo. Estas son cuestiones de semántica que siempre se repiten: los navíos españoles enviados al Golfo Pérsico fueron para la "pacificación", según el Gobierno; y la oposición (Aznar) amplió el concepto diciendo que toda la fuerza multinacional, que es la mayor concentración de armas y hombres producida después de la Segunda Guerra Mundial, tiene una misión de paz (para que obedezca las condiciones el enemigo; si no, sería él el culpable de la guerra).

La calumnia suele ser el bulo o el infundio aplicados a la vida privada. Se canta en *El barbero de Sevilla*, se muestra en *El gran Galeoto* de Echegaray. Tiene carácter político cuando se refiere a vidas privadas de responsables. Ni siquiera la democracia y la claridad salvan de ella: un bulo de hace años decía que Felipe González había intentado el suicidio, y luego que estaba en manos de psiquiatras por su depresión profunda. Son bulos que no se pueden siquiera desmentir: negarlos oficialmente equivale a difundirlos más: y "algo queda"...

En nuestra sociedad, los rumores —alguno quizá sea cierto— tienen poco lugar: por la abundancia de información y porque hemos caído en una época en que no se cree nada, y lo que se cree apenas importa: es muy indiferente, muy pasiva. Los rumores que más interesan son los que parecen "graciosos": pero en gran parte famas y honras sufren poco, porque los comportamientos más irregulares están admitidos. Pero los infundios más peligrosos suelen llegar ya en forma de teletipos de agencias solventes, de corresponsales famosos, de discursos de grandes políticos, de intervenciones de padres de la patria. O de historiadores titulados. Pienso ahora en Ricardo de la Cierva. Hay otros, hay muchos. ¿Todos? ¿Cuentan rumores de otros tiempos, bulos de otros tiempos, creyendo que son ciertos?

Debió ser Madrid ciudad de viento; aún a veces se revuelve. Le oigo zumbar por las chimeneas y, a veces, veo cómo empuja las plantas en mi terraza. Los clásicos de Madrid, sus refranes, cuentan cosas. Se agrandaba y enfurecía el aire en sus tejados de un rojo deslavazado —aún quedan, y con una botánica misteriosa de hierbas raras crecidas entre sus rendijas; trae el viento las raras semillas, y brotan al agua que cada año va siendo menos escasa—, merodeaba por las esquinas, inflaba las capas de los embozados. Mataba viejas: "Mata una vieja, pero no apaga un candil", se decía de una especie sutilísima del soplo: debía ser por lo invisible que traía en él, que era el frío de los neveros de la sierra. Ramón Gómez de la Serna contaba de una esquina moderna, la de la Telefónica, en la Gran Vía y Fuencarral: "Un hombre cayó muerto de frío en un día de verano: era el embajador de Rusia". Ahora casi nunca viene: le han puesto muros al campo, se ha construido en las praderas, y se le quiebra, salvo algunos días con los que arranca otoño, que es tiempo.

Para sentirle hay que ir a buscarle, y se le suele encontrar en el Viaducto, puente de suicidas. Pienso al escribir esa palabra en el necio alcalde que quiere, mientras tecleo, poner una especie de mampara para que los suicidas no caigan. No recuperará vidas: irán a otro sitio. La calle de Segovia, el barrio de la Morería. Allí vivió mi tía Paz, Pensamiento y Libertad según los nombres de registro que le impuso mi abuelo, librepensador y capitán de la Guardia Civil: uno de los hombres del 98, uno de los últimos de Cuba. Mi tía Paz, mi tía Elvira, que tenía un terrible secreto que se le hurtaba al niño, aún tenían acento cubano.

Desde el Viaducto se ve una perspectiva larga, calle de Segovia abajo, por donde entraban a la ciudad los carreteros; todavía hay mesones antiguos por allí, con patios para el tiro de mulas. Arriba, algún arrebato de nubes rosicler —palabra que los clásicos madrileños, sobre todo Góngora, que la adoraba, dedicaban sólo a la aurora; no es francesa, como parece, sino catalanoárabe, *rogecler*— con el que las pintaba Velázquez, por encima de infantes gordos sobre caballos gordos. Un cielo que se acaba al anochecer: antes había estrellas, que ahora sólo quedan precisamente los días de viento, cuando se barre el polvo suspendido de la polución. Y los malos humos. Esos días, raros, tienen todavía aire del sur, de un sur que somos; la verdad y la geografía no dependen de la firma de tratados con la Europa del norte, como Madrid no es atlántica, por mucha OTAN a que la fuercen sus gobiernos y el imperio. Es más bien del Manzanares, "aprendiz de río" para Quevedo, epigramado por todos en el Siglo de Oro, un poco mimado por el alcalde bueno y pintoresco que fue Tierno Galván que le hizo parecer más hondo, por canalizado, y más vivo, por unos patos que le echó, con sus casitas: apenas se atreven a salir de ella, porque en los márgenes hay marginados, y son *gourmets*, y a veces los cazan y los guisan sin necesidad de añadirles el perfecto aroma de la naranja. En una comilona de mendigos a la orilla del agua, con la hoguera chispeante y los cartones de Don Simón; limpiándose con el dorso de la mano y riendo a carcajadotas. Instantes de felicidad.

No es que Madrid sea irrespetuosa con los animales; tienen los habitantes su apodo de uno de ellos, el gato, y no se sabe bien si por un legendario Álvarez Gato que la defendió de los moros; porque se decía que aquellas murallas de la defensa las trepaban los madrileños como los gatos (estamos en ellas, en lo que queda de ellas, desde el Viaducto); o porque hay muchos, y son un poco tótem. Hay mujeres que bajan a las verjas de los campos de gatos —los Canales de Isabel II, el jardín del Cuartel General del Ejército que era el Ministerio de la Guerra antes de la evolución semántica del militarismo; cientos de jardincillos interiores donde ellos se defienden de los perros; y de la gente— y dejan platitos o cuencos de papel de estaño con arroz cocido, y sobras de pescado.

La fauna madrileña se ha ido marchando, por cosas de la ecología, o por mudanzas de las costumbres. Aquí hubo murciélagos, compañeros bajos de las golondrinas ("doblando y desdoblando esquinas", dijo un poeta creo que del 27) en la caza de mosquitos: se dice que los insectos desarrollaron un mecanismo por el cual su señal se detectaba con unos milímetros de diferencia en el sonar del murciélago y éste marraba el chupetón: por eso se fueron. Y había grillos. Se colgaban sus jaulitas en las ventanas, junto al geranio —la planta, la flor local, del pobre—; los vendían unos hombres que pasaban, en el verano, con unas perchas donde estaban las jaulas con los horribles bichos: queridos, sin embargo. No sólo en Madrid: cuando Dickens escribió "el grillo del hogar" hacía una metáfora del animalillo con una sensación de felicidad, por su suficiente canción.

Y el caballo, el pobre caballo flaco, de piel rucia, con las costillas al aire, que caía cuando tiraba de un carro cargado, al llegar a un repecho. No podía más. El carretero le insultaba, le daba puntapiés, le pegaba con el látigo; y con el palo del látigo, en las orejas. Blasfemaba. Tiraba de las riendas y el caballo, sobre sus patas recogidas, no tenía ninguna expresión. Se juntaban varios hombres: salían de las tabernas, de las porterías, reían a carcajadas. Ayudaban al carretero: tiraban, entre todos, de las riendas, y daban puntapiés. A veces, el caballo se ponía en pie y seguía. Calle arriba. Alguna vez he contado esa escena: me obsesiona.

Ah, la censura.... también a Franco le decían, a veces, lo de la censura. Fue una directiva de la Asociación de la Prensa a saludarle y presentarle sus respetos, como era debido —ahora se hace también con el Rey— y Franco les dijo que lo que pasaba, en realidad, con los periódicos, era que no había buenos periodistas. Dejaban pasar todas las grandes ocasiones.

—Ahora ha muerto Stalin —comentó a los perplejos— y nadie ha sabido explotar la noticia. Se ha dado ridículamente, con unos titulares modestos: no me dirán ustedes que la censura ha intervenido en eso. Era una noticia importante y buena para todos nosotros...

Nadie se atrevió a decirle que había sido la censura quien había obligado a reducir la noticia. Estaba yo al cargo del periódico *Informaciones* cuando se supo la muerte; comenzamos a preparar lo habitual en estos casos —siempre muere un Stalin o un Kennedy o un Franco, y varios papas... En un periódico siempre es todo habitual, y nunca cabe el asombro— y llegó la orden del Ministerio (el pobre Arias; creo que era el tonto, Aparicio, creo que era el inteligente): un titular de no más de tres columnas en primera página y una biografía escueta.

Una nueva directiva de la Sociedad General de Autores Españoles fue a visitar a Franco. El teatro es históricamente pedigüeño y quejumbroso y no vaciló en plantear al omnímodo y omnipotente sus problemas. Contaban al salir, con asombro, que fueron respondidos: "Claro: si no ponen ustedes obras como *Marina*, es natural que no vaya el público".

La intención de los autores de presentar alguna queja contra la censura se vio destruida, y me he preguntado alguna vez si la frase no fue una astucia de Franco para cortar la queja.

He tenido, después, otro testimonio. Un director general de Teatro y Música, Gabriel García Espina (compañero mío, antes y después, de crítica y hasta de periódico), fue a Estados Unidos en viaje oficial, y trajo como regalo personal para Franco una fabulosa caña de pescar; el Generalísimo o Caudillo le escuchó apenas durante la audiencia, mientras se le iban los ojos detrás de la caña enfundada. Abrió al fin el estuche, la montó y lanzó airosamente el anzuelo por el despacho, ante el terror de Espina, que se imaginaba desgarrado. Mientras tanto, Franco canturreaba *Marina*. Pienso, por pura comicidad mía, si sería el fragmento donde Roque recomienda al coro que arroje el anzuelo "con noble vigor", que es uno de los disparates literarios de esta zarzuela-ópera: su primer autor, Camprodón, fue terrible.

El caso es que la leyenda de Franco y *Marina* ha cundido, y supongo que no sería sólo por este par de anécdotas sino porque la Corte aduladora del dictador las aprovecharía para citar la obra ante él para contentarle, y quién sabe si él mismo pensaría que qué manía tenía todo el mundo con *Marina*. No he sido capaz de encontrar datos escritos de esta supuesta obsesión.

De todas formas es muy posible que a Franco le pareciera una obra excepcional, aparte de sus preferencias personales por el mar, que debe ser lo que más ha amado en su vida —fuera de sus deberes y de su sentido del destino—; porque así parecía, en su mejor época a la mayoría de los españoles. Franco nació en 1892 y la zarzuela se estrenó en 1855: no gustó, pero se extendió triunfalmente por el país. Tuvo la peor crítica que se puede tener que es la de decir que no era nada. En *La Época*, del Marqués de Valdeiglesias, que firmaba Mascarilla las crónicas de sociedad y que era el padre de nuestro Luis Escobar, se decía que "no era buena ni mala, ni mediana ni superior; pecaba de larga y, a la vez, de corta; era a la vez ancha y estrecha, alegre y melancólica, modesta y altiva, suave y áspera". Se refería el cronista sobre todo al libreto, aunque para la música tenía otra frase parecida: "No faltaba nada, pero sobraba algo".

Bien, no gustó en el estreno de Madrid, pero comenzó a prosperar por las provincias. No era la primera vez que pasaba, no fue la última. En realidad, la crítica mayor le venía de los intelectuales, que reprochaban los disparates de Camprodón que abundan en este texto quizá más que en todos los otros que escribió, aunque quizá es que son los que más se recuerdan. Fue en *Marina* donde escribió: "Mi madre, aunque está impedida / la pobre te quiere tanto". Algunos de sus versos se convirtieron en frases cómicas de la conversación: "Yo, pobre y rudo trabajador...". ¡Pobre Camprodón! (Mentira: rico Camprodón, a quien los ripios hicieron riquísimo). Decían que lo copiaba todo —"fusilero", le llama Olmedilla— y que lo copiaba mal. Un hombre que hizo la historia del teatro español en verso, como poema cómico (*La teatrada*, Vicente Escohotado, Librería Fernando Fe, Puerta del Sol, 15, Madrid, sin fecha) decía de él: "Camprodón, que era ripioso / anticastizo y ramplón / ¡corrigiendo las poesías / de Balmes! ¡Valme, señor!". Ciertamente, los dos mozos de Vich fueron poetas, y el que iba a escribir más tarde *El Criterio* leía sus versos al que sería libretista de zarzuela, y le pedía ayuda. El único juicio que se puede obtener es que era más humilde.

Muchas veces los escritores, o el público de cierto gusto, se han dejado llevar de muchos excesos de los libretistas de zarzuela para renegar del género; y los de *Marin*a fueron excesivos. Por eso podía servir de burla de Franco que hubiera hecho esta elección. Pero, como decía más arriba, veinte años después del desdichado estreno, y mientras aún la zarzuela iba cantándose en España, surgió la idea de la ópera; Camprodón había muerto ¡del cólera! —en ultramar— y se le encargó el trabajo del libreto a Ramos Carrión. Otra cosa. Uno de los mejores textos del género chico español es suyo (*Agua, azucarillos y aguardiente*). Arregló algo, añadió un acto en medio (prácticamente, el segundo) y permitió que Arrieta compusiera nuevos números. Desde entonces *Marina* ha sido la ópera española más representada, y desde luego, lo era en la niñez y la juventud de Franco, y en las provincias donde vivió y en la clase media que fue la suya y la de su matrimonio.

El público la tomaba como algo fundamentalmente nacional, y esto es uno más de sus misterios. He visto en dos tratadistas muy distintos —Carlos Gómez Amat, musicólogo, y Martínez Olmedilla, cronista— la mención de que las dos grandes obras nacionales eran *Don Juan Tenorio* en lo dramático y *Marina* en lo lírico. Cito este párrafo de Olmedilla (*Arriba el telón*, Aguilar, Madrid, 1961): "Una y otra tienen algo de himno nacional, encarnan como una representación de la raza. No hay español que no recite de memoria los versos de Zorrilla ni tararee trozos de las partituras de Arrieta". Puede pensarse que esta cuestión de himno y de raza alcanzaran al espíritu exaltado del pequeño ferrolano, tan patriota; la exaltación del mar y la misma palabra "raza" le inspiraron uno de sus escasos escritos, el de la novela que escribió con el seudónimo de Jaime de Andrade y que llevó al cine quien luego sería también su biógrafo cinematográfico, Sáenz de Heredia (primo carnal de José Antonio Primo de Rivera). Y no sé si pueden encontrar estilos de Camprodón y de Ramos Carrión en sus discursos.

El carácter nacional y hasta nacionalista de *Don Juan Tenorio* no me extraña nada, puesto que procede de una leyenda española y ninguno de los grandes escritores universales que han tratado o musicado el tema lo han situado fuera de España, a cuya idiosincrasia debe pertenecer, aunque yo creo que es una cuestión del arquetipo universal del macho de la especie, por lo menos hasta épocas recientes (ahora se escriben contratenorios en España y en el mundo). El nacionalismo de *Marina* siempre me ha sorprendido, sobre todo porque su autor, como su música, son italianizantes. No es un mero adjetivo: es una clasificación, una pertenencia íntegra a lo que en su tiempo se consideraba como una manera de hacer teatro y música, y se luchaba por y contra ello. Don Emilio Arrieta vivió y estudió música en Roma y Milán, se especializó en ópera y puso libreto a dos óperas en italiano que estrenó la Reina Isabel: *Ildegonda* y *La conquista di Granata*; y digo la Reina Isabel porque fue ella la que mandó hacer un teatrito en Palacio, por la parte de las Vistillas, robando pequeños trozos de Palacio, entre otros el antedespacho de su marido, el pobre Francisco de Asís, y creó una compañía que se llamó de Cámara porque era de la cámara real. El director fue un personaje pintoresco, que durante un tiempo trabajó como aguador para aislarse de la maldad del mundo del teatro, un popular y famoso libretista italiano que se llamaba Temístocles Solera (el autor del libreto de *Nabucodonosor* para Verdi: y de los de estas dos primeras óperas de Arrieta). Fue este amigo de Roma y del Conservatorio de Milán el que le introdujo a la Reina; y doña Isabel II le ayudó en todo; se puede decir que había intimidad entre la dama y el musicante, aunque sin duda con límites porque a don Emilio no se le conoció nunca amor por mujer. Dijo siempre que no tuvo tiempo de casarse; pero lo tuvo para hacer gran amistad con Adelardo López de Ayala, con quien vivió toda su vida española (empezaron en una pensión tan mal oliente y sucia que la dueña quemaba azúcar para disimular: de un comentario no sé si de Arrieta o de López de Ayala salió la frase, que permanece aún dentro de nuestro lenguaje: "Con azúcar está peor") hasta que la muerte les separó; la de Ayala supuso el abandono de todo por parte de Arrieta, que se dejó morir poco después.

Tampoco es muy seguro que Arrieta compartiera los sentimientos de la Reina por él, porque en cuanto fue destronada compuso un famoso himno que se llamó *¡Abajo los Borbones!*, con el que festejó, además, la llegada de un italiano a la Corte, Amadeo de Saboya, al que luego sucedió la I República. Don Emilio, en realidad don Pascual (se cambió el nombre original: sus enemigos le llaman "Pascual el bobo"; y Pascual fue el nombre, probablemente no casual, del protagonista de *Marina*) pasó felizmente por esos regímenes sonando siempre a Donizzetti, a Bellini y, sin embargo, absolutamente nacional. (Un momento terrible: la restauración: pero su conviviente López de Ayala, estadista, ministro, académico, autor de un nuevo teatro realmente nacional —(*Consuelo*)— pudo sacarle del trance y franquearle las puertas de Palacio, ahora de don Alfonso de Borbón: le perdonó).

Es muy probable que si Franco hubiera conocido todos los antecedentes, biográficos y extranjerizantes, de Arrieta, no le hubiera puesto como ejemplo del teatro nacional, pero ni los conocía ni tenían por qué importarle. Como toda la clase media española de su tiempo, había nacionalizado *Marina*, y puede que pese a todo y a la voluntad de su autor tenga mucho de nacional. El hecho es que aquí sigue, ciento treinta nueve años después de su versión; y que si Franco la canturreaba al lanzar "con noble vigor" anzuelo y sedal, los exiliados que él causó lloraban de emoción cuando la oían en América.

Nunca hablé con Franco; le veía de cerca en alguno de los sucesos a los que me enviaba mi periódico. Todos los años, en la misa por José Antonio Primo de Rivera —el hijo del dictador que aspiró a sucederle y fundó Falange o "la Falange" como decían ellos; como dicen ellos— en el monasterio de El Escorial. La noticia no era noticia: todo era fácilmente repetible, año tras año. Pero había un tema importante: ¿de qué iría vestido el monstruo? Al principio llevaba el uniforme de Falange, ornado con las luces de Jefe Nacional. Pero podía llevar boina roja, en cuyo caso había buenas relaciones con los carlistas, o malas con los juanistas, o llevar gorra de plato, que le hacía más falangista, de los de antes de la unificación. O quizá llevaba uniforme militar: pero podía llevarlo, también, con los picos de la camisa azul por debajo de la guerrera. Ir con boina, ir sin boina. Podía presentarse vestido de civil: pero no recuerdo haberle visto así nunca. El arte político era el de interpretar los signos, y él era un signo.

Un día miró hacia el pelotón de los periodistas. Estábamos ateridos todos —noviembre en El Escorial—. Al fondo, los picachos de la sierra estaban cogullados de nieve. Pero el General —por antonomasia— iba siempre, siempre a cuerpo. Miró, escribo, hacia el pelotón de los periodistas; vio al director de *Arriba* —quien fuera aquel día— y le hizo signo de que se acercase.

—Habéis cambiado el formato del periódico: no me gusta.

Tembló el interpelado. Dio explicaciones: con pocas páginas el tamaño menor —la mitad— era más aparente. Y para la gente, ese formato pequeño era más asequible. Lo podían, insistió, leer en el Metro, sin tener que desplegar las grandes páginas... Quizá no había nunca nadie leído el *Arriba* en el Metro. Pero era una explicación. Sin embargo, si Su Excelencia lo deseaba, podrían volver...

Franco hizo un gesto de impaciencia:

—No, no es por nada. Es que yo me forro de papel de periódico por debajo de la guerrera, para poder venir a cuerpo; y las hojas grandes de *Arriba* me venían muy bien. Tendré que hacerlo con el *Ya*, y no me gusta...
Se había abierto la guerrera y había señalado el periódico interior. Contra el frío.

Ah, le veía en el NoDo: "El mundo entero al alcance de los españoles". Le veía todas las semanas, entre sus gentes, sus cortesanos, sus embalses —benditos sean, de tantas sequías nos han salvado—; sus peces al extremo de la caña. Algo se tragó en la vida: nunca fue marino. Se vestía de almirante: pero sabía, por dentro, que no lo era. Y los almirantes, también. Menos Carrero Blanco, que le adoraba, y aspiraba a ser él mismo, un día, el nuevo Franco. Murió antes. Cuentan que cuando Franco lo supo, dijo: "No hay bien que por bien no venga": está en la lista de sus enigmas. Probablemente era ya el Alzheimer. Muchas correncias de viejos se atribuyen a su ingenio, y son senilidades: como las divertidas frases de los niños, las *mots d'enfants* que dicen los franceses, no tienen para ellos ninguna gracia: son sus aforismos.

Entorchado de almirante: o, como un señor, con la gorra de *yatchman* y el escudo bordado en la *blazer* azul: qué escudo iba a ser, el suyo. O sea el de España. ¡Franco en el *Azor*! Gran calcomanía de mediados de siglo. El horizonte era cárdeno, y los rayos del sol iluminaban, desde abajo, unas nubes que se volvían sonrosadas, violeta; y se deshacían con el viento. Acodado en la borda, Franco dijo: "¡Quién fuera pintor!". De niño quiso serlo; además de marino. Ahora que lo tenía todo, sólo era pintor de domingo y marino de su yate. En algún museo debe estar todavía uno de los cuadros que el NoDo hizo famoso: un águila que extiende sus garras sobre un pueblo, allá abajo. ¡Qué hubiera dicho Freud! Quizá el nombre del barco, *Azor*, correspondía al ave de presa que pintaba con minuciosidad y cuidado; como si estuviera junto a ella y, sobre el pueblo castellano. Franco hablaba de esto con su médico, Vicente Gil. Blanco, y discreto, al fondo, el horizonte de El Ferrol. El Ferrol del Caudillo.

El Caudillo, había oído un capitán de fragata, Nieto Antúnez, sugirió que el Estado —el Estado era él— tuviese un yate de recreo. Nieto Antúnez le fue siempre fiel; llegó a ser almirante y ministro del Gobierno de transición, para sujetar las ataduras de Franco: y dimitió porque no quiso aceptar el reconocimiento de los partidos políticos. Fue uno de sus mejores compañeros de barco: con Max Borrell, que le enseñó a pescar, y con un Andrés Zala, que algunos suponían húngaro, otros palestino; quizá aristócrata, quizá diplomático. Los demás se mareaban. El médico, Vicente Gil, sufría como todos: pero cumplía con su obligación y con su devoción (se la pagaron al despedirle durante la última enfermedad de Franco, con el regalo de un televisor en color que le hizo doña Carmen). El *Azor* era un barco duro, lento, cabezón.

Quizá no termine el siglo sin que haya otro yate en el horizonte: el yate real. El nuevo: el viejo se desguaza solo. El que le regaló el Rey de Arabia Saudita, su primo (todos los reyes se llaman, entre sí, primo). Me cuentan que alguien fue a verle, discretamente, para decirle que Juan Carlos I de España se compraba un yate pero que, para evitar escándalos, sospechas o envidias, iba a decir que se lo había regalado él, si no le molestaba a Su Majestad. Magnánimo, dijo: "No sólo no me molesta, sino que se lo voy a regalar yo". De su petróleo. De sus bienes de Rey Mago. Y así fue. Éste, de nuevo lo regalan, dicen, los grandes empresarios de Mallorca: por lo que favorece a la isla. Pero va, directo, al Patrimonio Nacional. O sea, que no está a su nombre. Cómo les gusta a todos estos lo del mar, lo de dominar las olas. Y los uniformes, y los gorritos.

En 1949, mediado el siglo, el *Azor* había sido botado en los astilleros Bazán: su madrina, la señorita María del Carmen Franco Polo. Hacía poco tiempo que los periódicos la llamaban todavía "Carmencita Franco", hasta que recibieron la orden escrita, en papel sellado, de la autoridad de prensa: había que llamarla "señorita", y por su nombre completo; más tarde sería obligatorio, junto al nombre, el título de marquesa de Villaverde.

Franco se reía de sus invitados en el barco: no lo resistían. A veces, les gastaba bromas: dictaba falsos "avisos a los navegantes" anunciando fuertes temporales inmediatos, se los hacía llevar al comedor y los leía en voz alta: se reía a carcajadas cuando los demás comenzaban ya a ponerse verdes y a vacilar. Los que le acompañaban entonces dicen que era feliz, y que se sentía libre: conseguía salir de su propio régimen.

Sobre todo le entusiasmaba la pesca. Un día pescó un enorme calamar que conservó vivo para donarlo a un acuario (le llamó siempre "el monstruo marino"), pero algún tiempo después desapareció. Franco imaginaba que tenía algunas facultades especiales que le habían permitido escaparse y saltar al mar; pero se averiguó que se lo había comido el señor Zala (el cocinero de a bordo era excelente, pero la comida diaria era frugal, como lo fue siempre en la mesa del dictador). Los atunes eran su mejor presa. Su primo y secretario, el general Franco Salgado, decía fríamente que, con el coste del petróleo del *Azor* y el del buque de escolta, el sostenimiento de la tripulación —comandante, segundo, maquinista, tres suboficiales, tres cabos, 32 hombres; a los marineros Franco les reunía a veces en el sollado y les contaba leyendas gallegas de aparecidos— se conseguían los atunes más caros del mundo.

Pero la gran pesca fue la del enorme animal en la fecha del 1 de septiembre de 1958, conservada en las crónicas del barco. Y en las de España, claro. Crónica de Franco, crónica de España. Fue difícil de definir: los primeros telegramas de prensa hablaron de una ballena de 20 toneladas: poco para una ballena. Las fotos mostraban al hombrecillo, con su gorra de *yatchman* y traje gris, riendo junto a la bestia: el público era poco sensible a la emoción del pescador y dio un cariz ridículo a todo ello. Algún periódico llamó cachalote a lo pescado, pero el Ministerio de Información —Arias Salgado— intervino rápidamente para que se le volviera a llamar ballena. Nada para un país como un buen, atento ministro de Información. Por fin se llegó a un acuerdo: tendría el nombre genérico de cetáceo.

La censura era muy especial con las pescas milagrosas del jefe del Estado. Hubo un campeonato nacional de pesca de salmón: debe haberlos todavía. Un año se quiso decir que el capturado, el del título, era el más grande de España, y la censura lo prohibió. Mi periódico tenía un consejero, ese consejero tenía relación —quién recuerda cuál— en el campeonato y pude hablar con la censura. Barcia, se llamaba el censor: pero los censores nunca podían decir por qué prohibían las cosas. Éste, amigo de teléfono y de trabajo, me decía que hiciera un esfuerzo de comprensión: cuando me di cuenta, propuse un compromiso que se aceptó: añadir a la noticia unas líneas que decían: "Claro está que el Caudillo los pesca más grandes, pero su alcurnia le impide presentarse a los concursos".

Otra vez pude tener un diálogo con un censor: el jefe máximo de la censura, Juan de Dios Ruiz Ferrón, farmacéutico del pueblo donde había nacido Juan Aparicio —véase, claro— que le había llevado consigo. También era una cosa de mar: Errol Flynn en un yatecillo, con un *short* y quizá, no lo recuerdo, también con oportuna gorra. Se publicaba en *Sábado Gráfico*, de Eugenio Suárez, que dirigí; pero cuando ya estaba el pliego tirado, vino la orden de la censura: se prohibía. No se podía comprender por qué. No hubiera sido importante retirar la foto, si se hubiera sabido a tiempo: sólo que, ya hecho el pliego, costaría millones. Juan de Dios me recibió: llevaba las gafas oscuras del régimen, una camisa de hábito —nazareno: morado— con un cordón amarillo; y ese cordón estaba sujeto con un pasador que tenía una calavera grabada. Me miró con reprobación.

—¿Conoce usted el funcionamiento del aparato genital femenino?

—Algo he oído decir... Quizá tenga una afición moderada, dentro de lo permitido, de lo tolerado...

—Si lo conociera usted mejor, sabría que ante una fotografía como ésta, se dilata y segrega. Se humedece. Hay mujeres que producen una gran cantidad de líquido... A partir de ese momento, tienen deseos. Y hay muchachas, vírgenes, solteras... Si no tienen ese estímulo, mantienen su equilibrio; su necesaria castidad. Pero si se lo producen, y quieren acallarlo, pecan. De una manera o de otra. Con alguien, o ellas solas. ¿Cuántas lectoras tiene su revista?

—Pocas, muy pocas —dije—; no creo que les interese lo nuestro...

—Sean las que sean, las va usted a inducir a pecar. Para esto estamos aquí: para salvarlas, para salvar almas. Si usted me expone unos criterios de dificultad empresarial, yo hago como que no he sabido nada: la responsabilidad ante Dios es suya.

Respiré. "Tan largo me lo fiáis". Pero conocí la doctrina Arias. Luego se verá.

La iniciación a la pesca se la debió Franco a Max Borrell, cuando éste era gobernador civil de La Coruña y Franco veraneaba en el Pazo de Meirás. Le llevó un día en un bote a pescar, y vio su entusiasmo: al día siguiente, el propio Franco le llamó para que fueran otra vez: "Yo le diré a Carmen que nos prepare unas tortillas y unos filetes: así podremos estar más tiempo en la mar".

La tranquila aventura del *Azor* duró casi treinta años de la vida de Franco. Después quedó anclado y fue usado con timidez. Una vez, por la familia real (el Rey embarcó en él para pasar revista a la flota).

Otra histórica vez, por Felipe González, en sus vacaciones del verano del ochenta y cinco. Todos, decía antes, son iguales. Un pálido y leve crucero: de Lisboa a Rota. Alguien debió aconsejarle mal, o quizá fue su deseo de asumir el pasado. Después de todo, era un yate de Estado... La derecha criticó a González con sarcasmo, y le acusó de querer meterse en la piel del sagrado antecesor. La izquierda, de ostentación y lujo. Muchos, sólo por rememorar el nombre del barco fantasma. Bajó en Rota y no volvió nunca más; ni nadie lo ha utilizado. No sería, probablemente, la crítica pública la que le cambió las opiniones: nadie recuerda que se haya dado un caso semejante. Ni el fantasma de leyenda gallega que podría ser Franco. Lo más probable es que se mareó. Ese barco marea, y Felipe González y su gente son de tierra adentro, aunque el Guadalquivir sea navegable. Lo suyo no es ser personas de yate, ni de fasto, ni de título de Caudillo. Ni siquiera de jefe de la oposición. Ah, en España no hay jefe de la oposición, como en Gran Bretaña, que es un cargo retribuido. Quiso serlo Fraga, porque mandaba, entonces, la mayoría de la derecha. No se lo dijeron: pero le llamaban "el jefe de la oposición". Y le gustaba

Quienes visitaron el *Azor* después de la tentación de González decían que el yate estaba como cuando se construyó, con la añadidura final de Franco: dos camarotes de lujo especiales para él y doña Carmen, la "señora" por antonomasia, que luego fue Señora de Meirás. Sus paredes: madera de fresno y de raíz de sicomoro egipcio. Y su plata vieja, y la fina porcelana de sus vajillas, y los camarotes de invitados donde los ministros y los embajadores lloraban del más simple de los miedos que habían tenido: el de la mar, como decían a bordo. Las condiciones de navegación son perfectas: la tripulación lo ha mantenido sacándole en cortos paseos por el Cantábrico. Y el cañoncillo que Franco mandó comprar en Noruega, con el que pescó el cachalote —perdón, el cetáceo— seguía a popa. Y se disparaba, contra globos que se dejan elevar, para mantener lo que podríamos llamar su afinación de tiro.

Pero un día navegó hasta El Ferrol, que ya no es del Caudillo —"El Ferrol de Su Excelencia", le dijo alguien un día a Franco—, para ser subastado. Pusieron el precio de salida en cien millones de pesetas: los posibles compradores se mantuvieron en secreto. Nadie pagó: y se fue hacia el desguace. Lástima que, a pesar de todo, ya no siguiese sirviendo para el Estado. No para el Rey, desde luego, que es otro tipo de marinero: pero Aznar, Ana Botella, los niños. O quizá el mismo Fraga, si se lo hubieran dado a la Junta.

Todo el fasto de un régimen, las horas libres de quien nunca consideró la libertad de los demás como necesaria, las sombras de almirantes, ministros, jefes de Estado extranjeros y nacionales, fracs, condecoraciones, gorras de comodoro, *blazers* con buenos y legítimos escudos bordados; brindis con agua, charlas sin cigarrillos, ensueños de imperio, de marino sin escuela, de pintor sin colores para el cielo gallego —pero con una Leika alemana de los viejos tiempos—: todo un trozo de la historia desdichada y fastuosa de la España reciente, ya no son cosas que se puedan comprar: se han usado, se han gastado. Su mejor destino fue el desguace, la disolución, la nada. Como una parte cumplida del desguace del viejo régimen.

En su propia persona, recuerdo sólo a Franco en El Escorial. Envuelto en periódicos. Como los pobres, como los cesantes de principios de siglo. Los de las zarzuelas y los sainetes. Pero un día algún ministro de Sanidad, o de lo que fuera, decretó que no se podía seguir utilizando papel de periódico para envolver alimentos, y bajaron todas las tiradas de España. Bajaban también en los tiempos difíciles cuando subía el pan, o los transportes urbanos: se podía reducir mejor el precio de lo superfluo que el de lo necesario.

Los periódicos han perdido algunas de sus grandes utilidades con el paso del tiempo. En Londres eran perfectos para envolver el alimento de los pobres, el *fish and chips*. Un día el Cecil Roberts vio que el papel que chorreaba grasa contenía un artículo suyo, y abandonó el periodismo para siempre. Se dedicó a la literatura. Fue un éxito (*Estación Victoria*: era uno de nuestros favoritos, con Stefan Zweig, Charles Morgan, Knut Hamsun: lo que dejaba la censura). Otro gran triunfador del abandono, Albert Camus: dejó a medio escribir el editorial que estaba haciendo para *Combat*: le dio vergüenza, y no volvió más. También con los periódicos se envolvía a los recién nacidos que sorprendían en la calle a sus madres y a los viandantes: pasado por la gran velocidad de la rotativa se había cargado de electricidad estática y era estéril. Sin embargo, este tipo de partos no era suficiente para mantener la prensa.

Un día, en Nápoles, volviendo del Consulado donde me casé, pasamos por el gran parque en cuesta, sobre el mar, y me señalaron los coches aparcados: todos tenían las ventanillas y el frente cubiertos de periódicos. Y todos, extrañamente, se agitaban un poco. Dentro estaban las parejas que se amaban con vehemencia: al no ser visibles, no podían ser sancionados por cometer actos inmorales. Sólo se multa lo que se ve.

Un cierto conde de algo, uno de los títulos españoles que se suceden en Nápoles desde el virreinato, me acompañaba por encargo del cónsul —era el día de mi boda: en cuando pueda, la cuento— , y me lo explicó. Con un poco de asco.

—Qué perdida —me dijo— para nosotros, la de Mussolini. Como para ustedes la de Franco. Irreparables, irreparables.

—Insustituibles.

Contesté yo. Cada vez estoy menos seguro. Sí parece cierto que hay cada vez menos aspirantes: por lo menos, militares. La entrada en la OTAN, la nueva profesionalidad, el envío de soldaditos a pacificar algo, parecen haber compensado ya. Muchos civiles piensan que la democracia, bien manejada, algo manipulada, puede sustituir muy bien a la dictadura. Y un buen presidente del Gobierno se encuentra a gusto en este tipo de régimen de hombres fundamentales. Todo el siglo ha sido de ellos: los partidos han desembocado en sus secretarios generales, y éstos en prohombres. Civiles eran Churchill y Roosevelt, aunque se vistieran también con gorritos y algunos indumentos extraños. El felipismo que se gastó en España indicaba ya cómo era un fragmento de la democracia. Sin embargo, la evicción de Felipe ha dejado desamparado al partido. Todavía algunos alientan un cierto sebastianismo. Un "volveré".

Por las mañanas salía con mis perros. Con *Jazz*; no sé si era un perro o si un boxer es otra cosa. He hablado con Castilla del Pino, memorialista de este siglo, que tiene también un boxer, y decidimos que son otra cosa. Palabra de psiquiatra. Luego vinieron los doberman, *Tango* y *Polka*. La gente se distanciaba; alguno me llamó nazi. No es verdad: todo perro es sencillo y tranquilo si su dueño lo es. Y con *Top* y *Trotski*. Pobre *Top*, pobre compañero blanco y gris, como de peluche. Le dije a Concha que no quería un perro que ladrase: *Tango*, *Polka*, *Jazz*, fueron silenciosos. Concha me señaló un cachorrillo de viejo pastor inglés (*old english shepperd*) que ladraba incesantemente en su jaula. Era el más grande de la camarada. (Oía decir a una madre: "Date prisa, hijito, que ha pasado el señor del perro". Me gustaba ser el señor del perro).

Debajo del Viaducto, y ascendiendo hasta uno de sus pilares, queda todavía un grupo de casas de lo que se llamó Morería: por algo. Y también fue judería: allí vivió, en la placita, el último de sus habitantes judíos, el escritor Cansinos Assens, creador de la escuela poética del ultraísmo, traductor de *Las mil y una noches* en su versión más fiable y más explícita. Digamos que mi primer cronista. En el tercer tomo de sus diarios, resucitados por su hijo, que ahora le ha puesto página web en Internet, Cansinos contaba que mi padre tenía cara de bebé, hasta que un día llegó de Londres con un verdadero bebé. Era yo. En los tiempos en que dominaba el nazismo en España, Cansinos salía solo de noche, y llegaba con precauciones a los cafés. Le veía en el Europeo, Glorieta de Bilbao. Ya no existe.

(En Internet, el hijo de Cansinos Assens abre los datos con una hermosa fotografía de Rita Hayworth. Rita se llamaba Rita Cansino, y podría ocurrir, seguramente era verdad, que Rita y Casinos fueran primos. Me pareció siempre más inteligente Rafael, más bella Rita: otro físico. Pero Cansinos Assens se llamaba, en realidad, Casino: es el verdadero apellido sefardita. Amábamos a Rita Hayworth. Cuando vino *Gilda* a España, su enorme figura en marquetería presidió por unos días lo que se llamaba José Antonio: o sea, como siempre, la Gran Vía. Se conoce bien la historia: fueron estudiantes, colegiales, con botellas de tinta que arrojaron sobre la diosa. A nosotros nos daba risa: los ateos, los rojos, éramos carnales, adictos al pecado: en lo que se nos dejaba. Hace unos años me dijo Juan Luis Cebrían, siendo director de *El País*, que él había sido uno de aquellos niños, un pilarista, uno de acción católica: se reía de sí mismo. Pero a mí no me salen las fechas: es demasiado joven. Aunque entonces éramos precoces. De todas maneras, Rita Hayworth no fue nunca Marilyn. Quizá más bella. Pero en estos años finales hemos inventado el halo, el misterio, la riqueza del carisma. Y eso fue cosa de Marilyn).

Las tabernas del barrio del Viaducto se han ido haciendo pequeños restaurantes pintorescos, con una gastronomía madrileña inventada (no la hay auténtica, o muy poca: sólo el gran cocido, fabricado por los gentiles a prueba de conversos: rebosante de cerdo); o, claramente, mezclados con un restaurante ruso y otro italiano. Algunos de los del barrio quisieron crecer hacia abajo, siguiendo la moda de las cavas; encontraron subterráneos, pasadizos. Se dice que por ahí iban y venían, conspiraban y huían, los judíos en tiempos de matanza; y luego los moriscos. Otros dicen que son obras de defensa de Madrid contra el moro. Aún surgen, junto a trozos de muralla, mosaicos de baños árabes. Pocos se animan a continuar la investigación, y los arqueólogos están desganados: les gustan más los esqueletos pleocénicos, los colmillos de mamut: sus cosas. Si algo encuentran, el alcalde se lo arrasa con sus feroces taladradoras para que el tráfico pase por debajo de Palacio y no moleste al Rey. Que ya no vive allí: desde Alfonso XIII no ha vivido nadie en Palacio. Algo ha cambiado.

También hay pasadizos, pero de lujo, en ese pesadote y artificioso Palacio Real, al borde del Viaducto. Unos, fáciles, llevan a la Casa de Campo, donde ellos iban a cazar cuando era coto (desde la II República fue lugar público); otros estuvieron más ocultos y por uno de ellos salió en automóvil, y con séquito, el último, Alfonso XIII, cuando se fue al exilio de Roma.

Es curioso que este Palacio ofrezca una resistencia a ser ocupado: en la República, con Franco; parecía que era entre pudor y miedo a espectros coronados; pero la nueva corona —es un decir: ahora nadie se pone corona, ni lleva cetro, aunque a veces se sienten en el trono— tampoco lo quiere. Un problema económico, además. El Palacio se hizo demasiado frágil: debía estar coronado —a su vez— por las estatuas de los reyes godos; pero se comprobó que no soportaría su peso, y sólo hay algunas: otras circundan la plaza de Oriente, las hay en el Retiro; alguna se llevó a provincias. Es el último recuerdo de los godos, que nunca han tenido simpatía, y que se pasan rápidamente en los libros de historia. En otros tiempos se aprendía de memoria sus nombres en las escuelas; alguien puso música a la cantinela, y se recitó en una revistilla. Todo ese conjunto que roza con el Viaducto es una parte afrancesada de Madrid: la plaza de la Armería, Las Vistillas, el Teatro Real que ha vuelto a ser ópera, con el afán de regreso que se tiene en Madrid. Y la plaza de Oriente, donde el poeta Manuel Machado veía en los golfillos que jugaban perfiles de bastardos reales, y el coplero popular quiso que pasara el ataúd de María de las Mercedes portado por cuatro duques.

Mi tía Filomena vivió en Palacio: todavía se conserva en los altos la vivienda de su padre, que era el farmacéutico real. Mi tía había inventado con ello su aristocracia. Era una señorita que no quiso tocar el piano, porque eso era demasiado burgués y, si se me apura, popular: tocaba el arpa. A veces salía de Palacio, atravesaba la plaza de Isabel II, entraba por Arenal y hacía sus compras. En tiendas que no fueran demasiado vulgares. Una de ellas era la del confitero Martinho; a mí me deslumbraba la "hache" superflua del apellido, y no sé si es que era portugués, o la había añadido por alguna curiosa elegancia. Aún hay algún Martinho en Madrid. Hacía las mejores yemas chinas de la corte; jugosas, con una tersura superficial que guardaba la blandura desecha del interior; recubiertas de una laminilla de azúcar molida. Todavía las hemos comprado allí Concha y yo. Pero luego desapareció la tienda. Las más próximas que quedan son El Riojano —a un paso, en Mayor: todavía se encuentran azucarillos— y El Pozo, en la callejuela de su nombre, detrás de Sol: las láminas de hojaldre y cabello de ángel son las últimas de su especie.

En la rebotica de Palacio se comían demasiadas yemas chinas. Se las elogiaba como merecían, y el farmacéutico decía que, de todas maneras, había que tener cuidado porque cada diminuta yema glaseada estaba fabricada con una de verdad, con un huevo entero. Pero cada día mi tía Filomena compraba más y más: se había enamorado del ilustre confitero. Allí empezó uno de los dramas de la familia: Martinho estaba casado, quizá tenía hijos. Un dolor galdosiano invadió la farmacia y se transmitió a las casas de los parientes (entre otras, la mía; Filomena era prima hermana de mi padre, el suyo era hermano de mi abuelo Dulcino... Ah, Dulcino no era un nombre tan extraño: simplemente, el masculino de Dulcinea. Con prestancia cervantina). Por los altos de Palacio, el arpa (¿lo escribía ella con “hache”, como hacían tantas jovencitas de su tiempo? Arpa, harpa; con la hache inútil de Martinho) sonaba cada vez con más languidez. Creo que, al fin, se resolvieron. No sé si la República y su divorcio resolvieron el terrible problema galdosiano. No lo sé, porque a los niños, entonces, no se les podía contar todo. Era justo: tampoco los niños podíamos contar todo a nuestras familias.

Hay otra parte afrancesada en Madrid: la que rodea la iglesia de los Jerónimos, la parte posterior del Jardín Botánico —una parte pecadora, donde había chiquillas venales pero eternamente vírgenes que sólo vendían manipulaciones; conservaban el honor para el matrimonio—, y la cuesta de los libreros —Claudio Moyano es su verdadero nombre— con sus tenderetes grises; la solemnidad del Retiro, la Real Academia, el Museo Militar, el Casón por donde pasó el *Guernica*, en precario porque la propia Guernica lo quiere y algo pleitea. Y el que fue gran restaurante del Madrid germánico de la Segunda Guerra Mundial, Horcher; Otto Horcher tomó el Maxim's de París, y dicen que lo trajo a Madrid para esta fundación. Tienen el consomé más caro del mundo: el Don Víctor —del nombre de un gran periodista germanófilo, Víctor de la Serna, cuyo periódico nunca admitió que la guerra hubiera terminado— porque se hace con un kilo de solomillo —y trufas, y algo más— que se prensa delante del cliente.

Con este tranco —como llamaba Vélez de Guevara a los saltos-capítulos de “el diablo cojuelo”, que levantaba los tejados madrileños y veía debajo una vida oculta misteriosa, pecadora, vergonzante— habíamos ido de un extremo a otro de Madrid. De un afrancesamiento a otro, pasando por una fugaz germanofilia. De un punto a otro hay casi un eje de calles: pasando por la Puerta del Sol, donde no hay ninguna puerta —y la hubo: el caprichoso alarife rasgó con un punzón una imagen del sol, radiante, y de ahí el nombre—. Las puertas de Madrid poco cerraron, y eran más bien puntos de alcabala —las palabras moras están vivas entre nosotros, y la mas clara en ese juego es Alcalá: el nombre es el árabe por báscula, donde se pesaban las mercancías que entraban para pagar los impuestos de consumos (la ciudad de Alcalá era también de báscula y pago, como todas las muchísimas alcalás que hay en España)—. Luego la arregló y exhibió Carlos III, con otras muchas vistosidades de la ciudad (el Jardín Botánico, antes mencionado). Puerta de Hierro es hoy el nombre de un barrio caro para las nuevas clases del régimen, con chalés, jardines y fieros perros; Puerta de Moros y Puerta Cerrada están en los barrios que une el Viaducto, y en recuerdo de que allí se descargaban los alimentos que venían de fuera, y los mercados —la plaza de la Cebada— están los restaurantes que presumen de materia prima: el más famoso, ahora, el de Lucio, porque van ministros, aspirantes y algunos intelectuales adheridos; el que fue más buscado por el madrileño comilón, el de Doña María —tenía otro nombre, pero nadie lo recuerda más que por el de su dueña— de la que se decía que tenía una relación con un asentador de pescado de la plaza que le daba la mejor merluza de Madrid. Doña María murió, anciana y ha cerrado el restaurante.

Paso estos trancos a traspiés. Del Viaducto a Alcalá, la calle Mayor, con sus sastres de militares y curas, sus tiendas de ornamentos religiosos: el culto a los dos grandes estamentos de los siglos radiantes. Dicen que las pusieron los judíos, y las mantienen sus descendientes; como en Lourdes los mercaderes que venden los recuerdos, el agua de la gruta y las estampitas son, también, judíos; se encontraron siempre protegidos con esta mercancía (¿quién quemaría sus tiendas?) mientras los católicos no se manchaban con el dicterio de "mercaderes del templo" y la Iglesia explotaba a esos judíos. La Catedral está aquí en construcción casi eterna, y se va levantado, fea y cuadrangular, en barrio de los poderes, los moros y los judíos, del Viaducto: donde Palacio, donde Capitanía, y las docenas de edificios del Ayuntamiento.

El eje parte de allí, queda dicho: la calle Mayor, la Puerta del Sol que sigue siendo lonja de truhanes; fue de tomadores del dos, los carteristas habilísimos que, con dos dedos, sangraban la cartera —la "saña"—; la de estafadores que fueron genios de la dramaturgia, con las creaciones de "la estampita", por ejemplo: todavía existen. Pero ahora el hampa no es de carrera y oficio, sino más bien brutal: los piculines, los jovencitos dedicados a la prostitución; y los vendedores de drogas; la prostitución femenina que desciende desde la plaza de Benavente por la calle de Carretas (su nombre indica que era una entrada de mercancías): donde siempre estuvo, en lo que se llamó callejón de la Deuda; y allí sigue el edificio de la Deuda y Clases Pasivas, con su portada barroca, no sé si de Churriguera, contra la que se recuestan durante toda la noche las "hermanitas del pecar", como las llamaba Quevedo, sus chulos, los negros y los gitanos y los mulatos sin casa y con genio para ser camellos. El concejal que se ocupa de este distrito riega los jardincillos con zotal y con azufre, para ahuyentarlos; se han adaptado a todo, y allí siguen.

Los travestidos, no. Están, sobre todo, al otro lado del eje, y en la confluencia con el otro eje de esta cruz del Madrid central, el de la Castellana —y Prado, y otros nombres: desde la estación de Atocha hasta la salida hacia Burgos—; con dolor para los generalmente ricos habitantes de los barrios. Por la noche, cuando el automóvil se detiene en un semáforo de alguna de las calles transversales —como Vitrubio— aparecen de pronto dos o tres figuras que se abren capas o abrigos y, a la luz de los faros con toques de rojo infernal despedido por los semáforos, mostrando cuerpos femeninos que quizá sean, por el trabajo de cirugía y siliconas, por el maquillaje y las melenas, más bellos que los de las mujeres: pero con su trampa en el punto de simetría. Más bien seres dantescos.

Éste es el eje de las fuentes: Neptuno, Cibeles, todas las del Paseo del Prado, cada una con su leyenda. "Adiós, Madrid", decía Cervantes en el *Viaje al Parnaso*, donde narraba la vida y milagros de la serie de escritores que formaron el Siglo de Oro: sólo les fue superior la de poetas de 1927, y no se sabe aún si la de ensayistas y novelistas de 1898: la del 27 se agrupó en una de las calles de travestidos, todavía con desmontes, la calle del Pinar donde está la Residencia de Estudiantes, que hoy vuelve a ser activa; la del 98 anidó en las líneas pequeñas que salen de Sol —donde estaba la escritura bohemia, a veces genial— para llegar a las Cortes: con el restaurante Lhardy, cuyo cocido está hoy disputado, por arriba, por el que sirven en el hotel Ritz; por abajo, por la Bola, junto al Senado. "Adiós, Madrid", digo que decía Cervantes: "Adiós, tu Prado y fuentes / que manan néctar, llueven ambrosía". Una metáfora: agua corriente —Madrid ya no tiene la del Lozoya, que fue famosa— y, además, reciclada. Las pequeñas suelen cambiar de sitio, como las estatuas; por capricho de urbanistas y desorientación de forasteros: la más famosa —eso sí, insignificante— llamada la Mariblanca, estuvo en Sol, y luego frente al Palacio de Santa Cruz, ahora Ministerio de Asuntos Exteriores, pero cuando fue Cárcel de la Villa; ahora hay una réplica en la Puerta del Sol. A tamaño reducido.

Fuentes, monumentos: un bloque cuadrado simboliza la Constitución, otras piedras colgando desde un puente se proclaman esculturas modernas y museo al aire libre. Despiezado todavía esta ahora el monumento a Calvo Sotelo, "el protomártir", en el lenguaje del régimen anterior —jefe de la oposición asesinado por oficiales de la Policía y la Guardia Civil, como represalia al asesinato del teniente Castillo, en 1936: víspera de la guerra civil— por las reformas del lugar, donde se alzarán las torres gemelas simétricas, inclinadas una hacia la otra como amantes que nunca se podrán encontrar, llamadas Kio, por el nombre de sus propietarios iniciales: terminó todo, como siempre, en escándalo. Impune. Kuwait, su petróleo; coronan este eje del Madrid de los rascacielos. Algunos son alardes de belleza arquitectónica contemporánea, con sus cristales negros o sus aluminios que brillan al sol naciente. Entre ellos, Torre Picasso, que se pavonea de ser el edificio más inteligente —posee alguna inteligencia electrónica entre sus ventajas— y quizá el más caro. Muchos se quejaron de esta estética nacida en un paseo de palacetes, algunos históricos, que fueron cayendo para dejar lugar a este tremendismo de lo oficinesco, de lo empresarial: un símbolo de una edad que ha sacado a los empleados de las covachuelas, los pupitres y las plumillas para elevarlos hacia el sol y el aire acondicionado, nunca libre. En algunos lugares aún conviven, protegidos algunos de los palacetes por las leyes, más que por sus propietarios que suelen tener otra codicia. Yo soy partidario de esa estética, porque no lo soy de la uniformidad, y me gusta encontrar en las ciudades las huellas de todas las épocas. En Madrid es todavía posible: las murallas árabes, algún baño romano —y, sin duda, los diplodocos de antes de todo—, pedruscos medievales, el Madrid de los Austrias, el borbónico; muy poco de la arquitectura republicana —se ha ido derribando con salvajismo, pero aún quedan las Escuelas Aguirre, de un mudéjar feo, frente al Retiro: del modernismo, nada o casi nada— y la huella del franquismo; la arquitectura civil de esa época se va hundiendo, por la baja calidad del material —la picaresca— mientras se conserva la monumental, como el Ministerio del Aire, en la Moncloa; fue llamado el "monasterio", sustituyendo la "i" por la "o", porque en efecto los arquitectos imperiales soñaban con El Escorial y con Herrera. Frente a él, un monolito coronado por un águila y, un poco más allá, el Arco del Triunfo: del Triunfo de Franco, naturalmente. Es estrello, feo, reprimido y menguado, como aquel mismo triunfo: pero algo recuerda. Algún otro recuerdo de Franco perdura: una estatua ecuestre, en Ríos Rosas, frente a otra muestra de la arquitectura republicana que se llama por costumbre "los nuevos ministerios": fue allí donde la República soñó con hacer un gran edificio único que albergara toda la burocracia estatal. Hoy no cabe ni un solo ministerio. Hay también toda una lección de historia de la sociedad: el crecimiento del funcionariado, como muestra de la intromisión del Estado en toda la vida pública y privada del ciudadano y de la comunidad. Todos los edificios que fueron llamados ministerios, porque en ellos cabían todas las secciones de lo que administraban, han proliferado y se han extendido.

Estos trancos sobre los dos grandes ejes de Madrid son incompletos. La ciudad es inagotable: como todas. Pero hay una bibliografía muy amplia, desde los libros que cuentan la historia general a los que narran, por ejemplo, lo que han sido los prostíbulos, y lo que son; lo que es la gastronomía o lo que son, solamente, los mesones. Y el tesoro, y sus partes. Todo este mundo ha evolucionado velozmente. Yo mismo he conocido la ciudad manejable de tres cuartos de millón de habitantes, donde era muy difícil pasar por la Gran Vía sin saludar continuamente a amigos y conocidos, donde los barrios tenían su carácter casi privado, y diferencial, y no era posible confundir Chamberí con Lavapiés, e incluso sus habitantes estaban diferenciados, y se vestían de manera distinta; y hablaban con distintos acentos. Madrid se vació con la guerra civil, y se volvió a llenar primero con aluvión de vencedores que llegaban de otras provincias y reconstruyeron lo que habían destruido sin amor y sin noción de la ciudad que fue; luego con los inmigrantes de las zonas de pobreza que venían aquí a buscar trabajo y podían encontrar apenas la mendicidad y las chabolas; han ido aportando su presencia y su descendencia. Ahora, por el imperio lejano, adoptado por los nuevos madrileños en una mimética de aprendizaje de idioma, costumbres, bebidas, ropas, casas, maneras de trabajo, horarios. A Madrid se llegaba —y todo el teatro de Lope está lleno de esos recién llegados que vienen al calor y el oro de la Corte— con la intención de mezclarse con el madrileño viejo y se repetía su habla y su costumbre con una imitación que era tan natural como la de las modas —en maneras, trajes o carruajes—; se vino después con seguridad en lo que se traía y se era, sobre los habitantes que quedaban después de una derrota; y luego con el acento de la pobreza, del pueblo lejano, que no podía ser modificado con una cultura leída; y no merecía la pena disfrazarse para nada de madrileño. En estos cuatro millones de habitantes de ahora se perciben todas esas huellas; son las que forman el carácter de una Comunidad que nunca se deseó, ni aún se desea demasiado, porque no hay nacionalismo que reivindicar, sino una condición de apertura, de asimilación de quien llega, de cosmopolitismo, de habla cambiante.

Si un día vuelvo a Tánger iré al cementerio de perros, si es que existe aún. Pero no volveré a Tánger. Como dijo Alberti: "Nunca iré a Granada"; y fue, y volvió. Otros no vuelven al lugar del que salieron en contra de su voluntad. "Volveré", dijo Carlos VII (nombre oficioso), rey de los carlistas, y no volvió nunca más. "Volveré" dijo el general MacArthur al salir, despedido de Corea: quería lanzar la bomba atómica sobre China. No volvió. Y la guerra se perdió de otra manera. No quiero volver a ningún sitio donde estuve, porque ya es distinto. El paso del tiempo no les ha sido leve a mis recuerdos.

Iría al cementerio de perros. Hay burlas sobre este tema del perro enterrado, del cementerio de animales. No sé si es lo mismo un lord inglés erigiendo una estatua a su caballo favorito, el que ganó el Derby, o que Aixa la Ojos chapoteando con sus tacones altísimos, de puta de bar, en el barro de Tánger buscando la de su perro, que era su Dios. Yo doy mis perros al fuego. Como he dado a mis hijos.

Eduardo me llamó un día por teléfono:

—Como voy a morir, te querría dar unas últimas instrucciones para después. Querría que llevaseis mi cadáver a un contenedor de basuras y lo dejaseis abandonado: no merece otra cosa. Y así os quitáis gastos y problemas de encima.

—Por favor, Eduardo, no quieras quitarme así los problemas: no sabes el problema que sería para mí cumplir ese deseo aparentemente tan sencillo. Aparte de que me encerrasen por loco, me perseguiría la ley, la sociedad, me maldeciría la familia: me encerrarían, si yo corriese con tu cadáver a un contenedor y lo dejase allí. Lamento no poder cumplir tu voluntad .

Pareció comprenderlo. Pero él ya había dejado su mensaje, había contado su futuro. Irónico, elegante, duro. Yo lo había comprendido.

Lo recordaba cuando, años después, le incinerábamos. Había él asistido a otras ceremonias ateas, limpias y heladas de quienes morían de su misma muerte: se quedaba sentado en una piedra del crematorio. Ya no podía con su vida: con su alma no pudo nunca. Estaba por encima de ella. Cuando murió, Blanca Uría, que fue su última compañera —le ha sobrevivido unos años— y sus amigos salieron de la casa: no querían volver, ya que eso, lo suyo, había terminado. Quedó sólo uno, como de guardia, enfrascado en la lectura de un libro que no abandonó mientras los episodios se sucedían. Llegaron los sacamuertos con las bolsas brillantes que llevan ahora, después de haber proscrito el negro porque parecía demasiado fúnebre por una mezcla óptica de verde y marrón. Tuve que ayudarles a doblar a Eduardo —era tan frágil que parecía que se iba a romper a trozos—, a meterle en aquella bolsa cursi y odiosa, a sentar el bulto brillante en una silla como de ruedas para que cupiese en el ascensor; y empujar la carga. El amigo seguía enfrascado en la lectura.

Es el final que yo quisiera: incinerado, como mis perros y mis hijos. Concha me recuerda que he dicho en testamento que se entreguen mis órganos vitales para trasplantes. Tengo que rehacer el testamento. Está escrito hace muchos años: yo soy ahora heredero de quienes iban a serlo míos. No creo que tenga todavía nada trasplantable. Es igual, dice Concha: para los estudiantes de medicina. Hágase su voluntad.

En Tánger, Boulevard de París, tuve una portera a la que amputaron un brazo: organizó para él un entierro en gran forma, al que asistió ella misma: y agitaba su muñón. Inauguraba así una tumba que poco después ocuparía entera. No le dio tiempo al rito que tenía pensado: enterrar, poco a poco, los fragmentos de su cuerpo que le fueran extirpados. En aquella casa habían pasado cosas, pasarían otras.

A Genet le recuerdo en la Medina, o en la Alcazaba, en el café. Quizá con Bowles, no sé. En las esquinas: esperando moritos. Era algo normal: es lo que la gente busca en Tánger. Caro y fresco. Es, incluso, una mercancía de interés nacional. Hay pueblos que ya no tienen qué vender, y venden su sexo.

—¿Quieres un niño? Pequeño, pequeño— el chico que le asaltaba a uno en pleno bulevar señalaba una altura inverosímil: estando él, como estaba, por crecer. Se le apartaba con la mano (se ponen delante, agarran de la chaqueta), se le despedía con alguna aspereza.

—Es de confianza, es hermanito mío (él se encontraba demasiado mayor: barato. Y, sin duda, digno de toda confianza, puesto que daba fe de que el otro era fiable).

Se le apartaba otra vez.

—Ah, querrás una niña pequeñita, pequeñita... Niña guapa. De confianza, sana: es hermanita mía.

Hablaban, como se dice en los doblajes, "nuestro idioma": o sea, el de su interlocutor. Don de lenguas. Pobres listos, mendigos listos.

El día en que llegó por primera vez un barco con turistas soviéticos, se les ofrecieron —y sus abalorios, sus marroquinerías, sus dátiles—, hablando ya en ruso. Algo venderían. Pero lo que les resultaba incomprensible es que un hombre sano y entero ni quisiera nada, ni niño ni niña.

En cuanto a ellos, no tenían sentido de marginación. Nunca creyeron que el sexo era pecado, ni pudieron pensar que era algo malo, como en nuestras civilizaciones. Únicamente era raro que otros pagaran por lo que es gratis y generoso. Había un solo inconveniente: la pureza de las mujeres que se pudiera perder con los infieles. Pero, en el fondo, peor es no comer.

Ahora —insisto, !ahora! es cuando escribo— se celebra otra vez una conferencia mundial sobre trabajo infantil: dicen que está mal. Hacen sus estadísticas, que es lo que mejor saben hacer grandes y pequeñas instancias —y casi siempre están amañadas— y encuentran que 250 millones de niños del mundo son "explotados". Yo estudiaba, leía y aprobaba en mi infancia republicana (era un niño a salvo: hasta la guerra) que había que abolir el trabajo de niños y de mujeres: lo decían los grandes pensadores de la izquierda.

Eran un recurso de los propietarios que les hacían trabajar doce o catorce horas al día por la mitad del sueldo de los hombres: los hombres querían acabar con esa concurrencia. Luego se empezó a pensar de una manera distinta acerca de las mujeres: resultaba que, al contrario, iban a encontrar su liberación por el trabajo (nunca en el mundo nadie ha encontrado la libertad por el trabajo a sueldo: es una trampa). Con lo cual casi se duplicó la "masa laboral", lo que se añadió a otras causas del paro y la degradación de los salarios: y a las mujeres les siguen pagando menos. Y los niños siguen trabajando: y ya pienso de otra manera: es mejor un niño trabajador que un niño muerto (¿o no?). En España, país del que no sabremos nunca si es pobre o rico, dicen que hay quinientos mil niños trabajando: ni se sabe cuántos, porque son clandestinos. En un país que es el de mayor paro del mundo en el que vive. Pero si los niños pobres no trabajan, "explotados" por sus padres que no les pueden dar de comer, mueren de hambre. En el Tercer Mundo trabajan, o se prostituyen, o mueren, o les matan: una gradación. Los niños asiáticos trabajan como demonios y lo que producen es más barato que lo que se hace en Europa: las tiendas de "todo a cien pesetas" que llenan España son fruto del trabajo de los niños asiáticos. Y los americanos, los negros de todo el mundo, los europeos que han caído mal en los repartos de tierra, llenan otros mercados. No creo que convenga mucho al mundo laboral que aún es caro que los niños hagan concurrencia a los adultos: la presencia de la Organización Mundial del Trabajo en Oslo lo explica.

Es una buena discusión. Mientras tanto, cientos de miles de niños mueren de hambre porque no tienen trabajo, ni siquiera prostitución. Y mueren también cientos de miles de mujeres, de hombres: adultos. Hay niños apaleados, torturados por sus padres: no hay distinción de clase social en esa hecatombe. Pero está bien que sigan celebrándose reuniones occidentales para no dejarles ni siquiera trabajar: es políticamente correcto. Cuando oigo la condena al trabajo de los niños, pienso en los que van depauperándose, retorciendo sus huesos, agrandando sus ojos en las caras exiguas, porque no hay trabajo para ellos ni para nadie. Recuerdo las niñas del Tercer Mundo: ah, las que se prostituían iban comiendo, iban saliendo adelante. Probablemente, hacia ningún sitio. Pero siempre se vive hacia la nada.

El general Ufkir era muy alto, oscuro, picado de viruelas; llevaba esas gafas negras grandes y curvas que a veces se ponen los asesinos. Tenía una rara elegancia con los trajes europeos. Era rifeño. Es decir, tenía un orgullo montañés y separatista que le ponía por encima de los árabes que llegaron a su país. Iba a las fiestas de las grandes casas de Tánger: le rodeaban las damas europeas. Él las trataba con deferencia, pero sin olvidar que eran mujeres. O sea, gentes inferiores. A veces, se encaprichaba.

Un día Hassan II hizo una visita oficial a alguna comarca; y Ufkir estaba a su lado, elegante y distante. En una aldea, mientras las mujeres gritaban su "yu-yu" de bienvenida al monarca y los hombres tocaban chirimías y tambores, el caí pronunciaba un discurso aterrado, todo él hecho un garabato de miedo y respeto. Unas niñas del pueblo, blanquísimas y elegidas, se acercaron con unos ramos de flores. Ufkir habló dos palabras al oído del Rey, que asintió. Señaló a los del séquito a una de las niñas: "Ésa", dijo. Se la llevaron mientras la ceremonia continuaba, y se la entregaron después. La madre lloraba y gritaba; el padre la sujetaba y sonreía a los grandes señores. Él sabía cómo son las cosas.

Tania tenía un bar, L'Isba. Era francesa, pero rusificaba; no sé de qué antepasados zaristas. Había un decorado de troncos, y ella tocaba y cantaba con su amiga Camomila. No sé como se llamaba la muchacha, aunque rozamos una historia un poco desesperada. Mi amigo el cónsul adjunto la llamó *Camomille* por la manzanilla con que suponía que originaba su color rubio. Era española, aunque ya tenía acento extraño. Sé que no lo fingía. A Tania le brotaron en la puerta de la calle dos guardias armados. No hacían nada, no pedían nada, no entraban, no molestaban: pero estaban en la puerta. Las gentes de los bares de noche temen a los guardias: son el anuncio de que algo va a pasar: el bar se quedó vacío. Era una venganza: no parecía saberse de quién, pero Tania se arruinaba. Hice algunas gestiones locales: no encontré, como siempre, más que silencio y sonrisas. Y los guardias seguían. Dije a Tania que fuera a Rabat: llamé por teléfono a mi amigo Mehdi Benuna, del antiguo protectorado español, director de la agencia de noticias oficial, y le pedí que la recibiera. Un par de días después volvió: los guardias habían desaparecido.

—Tu amigo me llevó al Ufkir: no me preguntó nada, me lo hizo allí mismo, sobre la mesa de despacho, y me hizo salir. Todo arreglado.

No supe qué decir. Tania hizo un gesto de consuelo y resignación indiferente:

—¡Un de plus¡

Pero siempre me agradeció que yo fuese *un de moins*: una noche en que había bebido demasiado, la llevé a su piso, la desnudé, la metí en la cama y me fui. Desde entonces pensó que yo era el hombre más honesto y más bueno del mundo. Un ángel. (Hubo otra, una maestrita italiana, con la que hice lo mismo en igual trance. No me lo perdonó jamás. Pero es que era decente).

La primera vez que vi Tánger no iba allí: caí. Un pequeño avión, creo que un Douglas, salía de Sevilla hacia Tetuán (de Madrid a Sevilla creo en un Junker de la guerra), donde volvía después de unos días de permiso de mi servicio militar; iba a su bordo leyendo un gibantesco libro, un omnibús se dice ahora, de Jardiel Poncela; oportunamente se llama *Exceso de equipaje*, y de pronto noté golpes en los cristales de la ventanilla: eran enormes granizos. Luego vi el mar sobre la cabeza, y oí gritos despavoridos de los otros viajeros. Salió el copiloto —las azafatas estaban por inventar— y advirtió que Tetuán era inaccesible, y que volver atrás era imposible. Bajaríamos a Tánger: pero el aeródromo (todavía se llamaban así las pequeñas estaciones aéreas) estaba inundado, las pistas eran invisibles, intentaríamos aterrizar en el campo. Capotará el avión, predijo; si nos apretábamos todos en la cola, al partirse el aparato podríamos salvarnos, pero él, en la cabina, caería de frente y se mataría. Lo expuso fría y seriamente. Eran pilotos sobrantes de la aviación militar y tenían esa cierta frialdad para hablar de morir y de matar. Desde la ventanilla se veía, abajo, correr sobre la laguna que era el campo, las ambulancias que nos esperaban ya, los coches de bomberos que querrían apagar nuestros cuerpos en llamas, la Policía. Alguien quiso que rezásemos un rosario: se le miró con reprobación. Allí nos apelotonamos, allá caímos, el avión no se partió, y de allí nos sacaron. Si yo fuese un personaje literario, creería ahora que aquella caída desde el cielo era ya una premonición de una de las ciudades del destino. Como Rosaura cae del caballo a tiempo para ver desperezarse a Segismundo.

Volví luego varias veces a la ciudad: de paso. A un encargo, a una compra. Una vez a comprar un piano de cola para la radio de Tetuán en la que trabajé: una niña caprichosa prefirió las clases de equitación. Lo pasamos de contrabando por la aduana del Borch. Cambie pesetillas en uno de los puestos de los judíos, en la calle: las pizarras iban cambiando las cifras de las cotizaciones de las monedas. Entré a comer en Squadra. Era un restaurante italiano con hélices de viejos Caproni, fotos de héroes aviadores de sus guerras —Ítalo Balbo—, el increíble Mussolini, y unos excelentes espaguetis carbonara. Estaba la radio puesta: como en casi todas partes, para que llegasen las noticias de la guerra, prácticamente acabada, pero aún matando. Era Radio Nacional de España, y en ella oí la lectura de una carta de Churchill a Franco: una carta atenta y amistosa, en la que expresaba su reconocimiento por la actitud española durante la guerra. Cuando salí a la calle, en las pizarras de los cambistas callejeros, y en los bancos, la peseta había subido enormemente, y ya no bajaría. Fue en ese momento cuando los republicanos habían, o habíamos, perdido definitivamente la guerra de España. O sólo uno de los momentos. La hemos ido perdiendo muchas veces, y todavía seguimos, y todavía nos quedan más.

Churchill fue siempre admirador de Franco. Lo había sido de Mussolini hasta que Italia entró en la guerra con Hitler. Él mismo, guerrero de varias guerras como voluntario —en la de Cuba, con los insurrectos contra España: en realidad, trabajando para los Estados Unidos—, disfrazado muchas veces con uniformes más o menos fantásticos para que se olvidara su condición de civil en la guerra que dirigía, hubiese querido ser un Mussolini a la inglesa, durante la época que se llama en la historia "la decadencia de las democracias": desde la aparición del fascismo hasta la guerra mundial. Su enemigo de clase era el comunismo: había ayudado al envío de cuerpos expedicionarios occidentales a favor de los zaristas en la Rusia de la guerra civil, y después en el establecimiento del "cordón sanitario" o bloqueo y aislamiento de Rusia —la causa de las enormes hambrunas— cuya fórmula literaria repetiría después de la Segunda Guerra Mundial con lo que aquí se llamó "telón de acero" (en realidad, cortina de hierro, *iron curtain*, en su discurso de la Universidad de Fulton).

La decadencia de las democracias se fijaba, entonces, en la utilidad que se reconocía a los regímenes dictatoriales (incluyendo, algunos, al comunismo) en la aplicación de las ventajas técnicas a sus países —electrificación, autovías, ferrocarriles, industrialización... y rearme— mientras que en los países democráticos toda la fuerza se perdía en hablar —parlamento—, y en las oposiciones de los partidos entre sí; y por las fuerzas de los grupos de presión, desde los grandes terratenientes a los nuevos industriales, en guerra entre ellos mismos. Todo es ahora igual: todos asomamos cada día a nuestros balcones de información para contemplar la decadencia de la democracia. Han ido sustituyendo a los regímenes dictatoriales.

Naturalmente, toda la Segunda Guerra Mundial fue un inmenso error de situaciones respectivas, un equívoco de intenciones y realidades. Su consideración de guerra civil europea, incluso de guerra de clases, fue una inmensa trampa, y en esa trampa estuvo incluida la conferencia previa de Munich de los demócratas anglofranceses con Hitler a cambio de Checoslovaquia: a cambio, sobre todo, de que Hitler se lanzase contra Stalin. Esa guerra hubiera tenido un sentido: unas democracias neocapitalistas aliadas a un nazismo y un fascismo que habían segregado ellas mismas, combatiendo juntos a su verdadero enemigo, el comunismo. Y manteniendo o ampliando sus imperios sobre el Tercer Mundo. Es curioso comprobar que ése es el resultado al que se ha llegado medio siglo después, mediante una profunda transformación de las democracias en aparenciales, y con la sustitución del imperialismo por un abandono y un cerco del Tercer Mundo, que ha dejado de ser necesario porque la técnica ha sustituido velozmente la mano de obra barata y las materias primas que suministraban los países colonizados, luego dominados externamente.

Esa visión la tenía claramente un personaje, que era Winston Churchill, con sus aliados franceses y luego con Truman, aunque al principio tuviera que vérselas con Roosevelt. El idealismo de Roosevelt, nacido de una gestión práctica y eficaz en 1929 cuando cayó el "capitalismo salvaje" y cuando los grandes movimientos dieron lugar al nazifascismo en toda Europa, aliado al gran capital que no quería ser rooseveltiano, llegó a creer que la alianza de guerra con la Unión Soviética sí tenía un carácter de guerra mundial de clases sociales: su intervencionismo en Estados Unidos para restaurar la economía hundida y su principio de seguridad social tenían mucho de socialismo, y él creía que, finalmente, con el Laborismo inglés y el Frente Popular Francés se podía llegar a un entendimiento. Aún después de su muerte, politólogos y analistas (Gaston Bouthoul, Maurice Duverger), incluso en la guerra fría, creyeron que el final de todo sería una simbiosis de capitalismo de Estado y de socialismo soviético reformado, en el que las dos naciones colaborarían entre sí y con las demás. Ese espíritu, incluso, apareció en la Carta de San Francisco, o de las Naciones Unidas.

Nada menos real. Todavía en Estados Unidos dura la lucha contra Roosevelt, o con la ideología que aún mantuvo Kennedy —la "coexistencia pacífica": no es difícil mantener que eso fue lo que le costó la vida a manos del "capitalismo salvaje"— y que lo que representa hoy Newton Gingrich es un regreso al tiempo anterior a 1929, elaborando una filosofía según la cual el ciudadano tiene que "buscarse la felicidad por sí mismo" y no por mediación de la sociedad o del Estado convertido en providencia. Capitalismo salvaje.

En Tetuán reinaba un alto comisario. El llamado protectorado español en Marruecos era una franja de territorio no mucho más extensa de lo que es la provincia de Badajoz: pero en ella se agolpaban treinta o cuarenta generales, piaras de coroneles, soldados y soldados y soldados, un jalifa que representaba al sultán de Marruecos —pero el sultán estaba bajo el protectorado francés, y el jalifa, o califa, o delegado, era en realidad su enemigo—, y que tenía un Gobierno entero a su disposición; dos administraciones emparentadas entre sí, servicios de espionaje. Los judíos se agolpaban en torno a la calle de la Luneta —luneta, anteojo: terminaba, o termina, en un alto desde el que, decían, se apostaron los vigías por si llegaba algún enemigo— y cantaban canciones sobre la reina —Isabel II, que les había expulsado quinientos años antes—; nubaradas de frailes, algún que otro obispo. Reinaba el alto comisario. Al que vi cuando llegue a hacer el servicio militar, fue a Orgaz: antigua bestia de guerra. Un día hubo una plaga de langostas, y el general partió con su séquito hacia el campo plagado y decía:

—¡Aplastémoslas, señores! ¡Salten, salten sobre ellas!

Y saltaba con sus botas sobre los insectos. Le explicaban los ingenieros agrónomos que eso no tenía sentido, que los millones de insectos y la extensión del territorio no se cubrirían en siglos, y que llegaban y llegaban y llegaban... El general les miraba enfurecido:

—Venga, señores, menos hablar y más matar langostas. Venga, venga.

Los ingenieros saltaban, yo saltaba, los generales y los coroneles y los oficiales y los soldados saltaban. Los moros saltaban. Los judíos saltaban. Mientras se veían las nubaradas bíblicas de las langostas que pasaban sobre o entre nosotros, y el suelo crecía con sus individuos voraces. Hubo un momento en que el general, agotado, dijo:

—Basta ya, señores, basta ya. Volvamos a la ciudad con la satisfacción del deber cumplido.

En la ciudad reinaba el general Ríos Capapé, general de división. Decidió ofrecerse voluntario con toda la división para ir a los Pirineos por donde se suponía que los franceses, expulsados ya los alemanes, asaltarían España. Dormíamos vestidos, con la mochila llena con el equipo reglamentario, abrazados al Máuser. Franco no quiso. Franco no quería nada que se pareciera a oponerse a los aliados, a ofrecer un frente de guerra ante los vencedores. Desarmamos.

Pilar vino a verme a Tetuán. Debía ser un escándalo. Recuerdo una noche por dos canciones en la radio: *Stars will remember* y *Stardust*. Dos canciones de estrellas: algún programador noctámbulo. Yo programaba allí la emisora de onda corta, y hacía algunas de esas bromas. La pequeña sufría: me lo contó muchos años después, en un segundo o tercer reencuentro, de los de las vidas por capítulos, de los personajes recurrentes. Alfredo Bustani, maronita, agente de la Alta Comisaría, era quien la llamaba en árabe *stitua*, pequeña. O *baidauía*; de blanca, pero era morena. *Baidauía*: mujer natural de Casablanca. Como yo no sabía bien lo que era ese fondo de sufrimiento, no lo advertía, tenía idea de que la pequeña era superficial: que lo que le gustaba eran las caricias y los besos profundos, y nada más. Una diversión de jóvenes. No lo sabía, no lo sabía. Fue ella quien me dijo, tantos años después:

—Volverá mi marido de la guerra de Argelia, y entonces se acabará todo. Me iré con él para siempre.

Volvió, se fueron: ya lo he dicho, pero quiero repetirlo. Nunca pensé, repito, que se pudiera sufrir tanto. Me dijo que le había pasado conmigo veinte años antes. Yo no lo sabía, no lo supe. La pequeña no se estaba vengando: era que su vida estaba trazada.

Pilar y yo nos casamos en la iglesia del Buen Suceso: no existe. La vendió monseñor Bulart, el que nos casó: era capellán de Franco, y el Buen Suceso debía ser una especie de parroquia de los militares: mis padres se habían casado en ella. Concha y yo nos casamos en Nápoles: en el Consulado de España. Nos casó Jaime Zarraluqui, cónsul. De niño yo había trazado también mi vida: no me casaría nunca, no tendría nunca hijos. Pilar aportó como testigo a la boda del Buen Suceso al Marqués de la Valdavia: ha pasado a la historia por su frase de que "lo malo de Madrid, en verano, es que refresca por las noches". Era presidente de la Diputación, llevaba capa, era popular. Yo aporté a Víctor de la Serna. Digo, entre los famosos de entonces: a los corrientes no se les recuerda. Entre los dos aportamos a nuestro primo, o tío, o algo, el teniente general González de Mendoza. Le recuerdo, sobre todo, el día en que presidimos el duelo por mi tía Pilar Berbén, un tiempo después. Como eran entonces los entierros: un coche de caballos, lento, por la calle de Fuencarral hasta la Gran Vía: se despedía el duelo y seguíamos los familiares hasta el cementerio. En el balcón, el eterno loro de mi tía lanzaba gritos desgarradores: la gente se estremecía pensando que lloraba a su dueña, pero es que él era así. Las criadas sí lloraban: las recuerdo con uniformes marrones, con cofias blancas. Ángel González de Mendoza iba de uniforme de gala: yo con chaqueta trenzada y pantalón de rayas: traje de corte, se decía. El de la boda: lo demás de mi armario eran harapos zurcidos. Era la gran época de las zurcidoras madrileñas. Mi tía me dejó una manda de cinco duros, y otros cinco a Pilar: fueron gananciales. Cuando de niño la iba a visitar —qué miedo, la capilla ardiente en la esquina de Augusto Figueroa, junto a la casa: allí está, pero ahora se echa una moneda y las velas son eléctricas y se encienden solas— llamaba al ama de llaves que venía con una bolsa: metía la mano, sacaba un duro y me lo daba. Éramos los parientes pobres.

Concha y yo nos casamos en el Consulado de España en Nápoles. A Jaime Zarraluqui, con el uniforme del Cuerpo, se le saltaban las lágrimas: éramos los amigos de casa, los de su padre, los de su hermano mayor que fue nuestro padrino. Hace muchos años que tengo un Zarraluqui cerca. El canciller puso en el plato una Marcha Nupcial. Concha se reía, se reía: no podía contener la risa. Creí que era risa nerviosa. No, no: es que le daba mucha risa casarse conmigo. Tardé mucho tiempo en darme cuenta y en comprender por qué.

Marquerie no quiso ser padrino de mi boda con Pilar. "Además de casarse lo hace con una mujer que se llama Pilar", gritaba, mientras saltaba de ira: él se había casado con una Pilar, y creía que era la gran desgracia de su vida. La vida que pasaron haciéndose imposible. Murieron juntos, muchos años después: conducía ella y cayeron por un barranco en Requena. Marquerie se hizo cargo de los gastos de un padrino, pero no quiso apadrinar una boda. Odiaba el matrimonio: no quería esa responsabilidad. En la misma iglesia del Buen Suceso sirvió lo que se llamaba "un vino español" (por la cuestión castiza del franquismo) Pedro Chicote, que había hecho famosa en la República —la España moderna, extranjerizante, que quería salirse de sus pirineos, sus madres, sus fronteras— la palabra *cocktail*. Cola de gallo, se traducía; una cascada de plumas multicolores, como los de los licores que mezclaba. Chicote había sido el *barman* del Congreso, y ya era el *barman* del régimen sin Parlamento. El de Franco. En su bar se vendía de todo: el estraperlo. Un día en que mi madre moría, el médico me dijo: "Si pudiéramos encontrar sulfamidas". Se lo dije a Perico Chicote, y me miró con escándalo:

—Es un bulo que se dice de esta casa...

Le pedí perdón. Un instante después se acercó el camarero y me pidió que saliera un momento a la puerta de detrás. Donde estaba, creo que está, Cock. Me entregó las sulfamidas. No cobró: estaba todo pagado.

Chicote estaba ya cerca de Alcalá, en la Gran Vía. Allí está: se llama Museo de Bebidas, por no sé qué argucia legal. Realmente museo, Perico guardaba botellas de todas las bebidas, de todos los países, de todos los tamaños. He pasado esta mañana —antes de escribir— y estaba con los ventanales desnudos: no había nadie dentro. No estaba ninguna "crema", ninguna intelectualidad. Sólo el servicio. Entonces tenía unas gruesas cortinas de terciopelo —las veo color burdeos; no sé—, para que no se viera lo que había dentro. Por la mañana, la "crema": Marqueríe, y los Cossío —sobre todo José María: el diccionarista de los toros, el autor de *El Cossío*— y Calvo Sotelo, Mihura. Los vencedores, que ocupaban ya el lugar que había dejado Hemingway.

He paseado a lo largo de la Gran Vía; he entrado en sus callejuelas mal afamadas —Ballesta, Barco— y en las que están rotas, partidas en dos con el mismo nombre —Jacometrezo, Tudescos, Silva— y todavía hay restos de casas, vigas, trozos de fachada, fragmentos urbanos, reliquias de la viejísima ciudad por donde paseaba Quevedo, "sin mover las pestañas, repasando tiendas, ojeando tablillas y construyendo la descuadernada greguería de oficios que hay en la Red de San Luis; y a veces miraba con un ceño tan desagradable, que más terrible se hacía con lo airado, que con lo difunto", como se cita al eximio escritor golfo Diego de Torres y Villaroel. Que paseaba imaginariamente con el mismísimo Quevedo.

He pasado esta mañana por la entrada de la calle de Carretas: chicas delgadísimas, de sida y droga, bostezan de aburrimiento y sueño de mala noche, conversan con sus chulos; pobres coimas frioleras de enero, con el viento de esquina entrando por debajo de sus exiguas faldas hasta el helado y dolorido coño donde habita la muerte.

La Red de San Luis también era un nombre intrigante para el chavalillo que imagino ahora cuando paseaba de la mano de su madre, como en lo que luego sería portada de su libro. ¿San Luis fue pescador? No: el nombre era por la redecilla de calles que se cruzaban en torno a la iglesia. Una de ellas, Caballero de Gracia, cuyo nombre era famoso por esta obra piadosa: el caballero que, con el Paseante en Cortes, sale en todos los cuadros de la obra maestra del género chico, *La Gran Vía*, explicando lo que está sucediendo. Me daban así la clave del nombre de la calle: un caballero que, acosado por rufianes, pegado a la pared maldefendiéndose, pidió gracia a los cielos y éstos le respondieron abriendo la pared para que se refugiase. Todavía está allí el oratorio que mandó construir como exvoto. Madrid debía ser muy propenso a esa clase de acuchilladores y de milagros: la calle de Válgame Dios pasó por otro lance igual. La calle de la Montera era sólo por un milagro terrenal, la bellísima esposa del montero —la montera mayor del reino—; dama que también tenía, dicen, una abada, en la calle inmediata que lleva aún ese nombre. Me extraña mucho: una abada es un rinoceronte.

A la Red de San Luis iba con mi madre. Estaba allí el famoso quiosco gigantesco del Metro, de andenes tan profundos que tenía un ascensor para los viajeros: un periódico le llamó el "mamotreto" —*Informaciones*, de Víctor de la Serna, el que me dio para vivir durante veinte años— y luchó hasta conseguir que lo derribaran para abrir otra luz urbana. Hoy sería monumento urbano respetado, con su marquesina de cristal y su hierro forjado, al estilo con que lo puso de moda el ingeniero Eiffel: *art nouveau;* más abajo estaba el ciego de San Luis y, claro, la iglesia de San Luis. El ciego era calvo por delante pero con un largo fleco de melena de artista sobre la espalda, y tocaba en el atrio un armónium grande y sonoro: iban damas desde lejos a oírle y darle limosna. Contrastaba con esa figura patética y romántica, un enorme gorila dorado, que soltaba chocolatinas por una moneda de diez céntimos: el mono de Tupinamba. Se iba allí, también desde lejos, a comprar café, chocolate: se formaban colas.

Ah, tupinambas o tupis fueron, no si hay, unos indios de la costa este del Brasil, de donde venían esos concretos coloniales ("coloniales" era el nombre de las tiendas donde se vendían productos que venían de colonias; luego, por extensión, todos los comestibles. Y "tupi" era aún un nombre coloquial que se les daba a los cafés, que ahora llamamos más o menos cafeterías).

Me dejo ir por algunos recuerdos. Casi soy contemporáneo de la Gran Vía: Alfonso XIII dio el primer golpe de piqueta en la que se llamaba Casa del Cura en 1910, la obra tardó más de siete años en terminarse, y yo nací en 1924. Cuando todavía se hacían obras en el último tramo, en el que desemboca en la actual Plaza de España: donde está el Coliseum, muestra de un Madrid que se llamaba moderno, construido con el dineral que dieron sus zarzuelas y revistas al maestro Guerrero: uno de los que iban a Chicote, por las mañanas. Se burlaban de él porque construía su riquísimo teatro en las afueras... Le recuerdo saliendo de su casa —tenía vivienda en el mismo edificio, entrando por la calle de Bartolomé Mitre—: hacía una verdadera salida, rodeado de admiradores y sablistas, condecorado con un clavel por la florista que le esperaba, halagado por un turno de actores o cantantes en paro que le encendían el gigantesco cigarro. Allí murió, en esa misma casa: y, en ese trance, la familia impidió que entrase a la alcoba a despedirle y a tomarle por última vez la mano su compañera de muchos años, Conchita Leonardo, *vedette*: para que la sombra del pecado no ensuciase su camino final. Era muy frecuente en aquel Madrid, o en aquella España: no dejaron que Lupe Sino entrara a ver a Manolete moribundo, ni que la madre de algunos y buenos hijos, creo que ni siquiera ellos, ilegítimos, fueran a despedirse de Víctor Ruiz Albéniz, el *tebib arrumi*, madrileñista y cronista de Franco, crítico de zarzuela, historiador del teatro Apolo, y presidente de la Asociación de la Prensa —otro golpe moderno de luz: la Plaza del Callao— para salvar su alma. No sé si salvarían las suyas los que dictaron las prohibiciones. Guerrero y Ruiz Albéniz paseaban muchas veces hasta el otro extremo de la Gran Vía: para llegar a Chicote, con su rótulo también de la época, esas letras de palo ancho, casi esféricas algunas, rellenas.

Por la tarde las grandes cortinas tapaban, sobre todo, a las que se llamaban "piculinas": cada época las ha dado un nombre, y este venía, fácilmente, de "piccolinas", las pequeñas, las chicas, en el italiano de los Flechas Negras que habían venido a combatir con Franco. No me parecían a mí tan pequeñas, sino más bien serias damas vestidas de negro, blancas las caras y los amplios descotes con polvos Tokalón; alguna estaba con su hija, o su sobrina, o algo —como en las antiguas novelas de Colette— y apenas se las distinguía. Las vi alguna vez, cuando iba a decirle algo a Mihura, que pasaba las tardes con ellas. Sus tardes de solterón: de tímido.

Años antes, los ventanales estaban algo más protegidos que por el terciopelo: por sacos terreros. A la Gran Vía la llamaban entonces "avenida del quince y medio": era el calibre de los proyectiles de obús, llamados por extensión obuses, que disparaban desde el frente inmediato "los nacionales", que decían ellos, o los facciosos, los "fachas" —lo primero, por la facción levantada en armas; lo segundo, por abreviatura castiza de fascistas— que se decía desde la ciudad sitiada. Su blanco principal era la Telefónica, porque resultaba el edificio más visible para los telémetros del arma de artillería. Otra muestra del Madrid modernista: la Telefónica, en el frente de la Red de San Luis. La apertura que se había hecho en el antiguo Madrid creaba allí un misterioso remolino de aire helado. Ramón Gómez de la Serna contaba que un día del mes de agosto se había encontrado allí el cadáver de un hombre congelado: "Era el embajador de Rusia". No sé por qué ha desaparecido ese golpe de frío, o se ha atenuado: quizá por las nuevas construcciones de Madrid hacia abajo, hacia la Casa de Campo, de donde habían venido los obuses del quince y medio (por el zumbido que se iba convirtiendo en ruido de carraca cuando eran menos veloces se sabía si caerían cerca o lejos). Se tenía un cierto orgullo de la Telefónica: era nuestro rascacielos.

Había así dos grandes vertientes de agua en la Gran Vía: la que bajaba hasta Chicote y Alcalá, la que iba hacia el Coliseum de Jacinto Guerrero. Iba a ser un corte en la línea recta: la Gran Vía, nacida para ser una sola línea, se quebraba. El misterio estaba en un convento: el de la Flor (también hay una calle cortada por allí cerca: Flor alta, Flor baja) que no se consiguió expropiar. "Con la Iglesia hemos topado", decían. Hubo que torcer la Gran Vía; y los frailes vendieron luego su grandioso edificio, enormemente revalorizado por las nuevas obras, por el distinguido entorno.

Veo los dos personajes de los dos fragmentos: en uno, el paseo hacia abajo de Ernest Hemingway, corresponsal de guerra (lo había sido en muchas, lo sería en más), desde el hotel Florida hasta Chicote, lleno de milicianos y milicianas. El hotel Florida estaba en la Plaza del Callao y era también algo de la modernidad. Josefina Carabias, mujer característica de ese Madrid republicano, porque era de las primeras que trabajaban y que estaban dentro del feminismo, "eran" feminismo, se hizo camarera en él por unos días para escribir un famoso reportaje —aún lo recuerdo— de aquellas mujeres. Habían alojado allí a los corresponsales extranjeros porque estaban a un paso del frente de combate. Cuando la Gran Vía empezó a ser también peligrosa, les llevaron al Gaylords, cerca del Retiro. Ya no existen ninguno de los dos. La otra figura que recuerdo era la que ya he contado, la de Jacinto Guerrero: uno de los vencedores, uno de los que entraron en Madrid con su gran dinero. Y con simpatía, y sonrisa...

Cuando se escribió *La Gran Vía* todo era un vago proyecto. La obra se estrenó en 1886. Hasta que en 1910 Alfonso de Borbón diese el primer golpe de piqueta (esta expresión es un galicismo, pero ¿quién se atrevería decir el piquetazo, o picotazo?) transcurrieron veinticuatro años: y otros muchos habían pasado ya en la discusión de los proyectos, y las expropiaciones, y la cierta impiedad de los desalojos de los más débiles. No se podía hablar de democracia en aquel tiempo, aunque peleasen liberales y conservadores —en las acepciones que estos términos tuvieron entonces—, pero tampoco de un absolutismo rígido: sin embargo, el dédalo de leyes que siempre ha dominado España obligaba a ciertas condiciones. Los personajes que la revista enseña no serían ya iguales cuando se inauguró la Gran Vía, o cuando se fue abriendo paso entre las casucas del Diablo Cojuelo. Los guardias, los "guindillas" —se les llamó así porque en algún tiempo llevaron la casaca colorada— que salían en todo este género —los dos que cantan en el nocturno de *La Verbena de la Paloma*, con el sereno, otra profesión que ya no existe— eran más bien bondadosos y apaciguadores. A los "ratas" se les suele sacar vestidos de lo que parecería un uniforme del ratero, del ladrón ágil y sorprendente. De su aparición en *La Gran Vía* decía Nietzsche que era "un terceto de tres solemnes y gigantescos canallas, lo más fuerte que he visto y oído, incluso como música: genial, imposible de clasificar". Una curiosa opinión del autor de *Más allá del bien y del mal* (que también era compositor de música), que alguien hubiera debido explicarle en su momento: los ladronzuelos no eran símbolo del gran mal, sino de la pequeña necesidad. Hay un diálogo de Arniches donde dos "guindillas" llevan a uno de estos "ratas" a "la delega" (la Delegación de Seguridad) y uno de ellos, más joven, comenta la teoría de Lombroso según la cual el delincuente tiene una predeterminación craneana, unos lóbulos que desatan en él la necesidad de delinquir; y el otro, el viejo maestro de las calles, le cuenta que en realidad la delincuencia no es más que la desesperación, el haber nacido del mal lado de la vida, el hambre, el frío... Salen los "horteras", palabra que entonces no tenía la significación de persona de mal gusto o vulgar que se le ha ido dando, o la de persona que quiere aparentar más de lo que es, sino "el mancebo de ciertas tiendas de mercader", como explica aún la Academia. Y bailan con las criadas, que ya no existen; y las que hay ahora vienen de Santo Domingo o Filipinas que, cuando se estrenaba *La Gran Vía*, estaban en pleitos y alzamientos con la Corona. También hay una picaresca en torno a la criada a la que "el señorito" cita en Eslava "tomando café": pero eran mucho más "pobres chicas" que lo que cuenta la letra que canta la Menegilda: el nombre es una abreviatura de Hermenegilda, por la rareza —para el santoral de la Corte— de los nombres que traían de sus pueblos godos las chicas a las que se empujaba a servir en Madrid para que, al menos, comieran.

Tampoco tenían relación con la Gran Vía las calles que aparecen por sus nombres en la revista: el autor de la idea y del libreto, Felipe Pérez y González; el empresario Felipe Ducazcal, imaginó algo de lo que podría ser lo que sólo existía en proyecto. Felipe Ducazcal: pendenciero, jefe de bandas en la época de "chorizos" y "polacos" (que eran al teatro lo que ahora son los "ultras" en el fútbol: el teatro era popular), que llegó a tener un teatro con su nombre, el Felipe, donde se estrenó la revista. Ah, y era liberal, de pelea: de los que llamaban "servilones" a los conservadores y les "cantaban el trágala": "Trágala, trágala, perro...". Fue este bronco personaje el autor de la idea, que entusiasmó al que sería libretista, otro Felipe: Pérez y González, sevillano, escritor que quería ser dramático pero que fue cómico ('Revistas cómicas' era el título de una sección que hizo en *El Liberal*: un columnista, se diría hoy). (Otro paréntesis: Pérez y González dirigió un famoso periódico anarquista y anticlerical, con el sugestivo título de *El Motín*. Era el periódico que titulaba en su primera página una noticia: "Cae un rayo en una iglesia y la destruye. La redacción de *El Motín* sin novedad". A veces amenazo a mis compañeros en *El País* con no marcharme jamás de su lado, con no irme a otro periódico. "A menos —aclaro siempre— que volviera a salir *El Motín*. O *La Traca* o *Fray Lazo*. Bromas de redacción).

Marqueríe ni siquiera entró en la Iglesia; esperó en el lugar adecuado de la sacristía donde se servía el vino; con Perico, con Manuel Sánchez Camargo. Los hombres del régimen no creían: estaban en el secreto. Cuánto aprendí, entonces, de las dobles vidas, de lo que se es y de lo que se finge ser. Sánchez Camargo: catedrático de instituto, juez municipal, redactor de la agencia Efe, del diario *El Alcázar*, novelista (*Nosotros, los muertos*), crítico de teatro, crítico de arte, biógrafo de Gutiérrez Solana (probablemente hizo la mejor biografía del pintor). Siempre he creído que estaba algo enamorado de Pilar, con quien trabajó algún tiempo en Radio Nacional de España (también estaba allí). Pidió al juez del distrito licencia para casarnos él; pero se quedó en la sacristía y no estuvo en la ceremonia. Un oficial judicial dijo que sin la presencia del juez no era válida. Entre todos, cura y juez y generales y presidentes, le echaron de allí; se reían. Pobre Manolo: unos años más tarde, cuando yo ya no estaba en España, se suicidó. Unos me contaron que estaba enamorado de una de sus alumnas de bachillerato; otros, que su hijo le había salido mal (mal para ellos, no sé si para él); y otros que en un incendio de su casa había perdido obras de arte y no podía resistirlo. Quizá se suicidó por todo. No se sabe por qué se suicida la gente. Los dos suicidas que mejor he conocido han sido Domingo Dominguín y Sánchez Camargo: dos de las personas más alegres, vitales, dominantes y seguras de sí mismas que he visto.

En las conferencias de Yalta y de Potsdam, cuando se configuraba el mundo de posguerra, Churchill luchaba denodadamente por conservar para el mundo capitalista, y que nunca había dejado de ser anticomunista (aunque tuviera que aliarse "con el diablo", según el propio Churchill), el mayor número de naciones, y una de esas naciones era España. Había visto a Franco evolucionar durante toda la guerra en un sentido que le era agradable: desde el nazifascismo abierto, y el pacto ibérico con Portugal —también fascista, aunque más próximo a Inglaterra— para evitar el desembarco de los aliados en la península hasta la "democracia orgánica" y las "familias políticas": según iba la marcha de la guerra. En Potsdam, Churchill mantenía que España "no había molestado a los aliados" y había sido verdaderamente neutral, lo cual no era cierto: aparte de que formalmente había cambiado el estado de neutralidad por el de "no beligerancia", y de que había mandado a Alemania un cuerpo de Ejército que combatía contra Rusia bajo uniforme alemán y cruz gamada (la División Azul), era un país que sólo abandonó a los alemanes cuando les vio perdidos y sin capacidad para forzar a España. Decía también Churchill que cualquier intento de derrocar a Franco supondría una nueva guerra civil en España y el destrozo de nuestro país. Se oponía a este franquismo, naturalmente, Stalin; pero también, en Yalta, el propio Roosevelt, que no había podido favorecer mucho a la España republicana pero que había permitido el envío de socorros médicos y alimenticios y el de los voluntarios armados de la brigada Lincoln (todos serían después represaliados y acusados de comunistas; algunos tuvieron que exiliarse durante la operación del Comité de Actividades Antiamericanas del tristemente célebre senador McCarthy).

Pero en Potsdam ya no estaba Roosevelt: había muerto y le había sustituido el conservador (aún dentro del Partido Demócrata) Harry Truman. La tradición de Estados Unidos es la de que en la fórmula de presidente-vicepresidente (el *ticket*) si el primero es progresista —es un decir— el segundo sea conservador, o viceversa; Truman era el conservador de Roosevelt y, además, tenía un arma que podríamos llamar sin mucha originalidad "el arma", que le volvió más conservador. Durante la conferencia recibió un telegrama que decía literalmente: "Baby well borned", el niño nació felizmente: el niño era la bomba atómica ensayada en el desierto de Los Álamos. Desde ese momento su posición con Stalin cambió radicalmente: ya no había concesiones, sino disputas. Apareció lo que se llama en la historia "Doctrina Truman" y arrancó prácticamente con la guerra civil en Grecia que eliminó a los guerrilleros comunistas. La protección a Franco estaba incluida.

Truman recogía en ese momento la doctrina de Churchill. Pero Churchill ya no estaba: su país le había expulsado en las elecciones generales. Se puede explicar la sorprendente decisión fácilmente: la guerra sí había tenido un carácter de revolución social en Gran Bretaña, se habían mezclado las clases en las trincheras, los trabajadores habían accedido a puestos militares de mando, y no deseaban ya las viejas clases: votaron a los laboristas. Aún medio siglo después se puede advertir que si los conservadores mantienen un poder duro lo hacen con individuos —Thatcher, Mayor— que ya no pertenecen a la clase alta, como en los tiempos de Churchill y todos los anteriores, sino a una burguesía media, incluso con algunos antepasados obreros. Esto no quiere decir que no tengan la máxima dureza en la defensa del neoconservadurismo.

Los sucesos del mundo en ese momento van declinando hacia una forma de guerra fría. Los laboristas británicos muestran las relaciones con los republicanos españoles (una entrevista oficial entre Gil Robles-Prieto-Bevin, en Londres), Francia cierra la frontera con España, Stalin se retira del internacionalismo (sustitución del Komintern por la Kominform), la ONU recomienda la retirada de embajadores de España (que en gran medida se cumple) pero mientras tanto Truman, que ha tomado el relevo del conservadurismo de Churchill, ha aceptado hacer una declaración tripartita (con Francia e Inglaterra) moderada contra el régimen de Franco, afianza las fronteras y los regímenes anticomunistas en Europa y comienza sus conversaciones secretas con España, que terminan en los pactos militares y la entrega de las bases. A cambio de pequeñas concesiones que quedan antes citadas, como el cambio hacia la democracia "orgánica", la Ley de Sucesión que define el país como Reino, y deja correr una apariencia interna de oposición, como la que puede representar el Opus Dei. Las relaciones exteriores se inclinan hacia los dos sectores de la vieja historia: Hispanoamérica y los países árabes. En Hispanoamérica hay una mayoría de dictadores que mejor o peor imitan a Franco (Perón), que recogen a los nazis huidos de Alemania y que odian a Estados Unidos por su imperialismo continental; en el mundo islámico, otras dictaduras tradicionales y algunos partidos nuevos de un nacionalismo sospechoso tratan de conseguir la independencia con respeto a británicos y franceses. Estos núcleos fueron ya favorecedores de Alemania e Italia porque eran los enemigos de sus enemigos.

Por entonces se publicó en Francia un libro, breve y desolador, que se llamó *La fin de l'espoir*. La esperanza que acababa era la que se había inaugurado con otro libro francés, *L'Espoir*, de Malraux. Lo firmaba Juan Hermanos, un seudónimo muy solidario, muy de Frente Popular, y lo prologó Jean Paul Sartre. Los republicanos (incluyo en este término a las fuerzas que formaron el Frente Popular de febrero de 1936, y a quienes se defendieron de Franco en la guerra civil) habían empezado ya a ver la traición. Muchos, el final. Francia había recogido un amplio número de españoles republicanos: muchos de ellos habían formado parte de la resistencia, y a la cabeza de los tanques aliados que expulsaron de París a los alemanes había tres con tripulación y nombres españoles. Su intención de guerrilleros de la independencia y de soldados incluidos en los ejércitos aliados era entrar en España por los Pirineos y continuar la guerra, y yo hubiera sido su blanco si mi general, Ríos Capapé, hubiera conseguido que nuestra división —suya y mía, en partes alícuotas— fuera a cortarles el paso. Hubiese sido bueno: los ejércitos aliados nos hubieran arrasado, nos hubieran matado a todos —los últimos fascistas antes de que vinieran los nuevos fascistas— y habría caído Franco. Pero todo estaba pactado. Ni nosotros fuimos a los Pirineos ni nuestros camaradas españoles entraron en España. Sólo lo consiguieron núcleos aislados: el "maquis" (traían de la Francia ocupada su nombre y su acción) llegó a resistir años en las montañas, pero no consiguió nada: únicamente la renovada persecución del régimen contra el comunismo que formaba el núcleo de esas guerrillas. Capturó a Cristino García, que era teniente coronel del ejército francés, y le ejecutó con publicidad, mientras otros guerrilleros morían en las emboscadas de la Guardia Civil, como Manuela Sánchez, que protegía en Galicia la retirada de un grupo guerrillero. En el margen de algunas sentencias de muerte, Franco mismo, que las firmaba todas, escribía las palabras "garrote y prensa": significaban que el condenado no tendría la "gracia" y el supuesto honor del fusilamiento y que su ejecución aparecería en los periódicos (con el único título, obligatorio, de "Sentencia cumplida") porque se utilizaban para mostrar al mundo, occidentalizado ya, que su lucha seguía siendo contra el comunismo exclusivamente, como ya había querido demostrar con la División Azul. Como ellos mismos. Como, en efecto, De Gaulle, jefe del Estado francés por la reconquista, que fue eliminando de sus sucesivos gobiernos a los comunistas (en el primero era vicepresidente el secretario general Maurice Thorez);

en las primeras elecciones, cuando el general pudo retirarse a su gloria (hasta que reapareció en un pequeño golpe —le daría un largo Gobierno— para eliminar a los militares que no aceptaban la paz en Argelia), la democracia cristiana presidida por Bidault entraba ya en la guerra fría interior, que no solamente eliminaba a los comunistas sino, con el nombre de "compañeros de viaje" o de "criptocomunistas", a la gran izquierda general, incluyendo la resistencia española.

Concha y yo nos casamos, digo antes, en Nápoles, y Concha se reía, y el cónsul lloraba. Cuando me vestí para la boda, me encontré sin gemelos: la esposa de Fernando Díaz Plaja, que nos acompañaba, bajó unos de la habitación. "¡Ésos no, que son de oro!", gritó, gracioso, Fernando. Pensé que uno siempre lleva al rojo pintado en la cara. Ofrecí la comida a los invitados en un restaurante que se llama La Sacristía: todavía guardo por algún sitio los muñequitos vestidos de novios blancos que coronaban la tarta. En la comida se habló de Fidel Castro y Elsa Baeza, nuestra madrina, echó chispas. El canciller defendía al revolucionario genial, Elsa venía de su exilio y su familia estaba en Miami. Bodas de bronca. Ahora veo que ha muerto en Miami el padre de Elsa: poeta, periodista, diplomático.

El sistema de democracias cristianas instaurado por los Estados Unidos cundió en toda Europa: en Italia (hasta su muerte reciente envuelta en la corrupción y la mafia), con De Gasperi; en Alemania (Adenauer) y en Francia, principalmente. Esta corriente la aprovechó Franco con el Opus Dei, algunos de cuyos miembros llegaron a gobernar y a dirigir el país, pero que fue combatido por las otras "familias" del Movimiento. No era, propiamente dicha, una democracia cristiana (no era demócrata), que en realidad hubiera estado representada por Gil Robles (la antigua CEDA, o Confederación Española de Derechas Autónomas) y los monárquicos de don Juan, no muy decididos a nada y combatidos ya por quienes veían que la sucesión podía inclinarse hacia su hijo junto a Franco (hoy el Opus triunfa: en el Vaticano con Wojtyla, y en España con el Partido Popular; y reina el hijo de don Juan Carlos de Borbón al que Franco nombró heredero).

Esta resistencia armada francesa española desapareció. Mientras, el Gobierno republicano en el exilio se dividía, como en los mismos tiempos de la República: una parte en Méjico, otra parte en Francia. Se extinguía sin funciones y por la edad. La resistencia interior no cesó nunca. Desde el mismo triunfo del régimen comenzó a formarse de una manera tan heroica como inútil. Sin posibilidad de contacto entre sí o con el exterior, aparecían partidos comunistas, o núcleos anarquistas y socialistas en distintos puntos. Se formaban células en las cárceles; muchos de los que salían de ellas trataban de entablar contactos y rehacerse: eran fácilmente capturados y se cumplía en ellos la pena de muerte. Toda esta resistencia se vino abajo (*La fin de l'espoir*) cuando se vio ya que el núcleo occidental de los vencedores se definía hacia Franco y el anticomunismo que incluía, como en todos los países, aquellos que buscaban una izquierda más abierta. Los refugiados en la Unión Soviética fueron en gran parte nacionalizándose, haciendo allí sus carreras y su trabajo. El Partido Comunista Español fue advirtiendo ya que la ayuda que se le prestaba era simbólica. En algún gran personaje se reveló esta profunda contradicción, como en Dolores Ibárruri, *Pasionaria*: sus hijos se sovietizaron —uno murió en Stalingrado—, y sus nietos; y ella vivió en un mundo compartido y difícil.

Es interesante observar, con la perspectiva del tiempo —en lo relatado se conjuntan muchos años— cómo ese espíritu de resistencia, el republicanismo, la España del exilio, el juego democrático, una ética y una estética peculiares, pudieron mantenerse prácticamente intactos durante los cuarenta años del régimen de Franco. Se sostuvieron en la cultura y en la ideología mientras la hubo. Sin embargo, no resistieron la nueva fundación condicionada de la libertad, la convivencia pactada con los herederos de Franco, el cambio del mundo hacia el conservadurismo más profundo. Lo que fue el espíritu del Frente Popular, de la República y de la resistencia no ha podido sobrevivir. Las libertades son otras, el problema de clases se ha ido convirtiendo en otro tipo de condición social, el fondo revolucionario ha desaparecido completamente del ámbito occidental (y en nuestros días, del mundo soviético) y no queda más que en el Tercer Mundo, ya Segundo. Han aparecido otros conceptos de vida. Lo que fue vencido en España en 1939 no ha dejado de ser vencido todos los días desde entonces; lo que pareció vencedor en 1945 al terminar la Segunda Guerra Mundial y aparecer en las sentencias de Nuremberg, las nuevas proclamaciones de los derechos del hombre y la Carta de las Naciones Unidas, también ha ido siendo vencidos día a día. La historia ha dado un vuelco determinado: estamos aún en el principio de ese vuelco como para pensar en que el péndulo cambie de sentido.

En el café de Flore, o en el Deux Magots, veía, a veces, personajes extravagantes. Don Jaime de Borbón, el tartamudo, que se enamoró de la mujer que le enseñó hablar —Carlota, cantante alemana— y barbotaba palabras incomprensibles. El secretario le traducía: “Su alteza dice que ahora habla perfectamente”. “¡Ah!”, decía yo moviendo mucho la cabeza, como se hace tontamente con estas personas. Uno de sus secretarios fue mi compañero y amigo Juan Bellveser. Otro, Alderete. Un exiliado que vivía de hacer un boletín de información que vendía a las embajadas de países latinoamericanos. De su tiempo con don Jaime obtuvo un libro precioso y raro, *Les Bourbons que j'ai connu*. Qué pena, lo presté y ya no lo tengo. No sé si lo reeditó Soriano, el librero de la Rue de Seine que descubrió a Tuñón de Lara y le editó su *La España del siglo XIX*.

Manolo Tuñón de Lara, tampoco está entre nosotros. Un día en París, cuando todavía no había publicado sus historias del XIX y del XX, me llamó con urgencia: su amiga les puso en la calle, él y su hijo Sergio estaban en un portal con su equipaje. Su equipaje era notable: viejos boletines oficiales españoles, documentos, papeles sueltos. No sé de dónde los había sacado en su vida de exiliado pobre, muy pobre. Nunca lo supe. No pude ir a buscarle hasta después de comer en casa de un rico armenio blanco con Bardem, a quien también le parecí necesario por cuestiones de idioma. ¡Los rojos! Se comía con vodka de mesa: todos iban cayendo dormidos después del borsch, del strogonoff, de los mil brindis. Salí al aguacero de París y jueves —"un jueves de aguacero", pronosticaba Vallejo para su muerte— y encontré ateridos a Manolo Tuñón de Lara y su hijo —con Nieves Arrazola, casada después con Muñoz Suay, ahora con nadie: fue una gran comunista— que sólo me pedían que guardara en mi casa "los papeles". Cien, doscientos kilos, no sé: boletines, recortes sepia, manuscritos: todo el material de su *La España del Siglo XIX*, que vino a editar Soriano. Un libro espectacular: todo era distinto, todo se contaba de otra manera. Leo a quienes comentan la obra de este gran y extravagante hombre (amador casi siempre abandonado, padre obstinado) y dicen que introdujo en ella racionalismo, y estadísticas, economía: precios, habitantes, clases sociales. Lo que introdujo, y no dicen ahora, fue marxismo. Y con él, cartesianismo. Y dignidad y seriedad, como la de la escuela de Pierre Vilar, su maestro (también publicó su brevísima y magistral *Historia de España* el librero Soriano: en francés se sigue reeditando casi continuamente. Un breviario exacto y libre).

Vivía a salto de mata. "Negro" de una hispanista francesa, Dominique (¿Aubier?), que apenas hablaba español. A veces iba a buscarle a casa de la rara escritora: abría la puerta tocada con una montera, porque, decía, así escribía mejor temas españoles (tenía un marido médico, comunista: curaba gratis a los españoles. Los rojos...). Manolo escribía en *Le Journal de Géneve* o en *La France Catholique*, o para los rusos, o para quien fuera. Los hechos que comentaba eran la historia de España de cada día, que en París apasionaba: el antifranquismo.

Había que prestarle hasta el bono del metro. Cuando leo a veces —Carlos Semprún, renegado, chivato: hermano de Jorge— que estaba a sueldo —¡conmigo!— de la Embajada Soviética, siento un cosquilleo que en otros tiempos hubiera sido indignación. Ya, nada. Al fin tuvo una cátedra en Pau, y grandes alumnos que hoy a su vez crean escuela; le trajeron a España, volvió con la pseudodemocracia —el posfranquismo— y rechazado en muchos sitios. Murió aspirando a la Academia de la Historia, a la de la Lengua, el pobre sabio. Hizo cosas que no debía para poder llegar a eso. Había resistido cárceles, exilios, ayunos. Ah, todo ellos, todos esos años de guerra a guerra, de miedo en miedo, de céntimos por línea, de deseo de reivindicación que es una sed que nunca se apaga, tendrían algo que ver con el conjunto de enfermedades que hacen que en su necrología se diga que "murió de vejez". A los 81 años.

Bueno, ya sé que está feo, pero llamé chivato a Carlos Semprún: chivato por denunciar a los viejos comunistas a los que él capturaba para el partido. Javier Pradera me dijo un día, con su ironía dura y terrible, que cuando Carlos Semprún le incitó a hacerse militante del partido estaba ya pensando en denunciarle. Le llamé chivato porque dijo que yo pertenecía a la misma célula de espías soviéticos, de los que cobrábamos en la Embajada de la Rue Granele, que Manolo Tuñón: y cuando lo publiqué, otros renegados se indignaron. Mandé una carta de protesta al país donde ellos me habían insultado: "Cuántas personas se inquietan por que califiqué de 'chivato' al escritor de *Abc* Carlos Semprún. Pensaba entonces concretamente en que en un par de artículos en ese periódico aseguraban que yo estaba al servicio de la Unión Soviética en la célula de espionaje de Tuñón de Lara: es decir, de un hecho que, de ser cierto, supondría un delito grave. Lo peor es que él, por su posición en el Partido Comunista entonces, sabía que no era cierto, y lo sigue sabiendo. No es el único caso. A uno de los firmantes de la carta, Ricardo Muñoz Suay, le acusaron los hermanos Semprún de confidente de la Policía franquista en el momento del 'caso Uninci' (productora de cine de su partido), y así me lo dijeron a mí para que 'tuviera cuidado' y no me aproximase a él. Ricardo recordará que en el mismo instante le busqué y fui con él y con Nieves (la Nieves de antaño, parafraseando a Villón) y con Pilar a comer una paella y reírnos de los canallas calumniadores: de los chivatos. Hoy son amigos entre sí, agrupados por su caída en la derecha. Me alegro. Pero me inquieta ver estos arreglos de cuentas."

Ricardo: otro gran personaje, otro gran renegado. Los rojos... Era el segundo marido, o segundo compañero, de Nieves Arrazola, la madre de los hijos de Tuñón de Lara. En el partido lo vieron mal: la moral es la moral, y cuando un compañero está en la cárcel o en el exilio, no se va uno con su mujer. O su mujer no se va con otro. Eran tontos rígidos. Algunos pecadores tuvieron ellos mismos la humildad de apartarse del partido por sus mismos pecados: Luchino Visconti no quiso ser comunista en Italia por no manchar al partido con su homosexualidad. Y era un gran talento. A veces tienen cosas de católicos.

A Ricardo le llamaban mis hijos "el hombre de la cueva": cuando viví en una casita en las afueras de París había un gran sótano para el carbón y la caldera, con una habitación de "criada para todo" de la época en que se las podía torturar y almacenar por las noches entre ratones y cucarachas. Cuando venía Ricardo, ésa era la habitación que elegía. Siempre fue el hombre de la cueva. Verdad o metáfora. Fue en la Valencia de la posguerra un hombre-topo. Jefe de la FUE (Federación Universitaria Española), escapaba de España por Alicante, vivió los terribles días del cerco de los soldados italianos al puerto, entre suicidas y ahogados que querían alcanzar los barcos lejanos que no llegaron a recogerles. A él le agarraron, le metieron en el Campo de Albatera —otra tragedia— y escapó de una manera insólita: se echó a andar, llegó a la puerta, siguió andando... Alguien le preguntó que quién era: bajo, lampiño, flaco por el hambre, dijo "¿Yo? Un niño". Le dejaron pasar. Así llegó a casa de sus padres —un conocido ortopeda de Valencia— que le prepararon la habitación trucada detrás de una tinaja en la cocina. Cuando, pasado el tiempo, creyó que ya podría salir, e intentó una reconstrucción del Partido Comunista, le detuvieron y le identificaron: fue a parar a un penal. Cuando salió, años después, quiso normalizar su vida: pero no dejó el trabajo clandestino en el partido. Trabajó en el cine: y fue "el hombre de la cueva" de directores como Bardem y Berlanga, inspirador de otros, creador de una escuela de cine. Fundó, con el partido, una productora: Uninci, donde también era el hombre oculto, el hombre de espaldas. Fue él quien produjo la película mas famosa de Buñuel en España: *Viridiana*. No sin críticas internas: se le acusaba de hacer de la productora comunista (muchos socios de la empresa no lo eran, y algunos ni siquiera sabían qué había detrás) el pedestal para un anarquista: una película sin moraleja, sin mensaje. O con otro mensaje. Fue una catástrofe: premiada en Cannes, pero prohibida en España, y maldita, y cesado el director general de Cine que la permitió: todo el franquismo, en fin. Pero se encontró la manera de culpar a Ricardo: salió de la cueva elegida para ser la víctima, y fue acusado de fascista, de confidente, de lo que fuese. Ya, como digo, fue acusado por haberse unido a Nieves Arrazola: como si las libres voluntades no contasen: ni la de ella, la valiente petrolera...

Comenzó una distancia: una de esas rupturas que, como tantos rebotes, le fue llevando a un mundo ajeno y extraño. Se fue de Madrid a Barcelona; trabajó siempre con su gran prestigio, pero se fue de Barcelona —y de su casa, y de Nieves— a Valencia, convertido ya en anticomunista: a vivir con otra joven compañera. Fue él quien organizó el remedo de la reunión de escritores mundiales para "limpiar" los famosísimos, heroicos, Congresos de Intelectuales de la Guerra Civil; limpiarlos del comunismo. Y él quien, en una exposición, mandó retirar un cuadro de Alberti porque tenía la bandera republicana. Había caído, de verdad, en la caverna. (Hace años que no le he vuelto a ver: pero le he seguido queriendo, revolucionario y comunista y revoltoso y fascista y lo que fuera. Un amigo). (Cuando expliqué algo de esto en público, Nieves Arrazola se indignó de que le llamase fascista: otros amigos de Valencia también, aunque sabían lo que era. No importa, no importa. Siempre he querido a Nieves, siempre a Ricardo).

La petrolera había ido a ser una de esas mujeres españolas antiguas devotas a sus maridos: hicieran lo que hicieran. Recuerdo a Eulalia, la esposa de Manolo Machado. Eulalia era prima suya. Les visitaba en la calle de Churruca, tan cerca de la Biblioteca Municipal que él regentaba y donde me permitía leer lo que a mi edad no estaba consentido. Fue compañero de mi padre, en *La Libertad*: se turnaban los dos en la crítica de teatro. Manolo era en ella leve, como en todo: y además era autor. Siguió firmando sus obras, a veces tan tristes como una que dedicó a la Virgen del Pilar, con su nombre y el de su hermano. Así hizo el Quintero superviviente, que siguió siendo él solo Joaquín y Serafín. Manolo ya no era juerguista, bebedor, noctámbulo ni mujeriego: era anciano, y conversador, y buena persona. No peor que su hermano Antonio: pero Antonio fue siempre el Bueno, por su vida y por su muerte y por su poesía. Quizá no tanto mejor como se ha dicho que la de su hermano: pero sí mas fiel.

Cuando murió Manolo, hace cincuenta años ahora, Eulalia se fue a un convento a fregar escaleras y hacer los trabajos más ingratos de la casa: para que el marido fuera redimido por sus pecados, para poder encontrarse con él en el más allá católico. En el que tampoco creía excesivamente: sólo aparece en la obra de después de la guerra, de cuando le rescató Franco.

Pérez Ferrero, que contó muy bien toda esa generación (que alguien llamó "insobornable": hasta un punto), escribió la biografía de los dos hermanos poetas: *Vida de Antonio Machado y Manuel*. Para muchos, el "...y Manuel" representaba una especie de rabo de cedilla al nombre de Antonio, un apéndice. Más bien era una forma admirativa compleja, semejante al poema en el que el poeta iba relatando las gracias de las provincias andaluzas, y terminaba con un último verso, "...y Sevilla".

Manuel era mucho más que un apéndice al nombre de su hermano Antonio: y sigue siéndolo, aunque no se le reconozca. Las dos vidas fueron paralelas —no así la de su hermano José: Pepe Machado, dibujante no muy difundido, nada recordado; iba por *Informaciones* a llevar sus cosas, y algún articulejo— desde el nacimiento en el palacio de Dueñas (de los Alba; tenía vivienda, por su trabajo, el padre, Antonio Machado Álvarez, escritor poco recordado a no ser por los folkloristas: hizo una importantísima recopilación del cante flamenco), el teatro fue conjunto (y no extraordinario: había muy buenos escritores en esa época que se acercaban al teatro solamente para ganar algún dinero) y la poesía, distinta. Tampoco la política fue muy distinta, pero la geografía favoreció a Manolo, que estaba en el campo de los ganadores y hubo de sumarse, y perjudicó a Antonio aunque le haya glorificado. ¿Cómo iba a ser Manolo franquista? Ni sería hoy aznarista. Su vocación, su vida, eran otra cosa. Y su poesía: el elegante modernismo sin prejuicios, la profundidad que parece quedarse a flor de piel.

(Devotas mujeres españolas de antaño: Miguel Pérez Ferrero estaba separado de la suya, pero amaba a otra. No había divorcio, y aunque lo hubiera: esta otra era católica y exigía la separación eclesiástica. Miguel, sólo escritor, vendió los bienes que le dejó su familia, empeñó todo, dio a la Iglesia todo lo que iba ganando. Pobre Miguel, le recuerdo muy bien, recostado en la barra del bar de Valentín en el callejón de San Alberto, con su eterna colilla colgando del labio —hablaba sin quitarla, con un peculiar tonillo—, con el vaso de whisky en la mano, esperando la llegada de amigos para el aperitivo y la cena. Pasaban los años y la Rota no fallaba, y pedía más y más dinero: y la novia mantenía la decencia que requería su creencia. Un día Miguel consiguió la separación eclesiástica, y la novia le dejó. Le encontraba ya demasiado viejo. Siguió siempre solo, siempre hablando desde su colilla, convertido ya en ese hombre raro que terminamos siendo tantos. Los amigos decíamos: "¡Qué pesado esta ahora Miguel!)".

(Escribo whisky y sonrío al recuerdo de los tiempos del sufrimiento grotesco, de la tragicomedia: se comenzó a llamarle güisqui, y la Academia guarda celosamente esa palabra en su diccionario. Tiempos de patriotismo. Al coñac español le llamaron "jeriñac": no se si fue Pemán, que presidió la Academia. A las chicas que cuidaban de los pasajeros en los aviones se las llamó en algún momento aeromozas, buscando en la palabra moza una bella resonancia castiza, pero a ellas no les gustó. Entonces eran "niñas bien" —de las grandes familias— que no deseaban la palabra, que parecía más bien destinada a las criadas de posada o mesón: a las Dulcineas. La busca se detuvo en la palabra azafata. Recuerdo su definición en una comedia de Joaquín Calvo Sotelo, que quizá fuera ya académico: "Doncella de la reina que la viste y adereza". Los pasajeros, así, eran como reinas).

Cuando salió Pedrogó del despacho de Juan, en octubre de 1957, aún reían los dos: él me señalaba con el dedo y se burlaba: "bip, bip bip", decía. Qué hombre más tonto. Pero eran así: son así. Un año antes le había encontrado en Londres, cenando en la Embajada de España. Había ido con el ministro de Asuntos Exteriores a la conferencia sobre el Canal de Suez. Una de aquellas crisis mundiales en la guerra fría. Nasser había nacionalizado el Canal; Francia y Gran Bretaña habían invadido el territorio, ayudados por Israel, en una guerra brevísima: Rusia amenazó con entrar en la guerra para defender a los árabes, y los Estados Unidos detuvieron a sus aliados: les mandaron volver a casa. España había enviado una delegación ministerial por su rara proximidad a los árabes, por sus alianzas de conveniencia con ellos. El Marqués de Santa Cruz se hizo famoso rápidamente y sus pies salían fotografiados en las primeras páginas de los periódicos: pero no la cara. Cenando en la Embajada, el corresponsal de *La Vanguardia*, un excelente escritor, Tristán la Rosa, participó en la conversación que yo tenía con el comensal a mi derecha: "Qué hombre más tonto ese Marqués de Santa Cruz. Qué declaraciones ha hecho". "Me parece —le dije— que no le conoces bien. Es este señor con el que estamos hablando...". Más tarde le pidió perdón, pero sin duda había sido justo. Más tarde volví a encontrar a Tristán en otra cena en Madrid. Yo había cometido el error de aceptar la dirección de Radio Exterior de España, al entrar el Gobierno, con gran dolor por herir a la persona querida que me había nombrado. Tristán entró a otro despacho: el de Relaciones Internacionales. Recibíamos aquella noche en la casa a una delegación de la Radio Alemana del Este, y Tristán era el único que entendía su idioma: lo demás se iba desarrollando en inglés y francés. En un momento me dijo Tristán que lo que querían los alemanes era conocer a fondo nuestro sistema y nuestra organización de programas dramáticos: cielos, hacía años que se habían suspendido. En aquella cena de Londres, me dijo Gómez Aparicio: "No mandes ninguna información a Madrid sin consultarme. Tú no sabes las verdaderas claves de este asunto..." Creo que ni siquiera le contesté. Gente maravillosa, servicial. Años más tarde, cuando entré en *El País* para escribir los editoriales de política internacional, el joven Pablo Sebastián, que era corresponsal diplomático, me tomó del brazo y me dijo: "Siempre que vayas a escribir algo, consúltame. Te podrá ayudar". Hay gentes a quien hay que agradecer siempre su amabilidad. No duró mucho en la casa: sin duda su conocimiento de la política internacional, o la manera de viajar que tenía, no coincidían con las del director, Juan Luis Cebrián. Desde entonces le desprecio un poco. Han pasado muchos años, y creo que ni en uno solo de los articulillos que escribe en *El Mundo* deja de vengarse de Cebrián, directamente o a través de Polanco. Gente perseverante.

No sé como firmé en *Esprit* el artículo sobre la censura española y Arias Salgado; reproduzco el fragmento de un libro francés, *Apologie de la censure*, que lo recogió. Firmaba, muchas veces, en la prensa clandestina y en la extranjera, como José Ernesto. Quizá aparezca algún día, como de autor desconocido, cuando algún erudito haga una historia del periodismo español en la clandestinidad. José Ernesto existió realmente: José Ernesto Tecglen. Pepito. El primo Pepito. Era el misterio de la vida de mi tía Elvira: su hijo natural. Tuvo que darlo a criar en un pueblo de Alicante. Sin reconocer: el padre era cura, y eso aumentaba el valor del secreto. Lo he sabido muchos años después, por otras personas de la familia: entonces era imposible decir tales cosas a un niño. No sé quién era el cura: no si murió pálido, ayunante, dolorido, encerrado en un monasterio, o si siguió por los pueblos sembrando su semen prohibido. Los había de todas clases.

A José Ernesto le vi un par de veces, durante la guerra: era un chico sólo un poco mayor que yo, seis o siete años más: vestido de uniforme, era comisario político en el frente. Del Partido Comunista. Al terminar la guerra me escribió una carta desde una cárcel alicantina: me daba la dirección de una mujer a la que había dejado textos, cartas, libros, para que ella me los enviase. Me pedía algunos ejemplares de algo. Fue su única carta y no pudo tener respuesta: le sacaron de su celda y le mataron. En cuanto a sus papeles, nunca más supe de ellos. La carta con la dirección de su compañera la quemamos: por si la encontraban en algún registro y la comprometía a ella. Por si la mataban, también. Quizá la mataron sin necesidad de nada más. Cosas de la posguerra.

Me acordé de Pedrogó cuando vi en televisión el paseo sobre el polvillo lunar de julio de 1969. “Bip, bip, bip”, le dije a su palabra en la radio. Ahora el imbécil estaba feliz: el mundo volvía donde solía, y el paseo lunar tuvo una consecuencia política inmediata: basculó en favor de Estados Unidos la supremacía espacial de la Unión Soviética y alteró decisivamente la historia que siguió. Nunca los soviéticos llegaron a un hito ni siquiera parecido. Pese a la posterior crónica de fracasos, desalientos y muertes, los Estados Unidos alcanzaron un punto que permitió a Reagan amenazar con la "Guerra de las Galaxias", imaginaria estrategia de situación de vectores nucleares en satélites: despertó una tempestad ética (el miedo es la madre de la ética), y no se llegó a desarrollar (públicamente) porque llegaron los tratados de desarme Reagan-Gorbachov a partir de 1987. El logro de puntería y exactitud en el disparo y en el regreso tuvo un éxito paralelo quizá mayor: la retransmisión directa por televisión: no hubiera sido lo mismo sin que lo viéramos todos.

Se había anunciado: las gentes organizaron algunas *lunaparty*, y a mí me invitaron a la que se hacía en casa del que era dueño, con Marsillach, de Oliver, que yo frecuentaba. Pero fui a casa, donde estaba, sola y esperando, mi madre: encontró que toda su vida había valido aquella imagen. Ella, que había llegado a España desde Cuba, con los del 98, en un barco más bien desastrado... Cuando cuento mi cariño por la televisión, que es algo que no se debe hacer porque toda persona inteligente debe maldecirla o se queda fuera de la *intelligentsia*, o de una de las grandes ramas del pensamiento único, recuerdo a mi madre aún en París, con nuestro primer televisor, viendo algo tan insólito como una olimpiada: estaba descubriendo otro mundo.

Se lucha contra la imagen diciendo, paradójicamente, que va "contra la imaginación": el lector crea sus imágenes interiores, el espectador las recibe hechas. La verdad es que la imagen cinematográfica, pictórica, fotográfica o real (vemos la vida en imágenes, continuamente, incesantemente), está siempre tan sin terminar de hacer como la literatura. Tú o yo —o tú y yo, o nosotros tres...— las completamos con lo que rechazamos, suponemos, sospechamos en ellas: con lo que no vemos, lo que quisiéramos ver.

No estamos buscando una información, sino un conocimiento: una persona tiene conocimiento cuando tiene un sentido de la información, o una conciencia de ella; la conciencia —rechazando sin piedad el elemento agresivo y autodestructivo con que la utilizan las religiones y sus iglesias— es donde está sucediendo continuamente algo relacionado con nuestra vida interior. Hay personas que se relatan a sí mismas lo que sucede en su conciencia mediante imágenes, como en los sueños; otras lo formulan en palabras interiores, en lenguaje íntimo.

No estoy seguro de que nos aclaremos algo con lo que voy diciendo. La imagen y la palabra son dos informaciones. Puede que, como pretenden los escolásticos (y la etimología), información sea "dar forma": a nuestra persona, a nuestro pensamiento, a nuestra conciencia o vida interior. Tenemos que rechazarlo: la información es sólo un elemento de esa formación que nos viene de mil lugares, hasta genéticos, y que crea un ser irrepetible y único, que es el individuo.

El ejemplo puede estar en la imagen sexual, que es generalmente la más discutida en las sociedades actuales. A cada uno le producirá una sensación distinta, desde la repugnancia —o rechazo del deseo que suscita dentro de la conciencia— hasta la complacencia —la aceptación de ese deseo, el agradecimiento a su estímulo—; habrá quien considere que la sexualidad es íntima y no privada, quien vea en ella una explotación comercial (aunque no quiera ver la forma de explotación que tiene toda la sexualidad en nuestra sociedad, de la que la imagen es sólo un reflejo); quien no desee que influya en el deseo de los demás, del que uno puede ser objeto; quien no se encuentre a gusto en una sociedad de sexualidad visible y, hasta ese punto, libre. Los ejemplos son infinitos y responde cada uno a la parte que quien recibe la imagen tiene de humanidad, que sólo se puede representar con la expresión matemática 1/500.000.000. En la realidad es mucho mas ínfima la proporción: uno mismo es subdivisible según el momento, la edad, la circunstancia, la situación en que la contemple.

El resumen es que no debemos aceptar una imagen sin contrastarla con nosotros mismos y nuestro concepto del mundo: en ningún caso debemos dejar de asumirla o de recibirla, a poco interés que tenga, porque contribuirá a la libertad con que la seleccionará nuestro conocimiento. Y jamás la debemos prohibir a otro, o intentar que el otro no la vea porque puede ser contraria a nuestro interés. Esta forma de verlo es libertaria, a partir de la creación de individuos con conocimiento y con un sentido de la información y de la semántica.

Y recuerdo a mi madre, maravillada, mirando los saltitos del hombre de la luna. Grotescos y sublimes. De aquella transmisión derivaron las formas de comunicación que se han estado llamando "autovías de la información", y ahora van cambiando de nombres. Tienen ministros como Rafael Arias-Salgado: una garantía. Estos dos hechos, más los miles derivados de ellos, son suficientes para calificar el valor histórico de máximo. No sabemos mucho más: los siguientes viajes a la Luna —seis misiones, 38 minutos de estancia entre doce peatones— terminaron en 1972: no se han reanudado. No había dinero en la luna; o no se supo encontrar. Ahora parece que se busca hasta agua; quién sabe si petróleo. No podemos saber, por lo tanto, qué supondrá aquel 21 de julio en la historia de la Tierra, hasta que los acontecimientos lo vayan desvelando o completando.

La comparación reiterada de este paso del hombre con el descubrimiento de América tiene, treinta años después, muy poco sentido. Ah, pero forma parte del beneficioso españolismo: es algo que sólo tiene en la historia un paralelo, y fue de España, que tuvo esa mala suerte: como tantas veces, se tropezó con lo que no debía. El descubrimiento y las conquistas tuvieron una repercusión inmediata sobre toda la Tierra, desde los que recibieron sus primeros beneficios, europeos, hasta sus grandes víctimas: probablemente en cantidad y en sufrimiento no fueron los indígenas americanos o "indios", sino los entonces ajenos africanos, que iban a caminar hacia la esclavitud al otro lado del mar misterioso y duro. Cuando se habla del sentido de la historia o del providencialismo no hay que desperdiciar estas muestras de lo imprevisto.

Se produjo, como el alunizaje —la palabra se ha hecho arcaísmo en tan poco tiempo: no se utiliza desde entonces—, en una época de grandes descubrimientos y de inventos y desarrollos del humanismo: nunca estos sucesos son aislados. Sin embargo, el "descubrimiento" de la Luna —su naturaleza, su aparente esterilidad; su desmitificación, el cambio del sentido de la poesía y de la imaginación— no fue advertido por sus contemporáneos más que como un espectáculo inverosímil y con un sentido de la ufanía del hombre. No enriqueció ni empobreció a nadie, no desarrolló guerras ni afanes de enriquecimiento, ni aventuras. Pero a partir de ese momento, se llegó a un desinterés popular por la cuestión espacial, no compartido naturalmente por los científicos ni por los militares, o por su siempre inquietante reunión.

Juan Aparicio despidió a Pedrogó con uno de esos golpes brutales que los españoles nos damos en la espalda, y repetía "bip, bip, bip". Me empujó hacia su despacho y me saludó:

—Que, qué tal en París... En la Embajada, tan antiespañoles como siempre ¿no?

El embajador en París era el Conde de Casa Rojas. Cuando iba de gala, se ponía sobre el gran uniforme la gran capa blanca de la Orden de Malta. O de Santiago: cosas de ellos. Con una gran cruz roja y como abierta, como florida; creo que como la que dicen que pintó el Rey, el fastidioso y culpable Rey, en la juba de Velázquez, cuando vio terminado el cuadro de *Las Meninas*. Estos grandes tienen su teatro. Un día, en no sé qué ceremonia, le vi ponerse en pie, revolear la capa y marcharse con su séquito: había pasado algo antiespañol. Y es que siempre se es el antiespañol de alguien. Otro día vi hacer lo mismo, pero sin la prestancia de la capa, a Bermejo, ministro en Tánger, por una cuestión de rango en la gran iglesia a la que llamaban tontamente catedral —aquello está *in partibus infidelium*— cometida por alguien que mandaba el Vaticano. Casa Rojas daba paellas y frutos secos y naranjas —casi todo de sus tierras— a los ciclistas españoles de la Vuelta a Francia: alguna vez fui con él en su coche a seguir una etapa. A su hija la llamaba "la princesa", porque había estado casada con un vago príncipe ruso, aunque ya vivía con Pepito Jiménez Rosado: que luego iría a dar con Aitana Alberti, y que ya venía de no sé quién. Yo le miraba a veces intensamente, cuando no se me advertía, para ver de dónde sacaba aquel hombre que me parecía mayor y vulgar su condición de *playboy*. Debía ser cuestión de celos. Sobre todo, por Aitana. Una mañana me llamó con urgencia Casa Rojas a su despacho y me enseñó un teletipo de su Ministerio: reproducía un artículo de Juan Aparicio en *El español*, que editaba el Ministerio y dirigía el, en que se decía que yo estaba vendido al oro francés y que era antiespañol. Sí que era verdad que yo era antiespañol de aquel "español" y de esa España; pero, de oro, nada.

— Si sabré yo cómo son estos franceses: no pagan a nadie.

Me dijo Casa Rojas. Pero añadió que era peligroso, que me podía pasar de todo; pero que él ya mandaba un mensaje al Ministerio de Exteriores diciendo que todo era falso. Un tiempo más tarde me dijo Manuel Aznar —sí, el abuelo— que tuviera cuidado: en Madrid decían que yo era afrancesado.

—De mí también lo dijeron; he hecho todo lo posible para que se vea que soy más español que nadie, y no consigo nada.

Sí, se consiguió. Incluso bastante.

A Juan Aparicio le llamaban Napoleón, y él se ponía en actitudes napoleónicas, como Julio Zarraluqui buscaba gestos de Eisenhower, para acentuar el parecido. Yo le envié una postal con la Tumba de los Inválidos y le agradecía su artículo condenatorio en *El español*. No supe más.

Bajito, grueso, la mano en el estómago, geométricamente redondo, había comenzado su vida periodística en Salamanca, y en la guerra saltó por encima de todos y se quedó con el periódico, y después con toda la prensa del régimen. Era la mano fuerte de Arias Salgado. "Politica de Dios, Gobierno de Cristo", decía Quevedo. Había presidido depuraciones: daba y quitaba carnés de prensa, y el carné entonces no era una identificación, sino una patente. Sin él, a la calle: no se podía estar en la nómina de un periódico.

—Yo te di el carné...

Me dijo un día, años después, cuando ya España no era suya.

—No siempre acertabas —dije.

Era una convocatoria especial de la Escuela de Periodismo que dirigía, y que era en realidad la central de la profesión: la hizo para que entrásemos en la profesión los que trabajábamos en ella y no teníamos papeles. Uno, Camilo José Cela: soy de la promoción de un Nobel. Otro, José García Nieto. La lista es hermosa.

Aitana Alberti: era una belleza infantil, espigada, limpia, fría como la sierra de la que Alberti tomó su nombre, cuando vio los picachos desde el barco que le llevaba de un exilio a otro. Dejé la imagen de Alberti en la guerra civil, y era un mozo con el mono azul de miliciano, esbelto, un poco fiero, como había que ser en la guerra. Con María Teresa León, raptada o tomada a la derecha a poco de llegar la República, casada con un oficial adverso: no sé, esa historia está en los libros. Pasaban cosas en la aristocracia que la iban haciendo de izquierdas, y hasta comunista: los Hidalgo de Cisneros, los Maura, los de la Mora. Los Lorca, los Alberti, venidos del profundo sur, de las ciudades de bodegas. La imagen de Rafael se me había quedado en un plano inclinado, que entonces en fotografía se llamaban planos rusos y en realidad eran un poco alemanes —del Impresionismo, de Murnau; pero también de Eisenstein—, la mano adelantada, ante un micrófono enorme de Radio Madrid, de aquellos cuya célula estaba sostenida por muelles en el centro de un aro: quizá estaba recitando poemas de su cancionero de la guerra civil, el del cerco de Madrid o el del duque de Alba. Tenía yo esa imagen para siempre, y un día entró en el café donde le esperaba —Flore, Deux Magots, quién sabe— José Bergamín: saludó a una pareja de gordos burgueses, habló con ellos un rato y vino a mi mesa:

—¿Es que no quiere usted saludar a Alberti?

Era aquel hombre grueso de melena blanca en una cara demasiado abierta. Y la dama del visón, María Teresa. No sabía que eran ellos.

Luego les seguí viendo. Y un día en un pequeño yate anclado en el Sena, donde un chico y una chica gaditanos que eran hermanos vivían juntos —no sé si decían que eran hermanos para ocultar que eran amantes; no sé si fingían que eran amantes para que nos escandalizáramos con el incesto; ni sé si había algo de verdad, o mucho de literatura. Qué más da, cada uno tiene su novela— nos fuimos a citar con José María Pemán. Había ido a París a dar una conferencia sobre teatro. Yo estaba en primera fila, con el conde de Casa Rojas, y él, desde la tribuna, al empezar a hablar, dijo:

—Bueno, Eduardo Haro no creerá en nada de lo que voy a decir...

Claro, no le creí. Era inevitable. Pero le tenía amor, y se lo tengo a su memoria, y a su sublime final donde tomó la grandeza de abandonar todos los tronos y todas las potestades y hacer los bellos artículos de prosa cotidiana, de vida popular, con los que honró a *Abc*.

Alberti estaba a bordo del yate como se llamase (invento ahora: Electra) con Aitana: debía tener ella trece o catorce años, y me deslumbró en el acto. No podría hacer un retrato de cómo era: tengo a todos en mi memoria —nosotros, los Alberti, Orestes y Electra, Pemán— y a ella, no. Allí se hicieron las paces. Me hacía gracia pensar que toda la tragedia nacional y todos los años de pena se resolvían en una casilla de gaditanos tomando un fino en el Sena.

(Mandé, con permiso de todos, una crónica a Madrid: Aparicio la prohibió, pero la divulgó entre los suyos, para que supieran que Pemán era un antiespañol. Me contaron que Mariano Daranas, de la cepa falangista, corresponsal de guerra un poco sanguinario, blandía una copia por las calles de Madrid pidiendo a sus amigos que se fusilara a Pemán al amanecer tan pronto como volviese a España).

(No sé por qué pienso ahora en otro hombre del régimen, y del prerégimen, Don Pedro Saínz Rodríguez. Fue el primer ministro de Educación de Franco: firmó las depuraciones. Un día, ya solamente antólogo de la poesía mística, y comilón, con la servilleta prendida del cuello para salvarse de las salpicaduras de la sopa, le pregunté cómo había podido hacer las depuraciones de maestros y de catedráticos: "Es que eran gente muy mala, hijo mío, gente muy mala...").

En Tetuán, donde hice un servicio militar largo y lujoso y civilizado, tuve algunas relaciones con un perro: le llamé *Asmaj*, que quiere decir "loco". Pero me recomendaron que le cambiase de nombre, porque lo podían confundir con el nombre del profeta. Un día, al pasar, me miró y yo le hice estos gestos de mano que les hago siempre a los perros: éste no estaba acostumbrado, me siguió, vino a mi casa. Le puse nombre. Bajaba a desayunar y *Asmaj* venía conmigo: en la terraza del Continental le daba algo de mis churros. También me dijeron que tuviera cuidado: pasaban los niños descalzos y hambrientos, y yo daba churros al perro. Era verdad: se olvida uno de la miseria del semejante. No se le ve. Oigo a un mendigo en Madrid: dice que lo que más le duele no es que no le den limosna sino que pasen junto a él como si no estuviera, como si fuese invisible. No se les ve. Quizá yo prefiriese ser invisible. Era un sueño de mi infancia.

También en Tetuán había niñas en los prostíbulos. Yo iba a casa de la Abisinia, en lo alto de la Alcazaba, a acompañar a los españoles que llegaban y querían conocer el sabor local: yo no participaba. Mi reino, pensaba yo, era de otro mundo. Subíamos por las cuestas empinadas, y la enorme y llamativa Abisinia salía a recibirnos. Pedía unas teteras, y mandaba salir a las pupilas: negroides a las que la fuerte pintura en los bezos producía un raro color, árabes clarillas, rifeñas velludas. La vergüenza del rostro destapado que tiene la mujer musulmana les daba un gesto impuro, de transgresoras. Unas sonrisas con dientes de oro, tan apreciados. En torno a las grandes bandejas de cobre nos sentábamos; y venían las niñas con el servicio. Ellas no trabajaban aún: probablemente sólo las violaban sus padres o sus hermanos. Pero Tetuán era un protectorado español, y tenía un obispo y unos hermanos misioneros, y unos militares de honor, y una prensa cuidadosa: niñas no, por favor.

Los escalones de la Alcazaba estaban mojados por unas líneas de agua que bajaban desde arriba. Dentro había alfombras de Rabat, con su color rosa único en el mundo, más bello cuanto más pisado, cuando mas desvaído, cuanta más ceniza de kif cae sobre él; en las paredes había cuatro, cinco relojes grandes parados, con el péndulo inmóvil, como en tantas casas árabes: hay que tener relojes para tener la riqueza de Occidente, pero no deben medir el tiempo para no matar la calma de Oriente.

Las pequeñas servían el té desde la altura, para que cayera hirviendo, ambarino y espumoso, en los vasos con hierbabuena, y con hojas y dorados pintados. Algunas no podían sostener la tetera: eran demasiado pequeñas. Venían con los aguamaniles y con las pastas; y con los aspersores de plata con agua de azahar que salpicaban en las caras de los clientes. Luego, me decían, las llamaban a las habitaciones, cuando el suceso había terminado, iban con palanganas y toallas, y lavaban cuidadosamente los genitales de las chicas y de los clientes, y los secaban con sus toallitas. En el protectorado español se protegía a los menores: un verdadero protectorado.

Los días en los que estuve en el cuartel, el comandante mayor me encargó de una campaña contra el sexo. Los soldados tendían a la prostitución, la cual, además de los riesgos morales, los tenía físicos: las enfermedades venéreas proliferaban. El cartel mural que preparé, con citas de Marañón, les pareció incomprensible a los oficiales. Entendí por qué cuando escuché las palabras del páter, mezclando tacos y descripciones con invocaciones a la pureza de la Vírgen, y las del médico, explicando lo que tenían que hacer, y cómo lo tenían que hacer, en el caso de que cayeran en la tentación. Era todo tan explícito, tan detallado, que los muchachos se inflamaban. En cuando les daban un permiso de paseo, salían corriendo hacia el barrio de la prostitución. O eran cazados en la calle, antes de que llegaran. Las moritas sabían cómo andar debajo de sus amplias chilabas para que se supiera quiénes eran, qué profesaban y lo que podrían hacer. Culeando, digo en otra página. Otras rozaban suavemente las manos al pasar, y volvían luego la cabeza: entre la capucha y el pañuelo sobre la boca les bastaban los ojos para decirlo todo. Un arte antiguo.

La Venus latina (incluyendo a la tangerina; incluyendo a la griega, a la madre de todas; pensando ahora en la española) es de aceite y ánfora; anda "culeando", como decía Delicado de su andaluza; los clásicos la prefieren pequeña. Bajo las chilabas de Tánger, o de Rabat, o de Tetuán, se veía ese "andar culeando". Ahora es una parte de la mujer que también muere.

Tengo dudas de que tenga derecho natural a trasformar su cuerpo en longilíneo, delgado y claro. Del varón, ni hablo: no merece la pena tener en cuenta al adelgazante, a no ser que luche contra alguna u otra forma de enfermedad. La hembra adelgazante lleva años en guerra con sus formas: para imitar al Norte, que es de donde nos vendría la civilización (Maastricht), según la falsa frase. Norte y Sur son conceptos políticos y económicos y sociales: la clase está en el Norte.

Las adelgazantes pierden su personalidad hasta jugarse la vida: se las ve, anoréxicas, en los psiquiátricos cuando llegan a la enfermedad: éste es un tema grave, que necesita una divulgación seria. Siempre imitamos otros imperios, y les hemos robado nuestra personalidad: el idioma romano, la lírica árabe, la ciencia judía, la religión palestina reformada. Las modas de París, cuando vinieron, no eran dañinas, aparte del corsé y las ballenas —qué canallada—; su cultura la absorbimos algunos y hoy no sabemos qué hacer con ella, porque allí se puso el sol. Desde el imperio inglés, luego anglosajón, viene esta desgracia de ser más altos y más delgados. Todo esto termina produciendo molestias cenestésicas, además de las psiquiátricas y de las nutritivas. Nuestros especialistas siguen hablando de la dieta mediterránea ideal: comer todo lo que precisamente tenemos. Pero el modelo viene con la idea de poder, de dinero, de dominio: unos, con camisetas de Harvard, pero sin esfuerzos por salir de la primaria; otras pagan mucho, se frotan con cremas, usan aparatos de tortura, comen verde y sufren insomnios: por enfadarse con su arquetipo para tener un cuerpo más mercantil.

Un día en Tetuán vi pasar, con enorme asombro, a Juan Aparicio.

—Vengo en viaje de bodas —me dijo.

—No, yo no —aclaró ante mi gesto de estupor—; se ha casado mi sobrino, y yo vengo con la pareja.

Me pareció extraño. Me invitó a comer con ellos al día siguiente; y el joven Aparicio resultó ser compañero de mi viejísimo colegio —"¡Aparicio, el gordito!", decía él, para que le situase—: "¡Acuérdate, acuérdate!". Su tío bajó la voz y me pidió que le hiciera una confidencia. De un compañero nuestro: hombre de periódicos y de radio de por allí. "Me han dicho que es maricón. Tú eres de confianza, cuéntamelo y le quito el carné..." Yo enrojecí de indignación. "Son calumnias, son falsedades de los enemigos", grité. Le tranquilicé como pude. Fui convincente. Luego, cuando los Aparicio siguieron sus raros viajes de boda triangulares, creí que se lo debía advertir al compañero, que era demasiado notorio. "Ten cuidado, ten prudencia... Están detrás de ti". Me miró con furia, dio media vuelta y no me volvió a saludar más.

En Tánger, veinte años más tarde, quienes estaban por los lugares de turistas eran los niños: vestidos de niña, bailando danzas de mujer; con la bandeja llena de vasos con té. Una tradición de cuando se salvaba a la mujer de la impureza del infiel. En un hombre no importa nada. Estos chicos, pintarrajeados y femeniles, sí servían en privado a los clientes. Las costumbres, los gestos, el servicio, los han traído aquí con la migración. Cuando se habla de bares donde los hombres van a encontrarse con menores marroquíes, se encuentran con estos chicos de larga carrera. Luego, les hacen chantaje. Y los bien pensantes les denuncian: les hunden la vida.

Hablamos ahora mucho de un grupo minúsculo de niños, de entre los cientos de millones de la humanidad, que tienen infancia, y les llamamos, simplemente, "los niños". Trabajamos sobre esa abstracción: los psicólogos, los políticos, los internacionalistas, los proteccionistas, los que escribimos. Inocencia: palabra peligrosa, parecida a la ignorancia y al retraso mental. Concepto religioso: pureza contra pecado. (Los otros millones mueren, matan como adultos, son asesinados por adultos. No hablemos de ellos: es otro material).

La infancia es una fabricación nuestra: hacemos niños hoy con conceptos de principio de siglo pero para una sociedad de longevidad duplicada: queremos que sean niños más tiempo; más tiempo jóvenes. No es real: tendremos que olvidar el mito de las tres edades, fragmentarlo. La economía social exige que los ritos de paso y las ceremonias de iniciación se demoren: una capa dominante de edad intermedia (prolongada también) no acepta el relevo; ni la experiencia del mayor: retrasa la entrada en la vida, adelanta su salida: estafa, roba a las otras capas de edad.

Crea una infancia ignorante: pero se le escapa. Deposita sobre ella una carga de escolaridad tan enorme como confusa e inútil, que la desborda y conduce a una mayoría de fracasos escolares y universitarios.

Como guardianes de la infancia inocente divulgamos la idea de la televisión nociva, y transmitimos la idea de que pervierte a la infancia: los delitos infantiles y juveniles los atribuimos al mal ejemplo. La memoria selectiva olvida que este tipo de delitos es anterior a la televisión. Y al cine. La novela europea lo cuenta desde hace siglos. ¿Sería por el libro? Ya se dijo, cuando se inventó la imprenta.

En El Cairo el calor le echaba a uno del cuarto del hotel. Escribía en mi cuarto (también, allí, la invasión de Suez, que vería terminar en Londres), desnudo; pasaba de cuando en cuando a la ducha fría, seguía escribiendo. Pedía una coca-cola (no daban alcohol ni a los extranjeros: era el mes santo del Ramadán) y la traía un negro gigantesco. Por la noche se unía al calor el ruido de la orquesta del cabaret al aire libre. Allí daban whisky, pero en tetera y en taza: para fingir. Las chicas europeas estaban con los árabes silenciosos, vestidos con una elegancia refinada, que las trataban con cierta delicadeza. Oí a una que gritaba a la mesa de otra: "¿Cómo va tu cabrito?". "La tiene grande, pero no se le anima", decía la otra: todo con gestos corteses y amables, como si estuvieran interpretando una comedia de Oscar Wilde: los grandes señores les sonreían. Cuando una se quedó sola, la invité a la tetera. Eran todas españolas. Me contó que las contrataban como si fueran una compañía de baile español. No les pedían más que el carné del Sindicato del Espectáculo, demostrando que eran profesionales y mayores de edad. Todo se falsificaba: todo se compraba en la Oficina del Sindicato. Pregunté si sabía a qué iban de verdad. Claro, lo sabían. Pero allí se ganaba más que en España: los tíos tenían dinero. Mandaban ellas algo a los padres; y para que la hermana pudiera estudiar taquigrafía en vez de meterse a puta. Mandé, una vez más, una crónica a mi periódico, a *Informaciones*: la prohibió la censura. Por inmoral. No recuerdo si en aquella época el presidente del Sindicato Nacional del Espectáculo era Jesús Suevos o Jaime Campmany. Quizá ninguno de los dos, quizá ellos presidían otras cosas.

Desde El Cairo era muy difícil telefonear; había que dictar las crónicas en inglés o en francés, y el taquígrafo de Madrid no entendía nada. Pero si se hablaba en español, el escucha oculto no lo entendía, y cortaba. El cable podía tardar varios días. Pregunté a las autoridades si había censura: se indignaron. Es solamente, me dijeron, que trataban de impedir que nosotros, los extranjeros, dijéramos cosas que no fueran exactas. O que no convinieran a sus intereses. La misma idea que en Madrid. Iba de despacho en despacho; en todos me invitaban a café turco y luego, cuando salía, corría detrás de mí el chauz y me pedía que le pagase el café. Decidí ir a telefonear a Grecia dos o tres veces por semana: por el camino al aeropuerto, los soldados temblorosos metían la metralleta por la ventanilla del taxi y veía yo su dedo tembloroso saltando sobre el gatillo. Sufrían: entre la reverencia al señor europeo, al blanco vestido de blanco, y el miedo al espía o al traidor. En el aeropuerto esperaban a los aviones mujerucas con gallinas, con ovejas patiatadas, con bultos anudados. Una vez me dieron un billete para el avión de las líneas abisinias: hice un imprudente gesto de rechazo y me acusaron: quizá yo tenía menos confianza en esos pilotos que en los ingleses. Sí, pero no lo dije. Volé con los etíopes.

Pasé al otro lado, a Estambul, donde las bases americanas estaban en alerta. La peseta estaba bloqueada, el hotel Hilton sólo aceptaba dólares, el consulado no podía hacer nada, como es habitual. Sólo ponerme en contacto con algún español inverso: había ganado allí sus libras y no se las dejaban sacar. Sonó el teléfono de mi habitación y me avisaron que un tropel de gente extraña quería subir a verme. La persona principal había asegurado que era la diosa Minerva. Pedí que subieran. "¿Está seguro el señor?". Era una compañía de baile español, la compañía de Minerva. Cada persona fue sacando de sus bolsos los billetes que quería cambiar, y hacíamos las cuentas individuales. Eran bailarinas de verdad. Al día siguiente me invitaron a comer una paella a orillas del Bósforo: unos extraños crustáceos, nada de cerdo. Estábamos junto a las famosas casas de madera. Famosas: por los versos de Nazim Hikmet. Pero nadie sabía allí quién era Hikmet: estaba huido, tenía el premio Lenin, vivía en

Moscú. Estambul, en ese momento, con las bases de Adana apuntando sus misiles de Estados Unidos, era un paisaje extraño. El dictador Menderes había decidido surcar la vieja ciudad de grandes avenidas, y las piquetas y los *bulldozers* habían seguido sobre las calles, destrozando las casas, las líneas que el canalla había trazado en el mapa: sin siquiera advertir a los que las habitaban. Me recordaban las trágicas casas de muñecas en que se habían convertido muchas calles de Madrid bajo las bombas de los otros: pero en las de Estambul aún vivía gente, en sus medias habitaciones. No tenían dónde ir. Ah, se estaba defendiendo la libertad. Pero en la orilla del Bósforo estaban aún, y aún las he vuelto a ver hace poco, las casas de madera. Pero nadie sabía quién era Nazim Hikmet en el barrio. El que lo sabía, callaba. Quizá fuera algo grotesco que yo recitase algo de Hikmet en lo que había sido su barrio, ante unos atónitos gitanos que ponían al fuego una paella con raros habitantes. "Así habló en Estambul —en una taberna del mercado de mariscos— el encargado del registro carcelario..." Lo había sido él en sus dieciocho años de cárcel. "El tranvía abandona la plaza de Emineunu en dirección a Bebek, el mercado de mariscos se hunde en las tinieblas. Llueve detrás de las ventanas de su taberna..." "¿Nunca habéis visto ahorcar a un hombre? Vamos a colgar a uno mañana, al amanecer, desde el amanecer. El Sultán Rojo mandaba tirar al mar a los estudiantes de la Escuela de Medicina desde la Punta del Serrallo. Se dice que la ceremonia se llevaba los sacos que nunca volvimos a encontrar y tantos hombres en la revolución, sí, tantos hombres, fueron ahorcados... Antiguamente se les colgaba del puente; a éste se le va a ahorcar en la plaza del Sultán Ahmed. Se va a empapar si continúa lloviendo. Bebamos todavía un trago más... 'La ciudad de Estambul es única en el mundo, el aire y el agua infunden vida nueva...' ha dicho el poeta; el poeta Nedine..." Los gitanos de Minerva cruzaban los dedos cuando se hablaba de la horca y me miraban, ceñudos. Qué hombre mas raro habían invitado. Y en Moscú moría ya Nazim Hikmet. "En el día del juicio final, vuestro servidor, encargado del registro carcelario, tendrá una pregunta que hacer al ángel de la muerte".

Cuando apareció la imprenta, los hombres de letras expresaron un malestar comparable al que sienten hoy sus descendientes gremiales por la televisión. Galileo "argumentaba que en la invención de la imprenta existía una violencia impuesta", dice Nuria Amat (*El libro mudo*). La imprenta alteraba el texto literario y, a veces, el científico, con arreglo a sus necesidades de "medio", según la palabra que ahora empleamos. Hay otras: soporte, vector. Algo que transporta, que lleva la carga ingrávida hasta su destino y la "lanza a lo ancho" (*broadcast*). Es igual: titubeamos en el lenguaje de tanto nuevo como se amontona. La imprenta tenía a veces que modificar, abreviar, superponer, limitar palabras. Lo hace, hoy, el periódico; lo hace el director de teatro con el texto, clásico o vivo; y lo viene haciendo de una manera distinta cada año o cada siglo, según aparezcan las técnicas (las luces, los sonidos; las butacas más cómodas, las cenas más rápidas). Lo estamos diciendo de la televisión con respecto al cine; antes los hombres de letras lo decían del cine respecto al teatro o la novela que le nutrían: "¿Dónde está Tolstoi?", se preguntaban ante cualquiera de los prodigios hechos de Ana Karenina (como se dice que no se puede representar mal a Shakespeare, lo cual es enteramente falso, se puede decir que no se puede hacer mal Ana Karenina). Pero, "¿dónde está Baco?", cuentan los helenistas que decían los primeros romanos ante la tragedia (*trago-oda*, canto del festín, en las fiestas báquicas). Los hombres de letras arguyen, además, que la pantalla pequeña —televisión, ordenador— es un enemigo de la escritura. No han entendido nada. Sólo el miedo les domina, y es comprensible. Tampoco tenía razón Galileo, en eso concretamente, que fue lo único que no le negaron en la vida.

Parecería, antes las supuestas traiciones de la televisión, que aquí nunca se ha traicionado a nadie. Se ve el cine, y se clama por el recuerdo del cine. Se comparan los minutajes, y se encuentra siempre que el de la televisión es menor que el del cine: falta algo, seguramente lo importante. Si no se tiene la posibilidad de comprobar faltas, porque no tenemos comparación, y la memoria engaña —hablando de traiciones, ¡cómo es la memoria! Lo voy viendo, ahora, línea a línea, magdalena a magdalena— se dice que la proyección es algo más rápida, y que eso altera la forma de narrar, la de actuar. Todo el sistema de marcos está roto: la pantalla es cuadrada. ¿Hubo necesidad, cuando se inventó, de que fuese cuadrada? No: es que nunca se pensó que sería el soporte del cine. Siempre que se crea una técnica, se imagina que va a ser creadora por sí misma, y generalmente es transportadora de algo preexistente. Sin embargo, llegan hasta ella los griegos, que casi la prefiguraron: ver a distancia, oír a distancia, era su preocupación de empresarios: necesitaban que hubiera mucho público para amortizar la pieza y pagar a todos, y en los anfiteatros la gente quedaba lejos: subían a los actores a unos zapatos de alza inverosímiles, para que fueran bien vistos; les ponían máscaras para que resonara la voz hasta lo lejos, para que resonaran, y de ahí se inventó una familia de palabras: personar, personaje. Las máscaras tenían un gesto fijo, y ese gesto correspondía al rictus del personaje: bueno, malo, lujurioso, sufriente, dañino, vengador. Fue después cuando se comenzó a escribir para esa técnica. Fue después de las primeras películas cuando se comenzó a escribir para el cine de una manera peculiar. Y mucho después, casi en la época de Nietzsche, cuando se empezó a convertir el coturno y la máscara en una forma de invención mágica, en el talento creador de los inventores del Todo: cuando sólo era una chapuza en el lenguaje literario del teatro.

Por ahora, la gran aportación cultural de la televisión es el cine. Todo el cine: su historia completa está a nuestra disposición, entre todas las emisoras y todos los satélites. En lo demás está imitando al concurso de la radio, a los fines de fiesta con variedades. El cine en la televisión estará, quizá, apresurado; quizá lentificado de movimientos —no todos los pasos de las máquinas son iguales—; recortado o achatado; está troceado por la publicidad; tal vez aquellas luces no sean éstas. Todo ello, sin embargo, hace al cine glorioso y nuevo. Ver lo de entonces con los ojos de espectador de ahora es una riqueza; y enriquece, además, la manera de ver y comprender lo de hoy. (Deliberadamente no hablo del doblaje: quizá tuviéramos que discutir demasiado).

Entre tantas traiciones, está la nuestra propia, la que cometemos directamente. Está, primero, el segundo gran invento después del de la televisión misma: la zapa, el mando a distancia. El gran puñal para la más sabrosa traición: a veces, para la muerte del atorrante. Es a la televisión lo que el freno a la rueda: algo que impide que su sola voluntad la desmande. Unido a la máquina grabadora, nos hace enormemente ricos en cine.

Cuando yo empezaba a ver cine, mudo aún, o en aquella breve etapa en que se llamó sincronizado, en los cines, todavía pobres —o los míos lo eran: Flor, Dos de Mayo, Noviciado...— la proyección estaba entrecortada por las roturas; replegada la cinta en las cabinas; o por descansos intempestivos durante los cuales salía el acomodador armado con una especie de pulverizador de pistón —o sea, *spray*— para que el olor de la masa —nosotros— se evaporase: el Ozonopino (marca comercial, que relacionaba el ozono con el pino), del que se habla en una comedia de Jardiel Poncela (el maravilloso prólogo de ambiente cinematográfico de *Eloisa está debajo de un almendro*), que era un desodorante y un perfumador. La masa, en efecto, olía algo: al sudor de antes de la refrigeración, a la inexistencia de baños en las casas: los que lo tenían iban sólo al teatro, hasta que se dieron cuenta de lo que estaban perdiéndose. Cuando llegó el sonoro, era tan imperfecto que no se entendía; y cuando se hizo mejor, a veces la proyección tenía que interrumpirse por los gritos que pedían la repetición de un baile, de una música determinada: precursores del vídeo. Había que ver un par de veces a Fred y Ginger en el Piccolino: la segunda, coreándolo entre todos. La participación. ¿Un mundo perdido? Todavía hoy se puede oír el grito de "¡Cabina!" o "¡Proyeccionista!" en ciertos cines mal provistos; o en los que impera la reducción de salarios al personal. No hace muchos días he soportado una gran parte de película con unas bombillas encendidas detrás de la pantalla, traspasando el lienzo y la luz de las imágenes.

Escribo el nombre de Jardiel, y le recuerdo. También cuando evocaba a Carlos Sampelayo: habían sido amigos estrechos, y Carlos le recordaba en artículos. Reproducía como podía un dibujo de Jardiel, del que lo que importaba era el título: "Campesinos búlgaros huyendo de la vacuna". Pobres campesinos búlgaros, kurdos, armenios, albaneses, huyendo ahora de todo.

No es posible que con esos recuerdos y estas actualidades (¿y los cines con sala de fiestas, o baile, o discoteca debajo, donde retumban incesantemente los graves superalimentados de la caja electrónica?) pueda uno pensar que el cine está más traicionado por la televisión. Por el contrario, tengo la sensación de que las nuevas copias de las viejas películas, su cuidadosa manipulación, hace que las veamos mejor que nunca. No es nada raro: si Haydn o Mozart pudieran escuchar sus músicas tocadas por las grandes orquestas de hoy morirían de placer: no digamos ya por las artes que las convierten en compacto o en DAT.

Sobre todo, no es muy justo que gritemos contra la traición de los demás cuando nosotros estamos cometiendo la nuestra personal, de la que en seguida me disculparé y nos justificaré, que es la de alterar la proyección a nuestro gusto. En este siglo, la narración ha pasado por muchos cambios internos (de estilo: de escritor y director) para la consciencia o conocimiento interno, mecánico o automatizado (hablo de cerebros y de sentidos, no de máquinas; el lenguaje es sólo aproximado) del espectador. Cuando era todavía teatro filmado —y el lenguaje americano sigue utilizando las terminologías del teatro, incluso el nombre de *theatre*, que se aplica hasta a las áreas para verlo desde el automóvil— actuaba sobre un público acostumbrado a aquella sintaxis: una cierta inmovilidad, una reiteración en la imagen, un diálogo lento; unos actores que venían del cine mudo o del teatro en sí; y un teatro que estaba todavía mal iluminado por las candilejas, luego baterías, y que requería gestos ampulosos con los que el rostro humano tenía que hacer el trabajo de la máscara griega.

Digamos que el otro extremo de esa forma de cine está el *spot* publicitario, sobre todo aquel que relata en unos segundos —por un trabajo de la economía sobre el arte— una breve historia, una dramatización, en la cual frecuentemente se nos olvida el nombre del producto anunciado: pero es tal la elipsis, la capacidad de sugerencia de la imagen, que la pequeña película está contada (generalmente, por buenos directores de cine que no firman). Sucede muchas veces lo mismo con el pequeño musical de promoción. Hasta ahora, son las dos únicas formas artísticas propias de la televisión, y las dos están hechas por un imperativo comercial. En el centro estarían los dramáticos, entre los cuales hay también una elasticidad inmensa: va desde los latinoamericanos que encierran el arte antiguo del folletín o pliego de cordel, y para el mismo público —el que es pobre en cultura y en todo lo demás—, hecho con torpeza, por los que parecen ser los peores del mundo, hasta las finísimas series de, por ejemplo, David Lynch (y no entro en su discusión, que no es de este lugar preciso; pero cito un extranjero por no citar a un español, lo cual supondría dejar de citar a todos los demás; y a alguien que busca un lenguaje propio para el cine de televisión). Una parte de todo esto ha ido a parar al relato del cine; la misma dinámica ha alcanzado al teatro, que a veces, en su ahogo de cada día, trata de imitar a la televisión como ya trató de imitar al cine. De ciertas películas decimos que son un *videofilm*, porque han seguido la velocidad de esa técnica. Si se dice con tono peyorativo, es un error. Hay grandes películas, al menos comerciales, que siguen ese sistema de narración, y puede que pronto lo hagan todas, porque se trata de abreviatura, de una inteligente —si se hace con inteligencia— utilización de nuevos recursos expresivos, de apócopes, de anulación de sedimentos, que están nacidos de unas obligaciones de tiempo y espacio; obligaciones que han creado las modificaciones que a su vez han ido haciendo la narración teatral (o sea, cinematográfica; o sea, *telefilm*: todo es lo mismo, con una gran óptica de aproximación) a lo largo de la historia.

Lo que trato de decir, mientras me enredo en mi propia falta de economía de expresión, es que hoy somos hombres y mujeres acostumbrados a esta expresión rápida, lectores de ella, de estas palabras cortas y frases rápidas, de esa manera de concatenar planos y secuencias; en lo que tenemos una verdadera especialización de espectadores, porque nunca nadie, antes de nosotros, ha visto tanta literatura dramática expresada en forma de cine en tan poco tiempo. Sobre todo, en España. Cuando se nos coloca ante una película de hace más de veinte años, sobre todo si es europea, nos encontraremos con una narración que nos impacienta. Hablo en plural, porque es costumbre, pero trataré de excluirme porque, tal vez por mi edad, el cine lento y la suntuosidad del blanco y negro me son perfectamente gratos y no siento esa impaciencia más que en el caso de que estén mal hechas; en el cual caso tampoco las abandono. Pero la mayoría del espectador acude en busca de antecedentes a ese cine de fondo; puede pasar escenas a mayor velocidad para calmar el mal asiento del día. Probablemente se quedará con la historia, con las escenas cumbre, con parcelas de gran actuación. Hemos —vuelvo al plural— llegado a ser así; y en el teatro nos cortan los versos de Lope y de Calderón. Cuidado, ya se cortaban en los corrales de comedias; y, cuando los eruditos buscan los originales que quedan en manuscrito, encuentran mucho más de lo que se ve, y generalmente mejor (las copias que no son de puño y letra del autor están alteradas: las robaban los "memoriones", que asistían a varias funciones: como les majaban a palos si les veían copiando, porque eran ladrones del único derecho de autor que había —el del manuscrito—, en una recordaban de memoria el enredo y la sucesión de escenas; en otra, el romance; y en las siguientes, los versos finos, si los había; salían horrores).

Esta manera de ver a velocidad, o por el contrario repitiendo una y otra vez la escena cumbre (cuidado, puede ser la de uno, no la del creador ni la de los críticos) es, de todas aquellas en la que el espectador se convierte en autor, una de las mejores: supone la grabación propia en vídeo, porque generalmente se pasan a horas inadecuadas, y una cierta afición. La más acostumbrada de nuestras queridas traiciones es el gran salto de película a película; o a serie, o a programa de lo que sea. Hay una forma más extraña, pero muy posible, que es la de ver la película en días distintos, en las emisoras que se dedican a la repetición (Canal Plus y sus derivadas en satélite) en fragmentos: como las antiguas películas de episodios (para todo hay antecedentes). En esta parte, el espectador está sometido al azar, y lo que ve a lo largo de una tarde o noche es imprevisible; y eso forma parte de su nueva y mejor personalidad. Es decir, a la adquisición, a la asunción, de una cultura o de un conocimiento que se están produciendo. Tiene una capacidad de elección si dispone del vídeos y si las emisoras cumplen con su programación, lo cual, salvo en el caso de las de abono, y las extranjeras, es imposible por el mundo de terror en que viven los programadores y su táctica de "contraprogramación", que se añade al azar con que se ve. Saltan las horas, saltan los títulos, los vídeos programados recogen cosas insospechadas y se produce una decepción y un mal humor que se añade a la nueva personalidad de espectador: ver aquello que no se deseaba, no ver lo que se quería.

Otros azares se añaden a la audición y visión: los de la vida doméstica. Todavía la televisión no ha alcanzado la dignidad del espectáculo. Es natural. No hay que vestirse, salir a una hora determinada, encontrarse con otras personas: es algo de casa. Cultura en zapatillas. Como escriben los escritores, después de todo. Dentro de la televisión no hay más que dos espectáculos que se respeten, que son el fútbol y los toros. Sobre todo, el fútbol, que suele verse en grupo de amigos, con cerveza y luego whisky y con bandejitas de cena —las venden ya preparadas en los supermercados; son como las de los aviones— lo cual destroza la gastronomía, pero no el espectáculo. El cine no se respeta. Se puede llegar en una casa a tener varios aparatos de televisión, para que cada persona vea en el suyo aquello que prefiere, con lo cual ha ganado mucho la familia en estabilidad y el espectador en profundidad. Es posible que haya menos divorcios. Aunque todos vean la televisión juntos, si lo que se ve es noble y de alta calidad, como el programa de Julián Lago, puede hacerse el silencio tenso y, por lo tanto, anularse las antiguas discusiones verdaderamente familiares. Pero si es de cine, todos hablan al mismo tiempo, todos comentan lo que sucede y no entienden bien; todos al ver a Joan Crawford rememoran a su tía Paquita, que era como una gota de agua; y pueden pasar de la mimesis de la tía Paquita a dónde habrá ido a parar aquella vajilla que tuvo ella, de cerámica sevillana, que ya no hay en Sevilla, y ahora está lloviendo allí mientras en el Norte hace calor, y es que estamos locos todos, claro que con este Gobierno... Si me dejo llevar por la caricatura es porque, aproximadamente, la vida es caricatural. Esta manera de ver se ha llevado al cine: se habla más que nunca, y como se hace con la boca llena de palomitas de maíz, y mientras se sorbe la pajuela del bote de cola —*light*, por favor, dijo ella—, lo que se dice no se entiende y hay que repetirlo más alto. Es el nuevo espectador. Se extingue. Deserta de los cines.

Siempre he pensado que al cine hay que ir solo. Los grandes contempladores, de los que han salido luego los mejores directores o los mejores críticos, iban solos, a ser posible a un programa doble, quizá con tiempo para verlo dos veces y desde luego en las primeras filas (ese placer de verlo de cerca se está acabando, también: por el volumen de los altavoces de las nuevas generaciones, que han creado un mundo de sordos). Se iba solo por muchas razones: por timidez, por odio al deporte que se llevaba a los demás, por no tener que contar a la novia catorce veces cuál era el chico, porque la novia se había ido a bailar con otro (no vuelvas, dijo él), por homosexualidad (que tenía sus cines seleccionados; no se si aún los tiene), porque los libros eran demasiado caros. Sobre todo, porque el cine es, en sus momentos más excelsos, un diálogo entre la pantalla y uno mismo (Woody Allen ha contado esa situación).

La televisión favorece esa soledad, cuando uno consigue desprenderse de los demás, lanzarlos hacia otros receptores; o, de verdad, olvidar su presencia, de oír sus palabras y sus lamentos tan humanos; y de su proximidad. Es difícil esta última abstracción, porque suelen ser persistentes. Pero, sobre todo, porque no dejan el uso del mando a distancia y del vídeo al protagonista de la sesión, que es uno mismo. Pero una persona sola en una habitación, con un televisor de pantalla grande —cuidado con los que pierden intensidad de luz al agrandar o ampliar la imagen—, con un mando a distancia en la mano, viendo una película de cualquier época, puede obtener algo muy parecido a la felicidad. Lo digo desde un punto de vista utópico. Qué no sabemos nosotros de la felicidad.

Será por todo lo que hemos visto morir. Lo de Dios, que dicen algunos, que descubrió Nietzsche, ya estaba trillado. Se mantenía su momia disecada, rellena de paja; todavía la agitan en algunos sitios. La muerte del comunismo, la de la libertad, la de la democracia. Es el réquiem de los hijos del siglo: se nos acaba, y lo que nazca ahora ya nacerá para otros.

Nunca subí al hotel Paradis, en Tánger. Sin embargo, sé cómo es. No pasé con los pesados coches que entonces llevaba por los senderos que conducían al Paradis, en el Monte Viejo. Pero cierro los ojos y veo sus enormes robles, su jardín descuidado, las palmeras demasiado gruesas para que las agite el viento. La vieja casona, el porche, las sillas en la veranda; los pasos ligeros y vivos de las parejas adúlteras, o misteriosas, o engañosas, por las escaleras, y sé cómo son las habitaciones blancas, blancas. Y sé cómo hacen el amor, cómo se hablan, qué se dicen. En el pasado.

Marina nació en Tánger, como Alberto. Era rubia clara, blanca, sonriente. Viajé a Nueva York: al abrir la maleta encontré un diminuto botiquín con esparadrapo, algodón y mercurocromo; y su letruja había escrito: “Por si se cae el avión”. Fue una joven belleza. Un día vino a mi a casa —a la casa del padre separado— y cuando me fui a sentar, me dijo "cuidado con Sartre, que te sientas encima". Creí que era una broma. Había emprendido el camino de la locura: no volvió de él más.

De la locura no se vuelve nunca: más vale negarla. En los años sesenta (por las ilusiones, las utopías que se despertaron y las bellas ideas que surgieron) la antipsiquiatría del inglés Laing animó un interés mundial: dijo que las enfermedades mentales (y, como principio, se rechazaba esta calificación) no debían ser tratadas por los psiquiatras, sino que debían conducir a sus pacientes a considerar que su condición era una experiencia enriquecedora. Lo explicó en un libro de éxito internacional, *The divided self*, lo practicó en clínica con un grupo de entusiastas, y ya no pudo ver su fracaso en sí mismo, porque el doctor David R. Laing falleció en 1989 internado en una sala psiquiátrica: había perdido la razón. La idea fue ampliada con entusiasmo por una nueva izquierda emergente y por la verdadera existencia de psiquiátricos que continuaban la tradición torturadora. Cundió en muchos campos: los juristas comprendieron que no podían dictar internamientos, y algunos ideólogos expresaron que la declaración de locura era un arma para desprenderse de los enemigos del sistema, de los marginales o de las sectas no institucionales: utilizaron al anticomunista para expandir su idea, por los internamientos como dementes de los nuevos disidentes soviéticos. Aludían a los internamientos por parte de familias que invalidaban a personas por razones económicas. El primer Gobierno en convertir en ley de psiquiatría algunas de estas teorías fue el italiano: denegaba el valor de los internamientos de choque y los de larga duración. El fondo de la cuestión era la condición de incurables de algunas enfermedades mentales, y la influencia que a lo largo de los años han tenido las medicinas no ortodoxas como el hipnotismo, o el psicoanálisis: la condición de no considerar enfermos a los que eran incurables parecía, esta vez, hermosa y nueva. Y en los ministerios de Hacienda, de Sanidad y de Trabajo se descubría una inmensa fuente de ahorro: la supresión de los manicomios, o de las salas psiquiátricas de los hospitales públicos era un enorme ahorro. Se encomendarían a los familiares y a la sociedad —así se decía— a estos enfermos, ayudados en los ambulatorios. Corrió el Aloperidol y los desastres sociales, familiares y humanos.

Esta ley llegó a España: la aceptó el Gobierno socialista, que mezcló su vocación de izquierda con su angustia de ahorro en la sanidad pública: no se ha modificado nunca más, a pesar de la oposición de algunos médicos —otros, fueron consejeros del Gobierno— sino por las necesidades de la realidad, y por algunos sufrimientos adicionales. El mismo Gobierno la completó con el nuevo Código Penal en el que se suprimen los psiquiátricos penitenciarios. En todas estas utopías había un fondo de realidad: los psiquiátricos de prisión han sido un modelo de desastre, de coacción y de tortura, con la desesperación de los médicos y del personal que los atendía.

Los resultados se producen ahora: los jueces que incapacitan a ciertos delincuentes de los que se supone un desorden mental continuo (nadie se atreve a decir incurable: ni a diagnosticar) no los pueden ni deben encarcelar; no hay psiquiátricos en las cárceles, y los envían a los hospitales públicos donde no pueden hacerse cargo de ellos. No hay medios, no hay sistema: las salas psiquiátricas se han convertido (por la ley) en casi ambulatorios, donde los internamientos son escasos y efímeros; se han acostumbrado a enfermedades no necesariamente incurables o a trastornos transitorios. Las esquizofrenias o las paranoias pasan de largo. Muchos de los violadores, agresores de víctimas indiscriminadas, o suicidas, tienen antecedentes de haber sido dados de alta una vez o más de centros psiquiátricos: se advierte sobre todo en primavera y otoño, en que son más frecuentes. Los gobiernos que decidieron el no internamiento no dieron medios reales para la atención; los que envían a hospitales a dementes de notoria peligrosidad (incluso contra sí mismos) no dotan a éstos de los medios y la amplitud necesaria.

Estos temas hubieran requerido debates amplios en su momento: los piden urgentemente ahora, cuando ya están en vigor, para estudiar soluciones reales. Es difícil volver a las anteriores, a menos que hubiera capacidad para eliminar su condición inhumana; pero es prácticamente imposible ir arrojando a todos los tipos de enfermos hacia los jueces, de ellos a los médicos desarmados, hacia las familias impotentes y, en fin, hacia la calle sin defensas. Es algo que urge, porque lo que se haga llegará con retraso.

A Marina le iban dando de alta en todos los psiquiátricos, iba desolada luego por la ciudad aterrorizando, aterrorizada ella, viendo fantasmas humanos y subhumanos. La dieron de alta, por última vez, en el Clínico de Madrid; llegó a casa de su madre y se arrojó por la ventana. Un momento de lucidez, una sensación de cómo hay que liberarse cuando no existen otros medios. Desde diez pisos más arriba, cuando llegué, la vi abajo, tapada con una manta. Y, luego, la pequeña espiral de humo de la criatura bella, sonriente, querida.

Los muebles que no había guardado el cura que se quedó con nuestra casa, los que no se había llevado el policía que la incautó, los cuatro libros, los cinco enseres, nos los llevamos a unas habitaciones en la calle de Fuencarral. La querencia del barrio. Nos llevamos al huésped. Oyarzun, aparejador, hermano de embajador, alférez provisional, había tomado una habitación en nuestra casa: pensión completa. Fue nuestro amigo. Como Carlos Ortega, nuestras vidas se acompañaron desde entonces hasta una mañana, hace ahora un año, en que conduje hasta Valladolid para verle incinerar en el cementerio nuevo. Así las esposas de los encarcelados se iban ayudando a vivir. Hubo una habitación para él en la casa realquilada; se la realquilábamos. Con la comidilla que le dábamos. Había una señorita en la casa: olía todo a hembrita joven, y a su colonia, y su perfume y todo sonaba a sus tacones y a sus risitas. Por alguna razón me recordaba a Mary, la hija de Claudia, nuestra *landlady* de Valencia: quizá tenían edades parecidas, y la misma provocación; y el mismo orgullo para mirar a los realquilados; el orgullo del dueño del castillo venido a menos. A mí no me miraban. Con Claudia y Mary aún hablaban mis padres en inglés, y ella me daba lecciones de piano: un arreglado Chopin que correspondía con algo de una tristeza innata que se iba a ver justificada. El carácter tiene premoniciones.

Cruzaba la calle de Fuencarral —del teatro al cine Proyecciones—, compraba una peseta de almendras —nuestra comida no era la misma que la de nuestro huésped— seguía por Cardenal Cisneros hasta la plaza de Olavide y de allí a Trafalgar, donde estaba el periódico en que yo me iniciaba, *Informaciones*. Estaba incautado: había sido *El Socialista*, periódico del partido, fundado en Bilbao por Indalecio Prieto: se había comprado por suscripción popular, y las listas de los suscriptores estaban ya sirviendo para que la policía fascista les detuviera: muchos murieron sólo por eso (en Madrid se contó también que muchos fueron asesinados por ser suscriptores de *Abc*). Había visitado yo esa casa: el director de *El Socialista*, Cabezas, era mi catedrático de latín, y a veces nos citaba allí para repasar algo, porque él no tenía tiempo de ir a clase. Todavía él y yo, maestro y alumno, éramos la clase dominante, la República, la democracia, la razón. Pero ahora habían entrado en la casa los vencedores y yo corría detrás de sus cabalgaduras, agarrado a sus gualdrapas, para darles de beber. Me mandaban, a veces, por café. El edificio, moderno y claro, estaba destinado a ser el *Boletín Oficial*, y lo era; pero dejaban a Víctor de la Serna que hiciese allí *Informaciones* mientras se terminaban las obras en la calle de San Roque. O de la Madera: había fachada a los dos. Allí había ido yo con mi padre, cuando era subdirector de *La Libertad*. Los dos periódicos, el de la izquierda y el de la derecha, fueron de Juan March. Pero en *La Libertad* decidieron que ni él ni sus administradores podrían entrar jamás en el edificio. Los redactores encontraron un cierto capital, que puso Antonio Hermosilla: un republicano que tenía una academia preparatoria para el cuerpo de Correos, en el cual había tenido cargo: fue él el director, y mi padre el subdirector, como Antonio de Lezama. Un caballero comunista: llevaba con elegancia el uniforme de general director repentino de la Escuela de Comisarios; miraba detrás de un monóculo, y bajo la gorra le salía una cuidada melena blanca. Recuerdo más a su hija, o sobrina, o las dos cosas —por adopción— Ramona, o Moncha... Se fueron a Chile en el exilio. En *La Libertad* estaba mi padre, en el refugio construido en el sótano donde se guardaban las bobinas de papel para la rotativa, cuando cayó la bomba; se salvaron entre polvo, contusiones, susto... También entraba yo entonces en esa casa cuando éramos la clase dominante, y también volví a ella para servir a los vencedores. A veces voy a una cena anual que dan sus actuales propietarios —Arthur Andersen— a los que trabajamos en los periódicos de aquella casa y aún sobrevivimos. Veo desde allí el patio del convento de San Plácido, lleno de leyendas: Felipe IV que entraba por un pasadizo a ver a una monja que era su amante, y un día la superiora la amortajó y la puso entre cirios para que cuando llegase el Rey sacrílego creyese que había muerto... Las historias de las alumbradas... En una terraza de *Informaciones* jugábamos a la pelota los jóvenes de la casa: Sergio Pérez, biógrafo de Mussolini, orgulloso de una hija mínima cuya foto enseñaba en la cartera: se hizo azafata y murió en un accidente, veinte años después. Paulino Martín: taquígrafo de *El Adelanto* de Salamanca, elevado por su director, Juan Aparicio; entró en el mundo del deporte de despacho, trabajó con Samaranch y creo que cuarenta años más tarde fue asesinado a la madrugada, de un tiro, en una esquina de Madrid. Nunca se supo por qué. Y Corbalán, otro rojo como yo, otro protegido de Víctor. Y alguno de sus hijos... Las monjas, en la clausura, oían los golpes rítmicos y veían los temblores del cuadro de un santo: creían que eran mensajes del Más Allá. Hasta que una más lista se enteró de lo que pasaba, la superiora se quejó a Víctor de la Serna y se acabó el deporte. Pero creo que esto ya lo he contado en otro sitio. Los viejos nos repetimos; y no podemos decir, cuando escribimos, lo de "si ya lo he contado, háganme un gesto..."

Apenas escrito aquí su nombre, Corbalán murió. Tenemos que ser nuestros necrólogos, unos de otros. Lo que iba a escribir aquí, fue a parar al periódico que ahora me acoge, a *El País*. Y ya no sé si ponerlo entre comillas. No sé a quien pertenece, si al periódico o al libro.

Muere Francisco Martínez Corbalán: firmaba Pablo Corbalán no por claridad tipográfica sino por ocultar antecedentes. Fue comunista: poeta, dibujante, combatiente casi infantil: tenía 16 años al comenzar la guerra. Perdió y fue a parar a un campo de concentración: con él estaban los que iban a matar. Un alférez que le interrogó tenía su edad y habían hecho los mismos estudios: le puso más allá de las líneas de guardia, y le dijo: "Sal corriendo".

Víctor de la Serna había conocido a su padre, poeta, periodista, rojo: escribía versos satíricos en la República que se titulaban *Aleluyas semanales de los hechos nacionales* (creí yo que el dibujante era Paco López Rubio, hermano del autor, José; Mingote me ha aclarado después, y también el hemerógrafo Fernando Díaz Plaja, que sigue puntualmente mis errores desde hace años, que era Echea. Fue a la cárcel, pasó sus años en ella y, cuando salió, pudo seguir trabajando); refugió Víctor a Pablo en su periódico, como a mí. Un día detuvieron a Pablo: Víctor le sacó diciendo que se trataba una confusión con su padre. Trabajamos juntos muchos años: en *Informaciones*, en otros sitios. Su poesía, su dibujo, se habían cortado de pronto. Trabajó en la clandestinidad, con escritos para la prensa subterránea o medio explícita: estuvo en *Triunfo*, en *Litoral* (la revista de Domingo Dominguín, comunista: se suicidó en Lima) y también en *Abc*. No consiguió superar nunca su condición de vencido. Hizo crítica literaria, periodismo. Los que trabajaron con él —Conte, Quiñonero— le han recordado a su muerte como a un maestro.

"Hay un sol sobre la tierra: depende de nosotros que no se ponga jamás. No se trata de hacer una obra maestra de nuestras vidas, sino de las vidas de los otros". La frase es de Claude Roy; podría ser un epitafio para Corbalán, pero la busqué como epitafio del propio Claude Roy, que murió casi el mismo día. Estaba inspirado en un poema de Mayakovski: "Estoy allí donde esté el dolo; / me crucifica la lágrima más pequeña" (Mayakovski, poeta ruso, comunista: se suicidó en 1930 cuando vio en qué se convertía su revolución; Nazim Hikmet, el poeta turco de quien antes escribo, llegó a conocerle en Moscú). Claude Roy era poeta, periodista, novelista (la cita la hago de su novela *Le soleil sur la terre*; Julliard, París, 1956); estuvo casado con Loleh Bellon (gran actriz y escritora minoritaria, comunista; tuvo un hijo con Jorge Semprún, comunista expulsado por el partido, perdedor, converso). Acababa de terminar, a los 82 años, sus memorias: un testimonio de nuestro tiempo.

Así va terminando un gran grupo de héroes de nuestro tiempo: los comunistas de creencia viva y sana, asesinados por los suyos o por los otros, renegados o suicidas, rabiosos o "muy cansados", como dicen de Roy. Fueron la sal de la Tierra.

El inquietante tullido de las galaxias calcula 5.000 millones de años para la desaparición de la Tierra. O sea, que no va a ser en este fin de siglo. Demasiado pesimista, Hawking: ojalá sea un poco antes. Nos gustaría verlo. Ya que se ha de morir: que sea viendo la enorme catástrofe. Un hombre hecho del derribo de sí mismo: del material del fin del siglo. Es telegénico: morbosamente atractivo. Quizá lo sea en persona, o en garabato: desde su silla de ruedas, se casa, ama. Habla, como puede, del tiempo y su sentido. O sea, mueve la boca y el ordenador es la prótesis que le expresa.

Todo el mundo sabe que el tiempo va de izquierda a derecha y de atrás hacia adelante. Pero los sabios no están seguros de su existencia. El tiempo es un espejo delante de la cara.

"¡Tan largo me lo fiáis!", decía el Don Juan de Tirso: y sólo hablaba del tiempo de su vida, no de un fin de siglo: mucho menos del fin del hombre. Pero todo llega: "No hay plazo que no se cumpla ni deuda que no se pague".

Ah, está la cuestión de los ángeles: el Papa del fin del siglo —al principio de su ascensión en esta Tierra predijo que llegaría: y el Anticristo— dijo que los hay. Era un día —le escuché— en el que hablaba por primera vez de los buenos. De los malos ya había hablado demasiado, y ha seguido. Detestables costumbres de los malos: "espíritus que dicen no", según Goethe. Se encuentran con frecuencia: lo inencontrable es el espíritu que diga sí. Más difícil: que, después de haberlo dicho, lo cumpla. Las angelologías describen —¡a los buenos!— siempre con la espada flamígera: expulsando, castigando, matando.

No parece que los ángeles eviten o favorezcan esta cuestión del tiempo irreversible. El tiempo no pasa por ellos. Pero ha habido ángeles malos, destructores; antigua oposición a las santas alianzas. Alberti, comunista, escribió *Sobre los ángeles*; pero siguió siendo comunista. ¡Si Alberti se hubiese arrepentido a tiempo! Tendría un premio Nobel, en vez de Cela, que nunca tuvo necesidad de arrepentirse: nació del lado bueno. Quizá Alberti tuvo un ángel malo de la guarda: quizá lo tenga yo mismo.

Todavía, cuando nací, resonaban las trompetas de los tiempos derrumbados por el fin de siglo pasado. O los aldabonazos, o los timbrazos de despertador que asustaron en 1901 al Père Ubu: y era la Conciencia, con su mayúscula impresionante: la capitular, abierta por el costado derecho. Todavía, al empezar el siglo, había conciencia: nos hemos ido descargando de ella poco a poco. Muchos creen que esa descarga es una patente de corso: pero son los que mandan. Otros van sabiendo que la conciencia la inventaron ellos —no digo "los otros" porque, en un orden de poder, los otros somos nosotros; ellos son, siempre, ellos— para dominarnos. Lo han conseguido.

Mi madre era hija del Desastre; y yo soy uno de sus nietos predilectos. Mi madre vino de Cuba en un vapor, con su padre capitán, y sus hermanos innumerables: sólo se trajeron el acento y los recuerdos. Allí encontró mi madre la modernidad, y era también un fragor, una llamada de Juicio Final: entró por primera vez en el retrete del barco, tiró de la cadena como le habían mandado, y pasó algo espantoso: cayó en la taza una catarata que parecía la del mismo mar océano que entrase, con un ruido feroz: era su contacto con la civilización. Lo contaba emocionada. Allá, en Cuba (Ojo de Agua, Cienfuegos) no existía tal cosa.

Había en mi infancia cuadrillas —se llamaban así— que andaban y cantaban por las calles y pedían limosna; casi en harapos, hasta con restos de uniforme: los tristes repatriados. Luego les he visto en las comedias de Valle, que fue uno de los que abrieron siglo, y los he recordado. Las galas del difunto... El soldado de rayadillo le robaba el traje, con la carta fatídica, al muerto... Se iban mezclando, luego, los veteranos de las guerras de África. Un desastre incógnito, que parecía una victoria: los soldados morían, pero los coroneles volvían hechos generales, y con medallas colgando. Y les recibía el rey Alfonso XIII, que abrió el siglo casi con su mayoría de edad; y les daba palmadas en la espalda. A los harapientos, mutilados, rotos y soldados nadie les hacía caso. Eran ellos los que habían perdido la guerra.

Oía yo los relatos del 98; y comencé a sospechar qué suerte, qué felicidad alcanzó este pueblo cuando llegó al Desastre. Cuando todo iba bien para las páginas de historia, las homilías, los gobernantes y los distintos reyes que parecían siempre el mismo, en los siglos del Imperio permanentemente al sol, el país —la gente: el paisanaje, dijo alguien— era profundamente desgraciado: las levas, las exacciones, la rigidez, le apresaban. La pérdida de las colonias le liberó. Muchas gracias, Desastre.

(Medio siglo después, algunos economistas y algunos políticos europeos descubrieron que los dominios coloniales eran un mal para los países de los imperios. Los beneficios se los llevaban las grandes empresas, y el presupuesto lo pagaba. El Imperio británico había comenzado con las "compañías de carta": la carta era el documento real por el que se les autorizaba la conquista, como poco antes dio ese imperio la "patente de corso": legalizó la piratería. Las compañías eran las que formaban los cuerpos de rapiña, y los costeaban, y les daban las tierras que robaban y los brazos nativos que las trabajaban. Así empezaron; pero pronto esas compañías encontraron que les salía demasiado caro, y que el oro que codiciaban —o el café, o la fruta, o los esclavos— no rendía tanto: las compañías dijeron que abandonaban si no se encargaban de los costos los ejércitos, y los funcionarios, y los vistosos gobernadores con sus carrozas de oro: y sus damas virreinas empolvadas bajo el sol nuevo y duro. Blancas, blancas, para destacar más sobre el negro. Así fue).

Pagaron unos —los impuestos; su sangre—, ganaron otros. Pagó el pueblo, como paga todas las guerras: el servicio militar obligatorio, censado y escrupulosamente cumplido, hasta la muerte (menos los eximidos, que eran los jóvenes ricos, los de buena familia, que pagaban la cuota; o la oferta para ellos de carreras militares y condecoraciones bonitas); a veces llevaban maniatados, en cuerda de presos, a los mozos que se escondían.

Está bien que el siglo termine con objetores, con insumisos: entonces se ataba al prófugo y se fusilaba al desertor. Al amanecer, con los ojos vendados, los chicos caían en las tapias de los cuarteles, con las tropas formadas, para que todos aprendieran lo que le pasaba al que no quería servir al Rey y matar al moro. Así, así empezaba el siglo. El Desastre nos libraba, la guerra de África lo continuaba. En Cuba, en Filipinas, se les exponía a los cuchillos de los mambís, a los fusiles de los imperios enemigos, y a sus propios generales: el nombre de uno de ellos, Weyler, ha quedado como un símbolo del horror en Cuba. Volvían destrozados, enfebrecidos por la malaria, abiertos en canal por la disentería: los que volvían.

Aquí, en España, se llevaban también voluntarios que eran aventureros a los que se daba libertad de matar y violar; incluso con algún estímulo para la procreación sobre las indígenas que podía considerarse como un acto patriótico; y religioso, si es que sobrevenía bautizo. Eso sí, en las revistas y las zarzuelas se cantaba su honor: "Soldadito español, soldadito valiente". Y la banderita, "tú eres roja; banderita, tú eres gualda". Y los voluntarios tenían también su pasodoble. Era bonito. Lo tocaban, entre tanto himno, las tropas que entraban en Madrid. Y las emisoras de radio, acalladas por el momento las palabras: sólo daban música militar, de las de los novios de la muerte. Para ir dando el ritmo: había que marcar el paso. Los soldados eran distintos, pero los generales eran los mismos: generales sin guerras son generales sin dinero y sin condecoraciones, y habían hecho la guerra en España: la segunda Reconquista.

Ah, decía que llegó el Desastre: todo se perdió, y en ese año de hace cien, algunos cesaron de pagar por nada. Pagar por morir y pasar hambre: la soldadesca, se decía, además. España comenzó a respirar. Los músculos dejaron el arma y se dieron al trabajo. Pero los cuatro generales querían volver a sus andadas: no se ganan medallas, ni masita, ni sobresueldos, en tiempo de paz. Los cuatro generales, los cinco coroneles, recordaron entonces que el cardenal Cisneros había encomendado al Imperio que se dirigiese a África; y allá fueron ellos, los Millán Astray y los Franco —"Franquito", decían sus admiradores, para aniñar su éxito de sangre—, levantando esas mesnadas de aterrados muchachos que no querían morir: y apuntando ellos mismos, los héroes entorchados, contra los soldados que no saltaban al ataque. Morir o matar, decían: las bestias.

Después del Desastre, vino el "desastrillo". Todo iba a ser bueno para el país. O sea, para el paisanaje. Se fue haciendo una conciencia nacional, se fue alzando la gente, y protestando de las matanzas para que el dinero se lo llevaran los de siempre. No pudo contenerlos el ejército africanista, ni don Miguel Primo de Rivera, dictador del Rey. Ni el Rey mismo, el último Alfonso, decadente y frívolo. Vino la República: habían pasado, en 1931, solamente 33 años; y España había salido de los malos siglos de Imperio y comenzaba a vivir. Era lo que había ganado por el Desastre. Eso sí, los generales africanistas, y los últimos amigos del Rey, y los nostálgicos de Primo, se alzaron y quisieron hacer imperio para ellos de la España que se regeneraba: y ese sí que fue un desastre. No dejaré nunca de pensar que la II República fue hija del Desastre: de la reflexión de los desastrados, de la pena de los noventaiochistas, de la necesidad de borrón y cuenta nueva. No dejaré nunca de pensar que los hombres del Desastre fueron los que la mataron. Había que oír a Franco y los suyos hablar de la pérdida de las colonias: todo fue por culpa de los civiles. Y de los Estados Unidos. He conocido aún, en mi juventud, gente que odiaba a los Estados Unidos sólo por eso. Y algunos que se hicieron germanófilos en las dos guerras mundiales solamente por conseguir la ruina de los Estados Unidos. Aunque fuera por manos de otros.

(La vida me llevó a Marruecos, y tuve que hacer venir a mi madre, que ya estaba sola. No quería: era la tierra de los moros, la tierra del enemigo. Los moros habían matado a su primo Perico. O sea, Pedro: todos los primogénitos se llamaban como su antepasado, el cardenal don Pedro González de Mendoza: la Reconquista, los Reyes Católicos. Clérigo y soldado: mató moros en Granada. En esas familias, el mayor fue siempre militar, y el segundón, clérigo. Que todo se fuese reuniendo: las tierras, el dinero, las armas, la cruz, en una sola mano. Mataron a Perico, y madre todavía lloraba; y tuvo que tomar el sable su hermano Ángel. A disgusto: pero llegó a teniente general. Luego hablo de él: era un hombre para las solemnidades de la familia. Antes, nosotros en las suyas: yo, niño, fui al bautizo de su primera hija. Se llamaba, claro, Mencía).

(Mi tía Margarita era cuñada de mi tía Margarita cuyo hijo único, Félix Berbén, murió en un manicomio. Se le notaron síntomas raros; no estoy seguro de que lo fueran. Publicó al licenciarse un anuncio en los periódicos: "Félix Berbén comunica a sus amistades que ha terminado la carrera de Derecho y que no piensa ejercerla jamás". Estaba encerrado en Esquerso y le llevaban a los toros dos forzudos de la casa. En su casa de la calle del Almirante, mi tía me enseñaba la inmensa biblioteca de Félix, y me decía que todos aquellos libros le habían sorbido el seso: todavía la leyenda que está en Don Quijote. Cuando murió, no me olvidó en su testamento: dejó mandado —una manda— que me entregaran un libro de la biblioteca de su hijo Félix. Me dieron un *Doctrinario Tauromaco* que firmaba Hache. Está —todavía— todo anotado a mano por Félix).

Cinco mil millones de años, como dice Hawking, para el fin del mundo, parece una cifra exagerada. Este Papa, este Wojtyla, lo tenía preparado para ahora: para antes de su muerte. Sabía muchas cosas, este hombre. Algunos de los secretos que reveló la Virgen en Fátima a aquella niña, que era monjita viejecita cuando se los contó. No estaban mal revelados: la conversión de Rusia, por ejemplo, era inverosímil: y pasó. El gran milagro del siglo pasado fue el de Lourdes; el de éste, el de Fátima. La Virgen de Lourdes no podía predecir la conversión de Rusia, porque hubiese tenido que predecir antes su Revolución, y ésta era absolutamente imprevisible en 1858. Pero la de Fátima es del momento mismo de la Revolución rusa. Mi hijo Eduardo solía decir que estos milagros se producen en lugares donde hay arroyuelos, grutas, zonas de sol y sombra, lluvias. En lugares de hongos: alucinógenos. Pasan las pastorcillas, tienen hambre, comen los hongos: y deliran. Mi hijo Eduardo no era hombre de gran fe. Tenía otras creencias.

Ha habido ocho papas en este siglo —digo, hasta ahora: Juan Pablo II, sin embargo, no se encuentra nada bien—; yo recuerdo que se hablaba mucho de Pío XI —hay unos ricos pastelillos, un poco borrachos: los piononos: uno del siglo pasado, muy social— pero el que se ancló para siempre fue Pío XII. Fue el que firmó el Tratado de Letrán con Mussolini, el que no se llevó demasiado mal con Hitler, el que bendijo, sobre todo, a Franco: la Cruzada. Un buen Papa: no dejó esperanzas para la Iglesia. Todo habrá de ir, siempre, por otro camino. Este siglo es de gente longeva, y se ve también en la lenta sucesión del papado. Pero su media la ha bajado mucho Juan Pablo I, tan veloz, tan asombrosamente inútil, que cuesta trabajo entender qué pudo ver en él el Espíritu Santo al descender sobre el Cónclave. Alguien, cuentan los suspicaces, le puso algo en el café. Todo debía haber salido de otra manera, todo estaba preparado para Wojtyla, y el Espíritu voló mal, o alguien votó lo que no debía. Los agnósticos, o ateos, o como se les (nos) quiera llamar, decían que murió de disgusto: era un buen hombre, un verdadero creyente, y cuando le hicieron Papa se dio cuenta, allí dentro, de que nada era verdad. Hay gente que muere de decepción.

Pero antes había estado Juan XXIII: un momento histórico. Juan XXIII en el Vaticano, Kennedy en Washington, Krutschev en Moscú: la troica de la coexistencia, la que parecía que iba a llevar al mundo a una simbiosis de ideas varias. Gente de paz. Pero a Kennedy le mataron, Juan XXIII murió solo; y Krutschev fue depuesto. Eso sí, sin castigo, sin venganza, sin enfermedades misteriosas, sin celdas, sin complots. Se fue a su casa. Fue cuando el siglo cambió de cariz. Otro final de las esperanzas.

Algunas personas pensaron que cuando muriese Franco los cielos se iban a oscurecer y la tierra a temblar. Incluso a abrirse en grandes abismos. Otras creyeron que brillaría por fin un sol de justicia, con el acompañamiento escenográfico imprescindible del arco iris. Tengo recuerdos de entonces. Eduardo de Guzmán estaba seguro de que el pueblo saldría a la calle: pobre mío, tantas luchas, tanta guerra, tantos muertos en su casa y en sus compañeros, y fusilamientos y cárceles, de qué le servían. Por Radio España independiente, los carrillistas trataban de agitar a sus masas: pero no las tenían. De qué les sirvieron las esperanzas rotas en la huelga nacional pacífica: habían echado a Semprún y a Claudín y a todos, para poder seguir equivocados. Iban a enterarse después, a base de desencanto. Demasiado tarde para correr ya a pactar a la Moncloa: había ganado el orden.

El español suele tener una imaginación escasa pero extremista. Cuando se examina la moderada historia de estos años se sufre el espejismo habitual, la enfermedad característica del historiador: creer que lo que ha sucedido es lo único que podía suceder. Y calificarlo de poco o mucho según los deseos personales.

Cayendo en esa tentación —tan agradable como todas las tentaciones— podemos esbozar la teoría de que tenía que suceder todo como ha sucedido. Se podría apuntar la tesis de las dos guerras. Se ha insistido, hasta el punto de parecer hoy un hecho histórico incontrovertible, en que la guerra civil española fue un prólogo y una parte, ya, de lo que sería la Segunda Guerra Mundial, y se ha considerado que la guerra mundial fue una guerra civil internacional, con características parecidas a las de la España. Esta afirmación es considerablemente irregular si se asimila toda la historia de la no intervención, y por lo tanto el papel dudoso de las grandes democracias que no sabían claramente dónde estaban y que finalmente decidieron que no estaban con los rojos; y la reducción paulatina de la ayuda soviética a la República, probablemente porque la falta de claridad de las grandes democracias le hacía ya prever lo que sería el pacto germanosoviético. Sobre todo por la casi total presencia de componentes nacionales en él.

En todo caso, y aun admitiendo que España sirvió como lenguaje a las grandes potencias para las distintas formas del *balance of powers*, hay algo que diferencia considerablemente a las dos guerras: su final. En España ganó lo que podríamos llamar genéricamente fascismo, y en Europa el antifascismo. La victoria del antifascismo europeo, por una serie de azares y necesidades no incluyó nunca el fascismo español. Se siguieron dos caminos distintos, en los que a veces hubo una convergencia de intereses, sobre todo a partir de la guerra fría; esta convergencia supuso una consolidación del fascismo español, a la vez que algunas leves modificaciones. El fascismo-franquismo tuvo, eso sí, que prolongar su guerra.

Una guerra no se gana o se pierde totalmente; se gana o se pierde según porcentajes relativos. Pienso que Franco debía saberlo, o sus pensadores; o quizá era solamente una intuición. Una guerra es "fresca y alegre", como decía el Kronprinz, cuando se está combatiendo, y sobre todo cuando se está ganando. La paz es una deflación. Franco supo mantener la guerra continua; la radio repetía en los primeros tiempos, y varias veces al día, una frase muy clara: "La paz no es un reposo cómodo y cobarde frente al enemigo". Aparte de hacer todo lo posible para consolidar la victoria total —eliminación masiva de enemigos o de sospechosos de enemigos o de parientes de enemigos; borrón sobre toda una cultura anterior; irradiación de cualquier otra política—, mantenía la permanencia del estado de vigilia y alarma.

La aparición de la guerra fría sirvió admirablemente a esa idea de la guerra perpetua; las reapariciones continuas de clandestinos, partidos reagrupados o intelectuales disidentes justificaron la permanencia de la alarma. Todo se englobaba bajo el nombre de comunismo y sin muchos distingos, porque la unidad del enemigo es siempre conveniente (no se combaten numerosas ideas, pluralidades de opiniones, sino el Mal, el absoluto); todo ello termina siendo una ventaja para la imagen comunista.

Tampoco esto mantuvo la pureza del fascismo: ninguna tensión se puede prolongar cuarenta años. El régimen español se fue debilitando, perdiendo adeptos, engendrando sus propios disidentes internos. La idea del franquismo se perdió, en la práctica, muchos años antes de que muriese Franco. Quedaban los intereses creados, la estructura orgánica, la fuerza de lo que en la URSS se llamaba la *nomenklatura*: la nueva clase. Pero cada vez más distante de lo que había significado la teoría imposible del principio.

Ahora vuelve a haber franquistas; cuando el horror se ha borrado y cuando se dice que recordarlo es de mal gusto. Hasta los historiadores se callan: y el lobo devora su presa. Ahora vuelven, viejitos pero con los ojos fulgurantes de esperanza. Creen que Aznar es uno de ellos. Los críticos de Aznar y el aznarismo les ayudamos: si los rojos gritamos, es que Aznar cabalga, Franco cabalga. Pero éste ya no es su reino. Desentierran hasta a José Antonio Primo de Rivera. Pobres diablos.

Tampoco la victoria de la otra guerra, de la guerra de los otros, mantuvo su jurisprudencia ni su pureza. Ni las Actas de Núremberg, ni la Carta de San Francisco, ni la definición de libertades hecha por Roosevelt y Churchill, ni los derechos del hombre. Se convirtió la doctrina en semántica: vino la era de McCarthy, y el sostenimiento universal de las dictaduras por Foster Dulles, y la disminución de la fuerza de la izquierda por los sistemas electorales falseados, y el desprestigio de la resistencia; y el terrorismo y las leyes antiterroristas, y el fracaso de las independencias del Tercer Mundo.

Un catálogo que podría ser más largo, pero que explica bien que todo el ideario del demócrata maravilloso se perdiera en el tiempo y en los acontecimientos, y que se elaborasen nuevas teorías para justificar esta pérdida. Llegó un momento en que parecía ya realizarse un sincretismo entre los dos sistemas políticos, separados todavía por cuestiones de vocabulario, de procedimientos, de juridicidad; y por la figura de Franco. Como en todo sincretismo, es la parte más débil la que adopta mayor número de creencias y de nombres y adjetivos. En este caso, en la relación de España con Europa —con Occidente— la parte infinitamente más débil era España. La muerte de Franco levantó el último obstáculo; y a partir de ese momento comenzó a dominar en España el final de la otra guerra. Una gran parte del terreno estaba abonada ya, y fertilizó sin problemas. Nadie en el mundo quería para España un régimen revolucionario; ni la mayoría de los españoles. El alborozo con que se recibió en el mundo el cambio prudente de España, la insistencia en ver que se había producido sin derramamiento de sangre, las rápidas visitas mútuas, con carácter de Estado, con otros países entusiastas, señalaron bien la cuestión: el final de las dos guerras, por fin, se unificaba. España quedaba incorporada a la generalidad democrática. Había sido precisa una degeneración del fascismo en España y una degeneración —menor— de la democracia. Todo quedaba saldado. Los excipientes del régimen anterior no tenían por qué ver oscurecerse el cielo, ni los otros su esperado arco iris, porque todo había sucedido de forma que la principal alteración fuera de formas.

Fue entonces cuando nos empezamos a creer que ya éramos Europa. A los que de pequeños fuimos europeos nos asombraba un poco la reincorporación: pero la verdad es que Franco no sólo nos había sacado de la geografía, sino también de la cronología.

Sin embargo, en las conformidades iba a haber alguna diferencia. La izquierda, generalmente, en vista de su propia inferioridad y de la forma en que se había realizado el saldo, creía que la legalización, los Pactos de la Moncloa, las apariciones públicas, le podían bastar por el momento. Sabía bien que se había incorporado al mundo de Occidente, y que el mundo de Occidente tiene unas características que por ahora son inalterables; en el mundo de Occidente se produce el eurocomunismo, la socialdemocracia, los pactos sociales. La izquierda creyó que había ganado. Y aún en nuestros días se escucha a algunos de sus dirigentes que consideran esta situación como muy satisfactoria; porque lo hacen en comparación con la tragedia anterior.

La derecha, en cambio, se dividió entre una mayoría que sentía también que había ganado y una minoría que empezó a sentirse más franquista de lo que había sido durante el régimen de Franco. Para que comenzaran a percibir que habían perdido tuvo que fracasar el golpe de estado del 23 de febrero, que ahora queda en las antologías —por la televisión— como una mamarrachada. No sólo por el esperpento Tejero, sino por el bigotillo y las ojeras hinchadas de Milán del Bosch; y su apellido, que ya se había visto en algunas farsas del ruedo ibérico. En otras charlotadas, en otras noches de Llapisera. Aún así, las ocultaciones del proceso, los pactos, la prudencia de los periódicos afectos, les mantuvo en el viejo ánimo. Ahora comienzan a percibir que no han perdido. Los hijos y los nietos de sus camaradas están en el poder; los de la nueva clase.

Franco se va haciendo lejano, aunque se abra el franquismo de silla de ruedas: pero sigue valiendo como una amenaza de resurrección, como un susto para los otros. Y como una nostalgia de la juventud perdida. Pero en el país es cada vez una imagen mas pálida. Hay jóvenes que no saben quién fue. No son albricias: la ignorancia y la incultura nunca dan materia para alegrarse. Este sector de los resurrectos ha ido creciendo, pero ya con otra ambición: con la de convertirse en una derecha más derecha que la que ha gobernado hasta ahora —UCD, los socialistas—, con la de asumir el poder. Los aficionados a las purgas y a la dictadura totalitaria cada vez son menos, y ya esgrimen modelos videlistas, o modelos turcos, con más vehemencia que los modelos franquistas.

El problema de la insatisfacción de estos años es más general que privado, aunque cada uno trate de darle el tono que quiera, o el disfraz que le convenga. El problema es que, por todas esas razones históricas, por los equilibrios internos, por la situación del mundo, no ha pasado todo lo que tenía que pasar, sea cual sea la noción del espectador. Si los comparamos con los cinco años de la República, un periodo de tiempo similar, se quedan pobres. Sin necesidad de juzgar ahora la calidad de los cambios republicanos, los errores o los aciertos, la realidad es que la República modificó el país: desde el divorcio a la reforma agraria, desde la instrucción pública a la cultura, desde el caciquismo al sistema electoral, todo se removió en el país. Podría sospecharse que la inmovilidad actual tenga como mira precisamente el miedo a que pase lo que con la República: resultar destrozada por su capacidad de cambio.

Y así nos encontramos con que todo ha cambiado y todo sigue igual, según la famosa frase de Lampedusa, tomada ya de Alfonso Karr: “Plus ça change, plus c’est égal” ¿Es un espejismo?

Había un dictador, todo iba mal: el culpable, el enemigo, era él. Ahora todo va mal: se culpa al votante. El que no quiere sentirse culpable de algo de lo que no lo es, no vota. La Ley Electoral, la división en circunscripciones, la marginación de partidos pequeños, la desaparición de las ideologías, las disciplinas de partido, la falta de democracia dentro de cada uno de ellos, lo dudoso de su financiación, pueden hacer pensar a quien se abstiene que hay una decisión superior de Gobierno —los históricos "poderes fácticos"— y que nosotros somos los elegidos para asumir la falsa responsabilidad de nombrar a sus agentes. Estados Unidos: la maquinaria no dejó más opción que Bush o Clinton. Una fórmula estudiada durante dos siglos para apartar la verdadera voluntad popular. Pero ellos tienen suerte: aún pueden votar por uno de esos dos. A nosotros nos gobernará uno de ellos, sea quien sea quien elijamos como intermediario. (El hijo de Bush, dinastía democrática, es ahora gobernador en Texas, y no indulta a una condenada a muerte para que los conservadores no renieguen de él, y le izen a la presidencia de su padre. Clinton mata iraquíes para que su partido continúe en la presidencia. La democracia).

Jorge Semprún me telefoneó desde su casa de campo, cerca de París, cuando Felipe González le hizo ministro de Cultura. Por fin, uno culto. Uno del mundo intelectual. Quería que trabajase con él: le dije que era imposible, porque yo aún era un teórico. Me dijo Jorge que pensaba aplicar desde el Ministerio algunas de las cosas que yo escribía. "No, nunca", le expliqué; "lo que yo escribo es el fondo de la cuestión, y lo que la política puede hacer es la superficie". Algo así había hablado con Javier Solana, ministro de Cultura en el primer Gobierno socialista, y le recomendé como director general de Teatro a un hombre tremendamente práctico, además de muy listo que es lo que hay que ser en el mundo de lo práctico: Adolfo Marsillach. Me encargué de proponérselo oficiosamente, antes de que lo hiciera el ministro, y Adolfo aceptó. Sin suerte (tendría el cargo muchos años después): apenas hecha la gestión, un comité o algo encargado de Teatro en el Partido Socialista rechazó a Adolfo. Por una cuestión que entonces me pareció insólita: era comunista. Nada más lejos de la realidad; pero Adolfo, director del Centro Dramático Nacional con UCD, había llevado a trabajar con él a personas como Tina Sáinz, Juan Diego, Gutiérrez Aragón, Sacristán: y a mí mismo, de quien nadie dudaba de que lo fuera, y creo que fui solamente uno de los más leales y desinteresados compañeros de viaje que pudo tener ese partido. Más que un militante. Casi por esas fechas se nombró a Pilar Miró directora de Cine, y ella convocó el Premio Nacional: el primero de un Gobierno de izquierdas. Fui del jurado, propuse a Bardem y —contra la voluntad de Pilar Miró— fue rechazado. Encontraba yo que Bardem había descubierto el cine antifranquista, que era el único que lo había podido hacer durante la mismísima dictadura: aunque sólo fuese por el hallazgo de *Muerte de un ciclista*, Bardem debía ser el primero a quien una democracia en ciernes debía dar su Premio Nacional. Todo era inútil. Roman Gubern fue el único que arguyó en contra de una manera razonable: el premio no tenía por qué ser por razones históricas o de lucha, sino por calidad artística: a él le parecía que Juan Antonio Bardem no la tenía. Pero, al fin, se encontró alguien capaz de decir que no se le podía dar a Bardem porque era comunista. Sí que lo era, sí. Oí rezongar a alguien: "Pues no faltaba más, qué diría mañana *Abc*". Y uno propuso a Pablo del Amo, un gran montador, aludiendo que por fin había que quitar el premio a los divos, directores o actores, y dárselo a un trabajador. A mí me entusiasmó la idea. Pero me abstuve de decir que Pablito del Amo era militante comunista. Lo ha seguido siendo muchos años, y no sé si aún lo es. Charlo muchas veces con él, en casa de Fernán-Gómez.

El tercer dato de lo que estaba pasando fue el nombramiento de Jorge Semprún como ministro del Cultura: comprendí entonces claramente que, por fin, después de tantos años de lucha, de guerra fría, de matanzas fascistas, de cárceles y de denuncias, había podido triunfar el anticomunismo en España. Y se había apartado también a los socialistas de la guerra civil, o de la resistencia antigua. Era una especie de ley de punto final. Años más tarde, tomando una copa en el hotel Ritz en espera de una cena, Felipe González me dijo que él había recomendado en algunos países latinoamericanos las leyes de punto final. No había, dijo él, otra solución. Todavía, cuando escribo ahora, no ha existido esa solución: los asesinos militares de la Argentina se codean en las calles con los parientes de sus víctimas. Y en Chile, Pinochet se jubila como militar y pasa al rango de senador vitalicio. En España, los descendientes de la dictadura ocupan el Gobierno, y llaman izquierdista a González, y a los socialistas. Había entrado Carrillo en la última clandestinidad de los comunistas españoles, había paseado con una peluca vivamente falsa, se había denunciado a sí mismo; le detuvieron, le liberaron, le legalizaron, le condujeron a pactar en la Moncloa con los partidos de la nueva democracia: y ya había triunfado el anticomunismo.

A Carrillo, a Claudín, a Françesc Vicens, les habían purgado. Pasionaria había pronunciado la frase despectiva: "Ah, ese Semprún, cabeza de chorlito". La palabra purga tiene resonancias horribles del vocabulario anticomunista occidental —las de Stalin eran "sangrientas"— pero la metáfora vale: Anguita purga ahora el Partido Comunista llamado, sin ninguna probabilidad de acertar, por alguna alianza mínima, Izquierda Unida; le depura de las personas que hubiera podido denunciar como "desviacionistas de derechas"; toma rasgos nuevos con los catalanes y, desde luego, destroza a los comunistas gallegos, que se llamarían "oportunistas".

No sé si tiene razón: su inflexibilidad me recuerda la política de "secretario general": se lo dije a Carrillo y me dijo que la política de secretario general es la que se hace en

Francia, con los socialistas, o en Italia, con el "Olivo". Ésa no es política de secretario general: es política de bases y la oferta vino de los otros. La política de secretario general es la de Carrillo expulsando a Semprún porque, a fin de cuentas, el aristócrata cedía más a su clase social —los Maura— que al interés del proletariado; yo juré entonces que tenían razón Semprún, y Claudín, y Françesc, y Javier, y otros: luego he visto que tenía razón Carrillo, desde el comunismo. En este caso, la actitud de Anguita despreciando la ocasión de desprender a Galicia de Fraga para el resto de la vida del dictador franquista, y la de poner en minoría al PP en asuntos como el del fútbol o el decodificador, es desesperante. Lo que sí puede ser cierto es que a él, como el comunista íntegro que desearía ser, y manteniéndose fiel a una "línea general" que podría confundirse con la inteligencia y en muchas ocasiones ha pasado por ella, no debe importarle que gobiernen los socialistas o los pepistas o pepinos, porque los dos persiguen al comunismo e incluso a una vasta operación de la gran izquierda; y los dos han perseguido el comunismo; y el socialista purgó a los comunistas que no se convirtieron a todo lo posible (y se convertirán a lo nuevo que aparezca) y sus mismos viejos compañeros de la historia y las revoluciones. Ese martilleo sobre el hierro frío de la línea general quizá no sea oportuno, esté desplazado. Pero, ¿quién va a defender a los que ni siquiera desean ya defenderse, a los trabajadores sin trabajo o con suelditos, a los engañados por la democracia, a las víctimas de Maastricht, de Europa y de los Estados Unidos? Aunque no sea más que un grupúsculo, aislado de los sindicatos y de las autonomías, sin amigos en el mundo; aunque Anguita diste mucho de ser brillante y sea poco capaz de comunicarse, todavía hace falta un partido con fama de maldito, que ponga una flor roja en el nuevo muro pardo. Por elegancia política.

El ministro del Interior se burla de los "héroes luchadores antifranquistas": les descalifica para el presente. Es una burla que amarga, y que no corresponde a la realidad. El antifranquismo tuvo sus héroes, si se admite el significado común de la palabra: gentes que se jugaron la vida —y algunos la perdieron, otros pasaron parte de ella en la cárcel, o en el exilio difícil— por combatir un régimen dictatorial. Hubo antifranquistas con comportamientos más moderados, los hubo que aprovecharon todos los resquicios para difundir su ideología, o los que no tuvieron ocasión más que de resistirse al régimen; sobreviven. El antifranquismo fue, y puede seguir siendo, una manera de negar la dictadura y de propiciar la democracia. El régimen de Franco había caído ya antes de la muerte de quien le dio su nombre gracias a los antifranquistas: no pudo reencarnarse en otro espadón, o en ningún civil disponible, por la existencia del antifraquismo. Hoy existe todavía un franquismo —de la especie que, en historia, se llama sebastianismo— que pretende la reencarnación: la restauración de unos ideales autocráticos y representativos de la antigua tensión que puso en marcha Franco. No es sólo golpista: es "entrista", como decía la antigua jerga, y prefiere formar parte de las instituciones legales o de los grupos de presión para actuar desde dentro. No es ilógico que, en la oposición a ese sentido, exista también un antifranquismo, aunque sea mudo y tranquilo. Los sucesos del 23 de febrero, y las manifestaciones en las calles, demostraron que puede dejar de ser mudo cuando la situación le reclama. Las sucesivas votaciones en España han tendido siempre a la misma solución democrática: desde la primera fueron antifranquistas.

Algunas de estas votaciones han favorecido al partido del ministro del Interior. De sobra sabe ese partido que no tiene afiliados suficientes, y menos en el momento de las elecciones, como para dar un vuelco electoral, y que el atractivo de sus grandes figuras reposa sobre la tierra fértil del antifranquismo; y no sólo sus figuras, sino un pasado mucho más antiguo, el de sus cien años de luchas sociales —y de heroísmo— le procuraron un voto suficiente para que gobernara. Representaban entonces lo mismo que el antifranquismo, en una visión muy global: la creación de un bloque sólido de posibilidades institucionales ante un golpe de Estado o ante una involución. Y una voluntad de cambio. Los antifranquistas abandonaron su definición negativa para buscar otra con carácter positivo. No todos se inclinaron hacia el Partido Socialista; en el momento de la libertad del pacto tácito común, algunos se fueron a la derecha, otros renunciaron al Partido Comunista, una gran cantidad buscó en el centro un posibilismo que les parecía, al principio, que sólo podía estar ahí. Pero llegaron a cuajar en una mayoría a favor del Partido Socialista porque entendieron que les representaba mejor.

Muchos de los antifranquistas se retiraron de la actividad política de cualquier especie. Habían entendido que su problema político estaba solamente en el régimen anterior y en la necesidad de que desapareciese para poder ejercer sus actividades en libertad. Otros fueron retirados, por razones generacionales o porque quizá exigían que el cambio fuera mas allá. Pocos han pasado factura de su pasado, o han esgrimido sus mutilaciones de ex combatientes y de ex cautivos, o de militantes del antifranquismo global, para ocupar los nuevos cargos disponibles, que el Partido Socialista cubría, como es costumbre en España, con sus fieles; y con los menos discutidores de entre ellos. Si estos antifranquistas hubieran intentado su participación en el cambio, probablemente habrían sido ahuyentados por el ministro del Interior, a juzgar por sus declaraciones, o por algunos otros ministros.

Si aún manifiestan pensamientos que les parecen más progresistas que los que se pueden desarrollar ahora desde el Gobierno, son calificados de "grupos dogmáticos anclados en el pasado". Si algunos creen que José Barrionuevo no trabaja bien en el Ministerio del Interior, son calificados como pasadistas, como residuos o como fósiles. No es de extrañar que estas gentes se encuentren, así, en una posición muy parecida a la que tuvieron con el franquismo. Este ministro estima que los "medios públicos de información no deben facilitar la acción de los terroristas", y va a reunirse con los editores privados "para definir una estrategia común contra el terrorismo". Lo que cree parte de los medios de información es que Barrionuevo no dificulta suficientemente la acción de los terroristas. No es un pecado, no es un delito de leso ministro; porque los antifranquistas, de los que formó parte siempre su partido, entienden que unas personas puedan pedir la dimisión de un ministro y otras puedan defenderle y justificarle. Pero entienden muy poco que, después del cambio, después de su modesta aceptación de un sistema que les excluye, después de sus votos, puedan ser burlados y acusados de pasadismo y de dogmatismo. Sin ellos, Barrionuevo no estaría en su Ministerio ni Felipe González estaría en su presidencia. Es malo que lo olviden y que busquen sus votos por otra parte: no los van a encontrar. La cantera es única.

—Et maintenant, Madrid, a nous deux!

Estaba Jorge Semprún parafraseando a Rastignac, citando a Balzac. Yo no sabía todavía que se llamaba Jorge Semprún, ni que era un Maura: era el misterioso camarada clandestino que atravesaba todos los riesgos para venir a traer el aliento del partido. Algunos habían ido a la cárcel, otros aparecieron extrañamente muertos; Grimau se convirtió en limos, torturado, arrojado por una ventana, curado, juzgado y fusilado por los últimos coletazos de Franco.

Estábamos en la terraza de la casa nueva de Moreno Galván, y se veían las luces de la ciudad. Era un pequeño festejo clandestino: algo de vino tinto, supongo, algo de tortilla de patata. Los alimentos progresistas, populares, sencillos, que tomábamos los intelectuales. Moreno Galván no era pobre: su prestigio como gran crítico de arte, la tienda de artesanía de Carola, le daban de qué vivir. Era más intuitivo que inteligente: y su prosa tenía ese algo misterioso que enreda y al mismo tiempo ilumina. Tenía en la casa bellos y buenos cuadros contemporáneos. Desde *Triunfo* —con nosotros— hacía y deshacía pintores. Pero no se equivocaba.

Rastignac se quedó solo en Menilmontant, después del entierro de Papa Goriot, y allí desafió a París: al mundo. Eugene de Rastignac había ascendido por una amante, como le pasaría a su primo Jorge Sorel, en Stendhal. Había tenido algunos escrúpulos, pero los había vencido con una facilidad de dandy ligero y agradable. De aquella amante había pasado a su hija; y con ella, hasta llegar a primer ministro. El momento del desafío era aquel en que, ya fuera la sombra de Goriot, Rastignac mira la ciudad a sus pies: "A nous deux maintenant". Desde la alta terraza, a Jorge le salió la cita de su verdadera, de su principal cultura, vitalizada con otras: la francesa. Creo que yo le llamaba entonces Federico, Federico Sánchez, su nombre de guerra: el que luego haría famoso con su libro biográfico donde ya comenzaba, duro y aristocrático, el anticomunismo. Le dedicó la edición española a Javier Pradera, y él la rechazó en un memorable artículo en *El País*. Desdeñoso, frío: los Pradera frente a los Semprún. Javier, hijo y nieto de mártires de la cruzada, oficial del Cuerpo Jurídico del Aire, todavía esposo de una hija de Sánchez Mazas —un gran talento falangista, un escritor de primer orden, del que saldría otro aún mejor, nuestro Rafael Sánchez Ferlosio— había sido también comunista: quizá todavía lo era aunque a los dos les entrara el "asco de la greña jacobina" de Carrillo y su gentuza. Luego Javier volvería a Jorge, Muñoz Suay volvería a Jorge, y Claudín, y hasta el "pobre Azcárate", como dice de él desdeñándole Semprún en sus libros. Otra aristocracia, otra *intelligentsia*; la de la Institución Libre de Enseñanza, la de la diplomacia de la República, la de la Sociedad de Naciones. Cuando Carrillo desconfiaba de ellos porque eran "de otra clase", yo notaba un sudor frío. Eran todos héroes. Y lo eran.

Yo no sabía que Jorge era un Maura, ni que era nada más que una sombra. Era Federico Sánchez, a veces Agustín. En casa de Muñoz Suay la niña le llamaba "el pajarito", porque había oído decir que llegaba un pajarito: no se pronunciaban nombres. Me acordé mucho el día en que Jorge, o Federico aún, me dijo que no había que frecuentar a Ricardo Muñoz Suay. "Es confidente de la Policía". Me irrité más aún. Ricardo había sido marcado por el partido por el caso Uninci; se había enfurecido, quería descubrirlo todo, y ya decían que era confidente de la Policía. Cuando aumenté mi furia, Semprún y Domingo Dominguín me dijeron: "Y se acuesta con su hija". Creí que era la típica calumnia sovietoide, la de "víbora lúbrica". Qué verdad. No era su hija: era la de Nieves con Tuñón, que Ricardo había adoptado y educado (sí fue cierto: se fueron a vivir juntos. No duró mucho tiempo). Era la que le llamó "el pajarito", y el nombre pasó de boca en boca...

Mi hija Pilar le llamó "pelos de hierba". La llevaba a la calle de Hortaleza, a que viera una cabeza de barro en la que se sembraban semillas y salía un césped verde en el pelo: el caso se sigue produciendo. El corte de Semprún venía de París, y ésa era la moda allí, y eso le despegaba de los ciudadanos corrientes (yo, con mi pelo planchado a la madrileña, era quien llamaba la atención en los primeros viajes que hice a París: una muchacha nocturna y existencial, en la Pérgola, me preguntó si era un *chanteur de tangos*: hubiera querido serlo). Mi hija, un día, se metió debajo de la pequeña cama que había en un cuarto de casa: sospechaba de que, en mi ausencia, Pelos de Hierba y su madre se encerraran en aquella habitación. Desde allí abajo descubrió dos cosas: que los reyes magos no existían, porque allí estaban los juguetes que les iban a entregar, y que su madre y el amigo hablaban de cosas aburridas. De política. Pero todas las esposas, todas las hijas, todas las novias, todas las amigas, todas las conspiradoras, estaban un poco enamoradas de Jorge Semprún. El camarada romántico, sigiloso. El dandy del partido.

(Rastignac llegó a ser primer ministro en el enorme fresco balzaquiano de *La condición humana*. Semprún no llegó más que a ministro de Cultura de Felipe González: ni siquiera de Francia, como lo había sido el otro gran aventurero, el otro gran comunista que pudo ser su modelo: Malraux. Y Felipe le despidió un día como hacía él, como hacía Franco: sin apenas una palabra, sin más que una carta por un motorista).

Y el ministro del Interior del Gobierno donde Semprún repartía cultura y anticomunismo se burló de los "héroes luchadores antifranquistas": les descalificó para el presente, para su presente. Ahora está ese ministro, Barrionuevo, empapelado: había sido, dicen, el nuevo héroe, el hombre bajo cuya orden los fondos reservados, de reptiles, del Estado habían ido a torturar a los terroristas vascos, a matar a veinte o treinta, a secuestrar algún inocente. Y a pagar mujeronas gordas, sudadas, con la grasa obscena, y con las risotadas oyéndose en sus caras de foto, del jefe civil de la Guardia Civil; o a comprar alicates para que los hombres del militar de la Guardia Civil, Galindo, arrancaran uñas a sus martirizados. Todo el gran esfuerzo, toda la gran esperanza, para que Roldán se fuera de putas, para que Rubio soplara los secretos de la banca. Una burla que fue amarga; y falsa.

Habían pasado desde la noche de Moreno Galván, como en los folletines —como en la vida— muchos años: y nos veríamos a media tarde del día de las elecciones democráticas en la cafetería del Suecia. Semprún, que ya se llamaba con su nombre, se había alojado allí. No podía votar: aún no tenía residencia en España. Cuando llegamos, aún no había bajado, pero ya nos estaba esperando Fernando Claudín. Jorge nos preguntó qué habíamos votado. "Al PC", dijo Claudín, el expulsado del castillo de Praga, el proscrito de Carrillo; y Concha, y yo. "Federico" se indignó, se aclaró. Como en otros tiempos, como en la clandestinidad, cuando le preguntábamos lo que no había que preguntar, no habíamos comprendido nada. Dije:

—Hombre, no íbamos a votar a Felipe González.

Parecía absurdo, después de tanta lucha.

El día antes estuvimos Concha y yo en el pisito del partido en la cuesta de Santo Domingo para ver el censo, y Armando López Salinas, inasequible al desaliento, nos aseguró que el partido ganaría muchos escaños: no salió ni él, que se presentaba por Jaén. Era maravilloso: se hundieron sin saberlo, murieron creyendo que estaban vivos. Qué pena.

Por la noche, en las televisiones, el triunfo de los socialistas era conmovedor: hasta los comunistas muertos daban saltos de alegría. Lo grabé en vídeo, para volverlos a ver dentro de unos años. Ahora sería el momento: pero no me presto a esa dura burla.

Claudín atendió bien, una vez más, las recriminaciones de Semprún. Terminó de director de la Fundación Pablo Iglesias; Jorge llegó a ministro inverosímil del inverosímil Felipe González. Yo voté a los socialistas en las elecciones siguientes: con la muerte en alma. Después comprendí quién era yo: no volvería a votar nunca más. Había entendido todo. Y así sigo.

Negronas de belfos oscuros llegadas del fondo de África —las esclavas fueron fecundadas por los árabes— , árabes blanquecinas, rifeñas velludas, moritas culeando bajo la chilaba, como las de mi juventud: ahora las están matando en Argelia. Veo sus cuerpos degollados en este oscuro Ramadán. El terrorismo es antiguo e ilimitado; como todo lo que es el mal, se ha endurecido hacia el fin de siglo. Todavía en los tiempos de los nihilistas, de los iluminados, alguno de ellos aplastaba con su cuerpo la bomba que iba a arrojar contra el zar, y estallaba con ella, para evitar herir a un niño que iba a dar un ramo de flores al tirano. Ahora la mentalidad ha cambiado. El niño quizá no sea deliberadamente elegido por el terrorista, pero no es evitado y resulta una buena inversión: la sociedad burguesa se aterroriza más por sus niños que por sus adultos —o, al menos, los adultos lo fingen así—, y en la imaginación del asesino cederá más ante su violencia si le matan los niños.

O las mujeres: por eso los fanáticos religiosos de Argelia —religión, patriotismo, nacionalismo, son las tres fuentes básicas del crimen; o quizá el crimen sea el manantial de todas esas aberraciones del humano íntegro— están matando a las mujeres. Tanto mejor si se cumple que sean, además de mujeres, niñas: los asesinos sagrados entran en una escuela, sacan un par de alumnas, —excelente si resultan hermanas—, y las degüellan en la calle: mejor con el cuchillo y la joven sangre brotando que con el pistoletazo seco, que hace menos efecto. No hay que olvidar que esos asesinos sagrados son las víctimas de unos asesinos laicos y militares uniformados que les robaron las elecciones que habían ganado limpiamente y que ahora les matan por todos los medios posibles. No sabemos si son los mismos: en los raros caminos de nuestra historia, todo es más oscuro que en la antigua. Nuestra Inquisición, que en un conjunto histórico causó más víctimas que el integrismo argelino, y a la que también le gustaban más mujeres y niñas para la hoguera —las brujas— es un gran antecedente. Hay además un componente sádico en la cuestión que puede crear grandes mitos: como la hoguera de Juana de Arco, tan rentable. O las brujas de Zugarramurdi que, además, eran vascas. No era tampoco nuevo: el cuchillo de obsidiana de los sacerdotes precolombinos rasgaba también a las vírgenes. Sin duda, un estado del que la mujer debe desprenderse rápidamente. (Había olvidado el sexo entre los grandes componentes del crimen).

En la indiscriminación de las víctimas, el terrorismo de Estado o de poder es un precedente arcaico. Egipcio, tartésico, meda o chino, o ibérico. Sería injusto hacer caer el gran peso de las muertes de inocentes a los británicos que bombardearon Dresde, o más aún a los americanos de Hiroshima o Nagasaki, a no ser por el dato histórico en este último caso de ser las primeras bombas atómicas del principio del fin de la humanidad y por el número de víctimas. Fuera de ello, no se diferencia demasiado del bombardeo por los hispano-alemanes de la ciudad de Guernica, en la guerra del Viejo Terrible (qué pena que no haya infierno: todo para él). Como el genocidio de los nazis no se diferencia ni siquiera en la proporción (gana el número absoluto, pero no la relación con el número de habitantes) con el de hutus y tutsis: reconocido también como genocidio por las Naciones Unidas; realmente, en vez de ser suficientemente condenado, está sirviendo para justificar esos otros crímenes: todos somos asesinos, y lo mismo da que escuchemos los delicados cantos de barítonos —música de Schubert, letra de Heine— que el tam-tam y el ulular de los maestros cantores de Ruanda.

Así hay quien justifica los crímenes de ETA con los cadáveres torturados de los etarras bajo la cal viva en Alicante. Los que están en los papeles —cuando escribo— que empapelan a los ministros del Interior de Felipe González: tan erróneos, tan víctimas, como la justificación en contra. Ningún terror se justifica con otro. ¿Es mejor, es peor, el crimen privado que el crimen de Estado? ¿Son mejores o más justas las matanzas islámicas de mujeres, o las de la chusma paramilitar en Chiapas? Los que toman la ética con el papel de fumar con que suelen tomar otros instrumentos de poder masculino pueden defender los dos extremos: creen unos que el crimen de Estado es más legal, porque el Estado posee "el monopolio de la violencia" según los mejores tratadistas, y su función es devolver la paz social por los medios necesarios; otros, que es más disculpable el del fanático ilusionado que juega su vida por un ideal. Será, también, por un ideal del Estado que quiere implantar.

Es cierto que el buen terrorista, después de hacer volar a las víctimas del hotel Rey David en Jerusalén, puede ser Premio Nobel de la Paz, junto con su terrorista enemigo apenas lleguen a jefes de Estado y hagan las paces entre ellos: me refiero a Beguin y Sadat en 1978; podría hablar de Kissinger en 1973, que mandó arrasar los arrozales de Vietnam pero luego inició las conversaciones de paz en vista de que perdía la guerra (y años después manejó a Pinochet para que matara en Chile); o de Churchill a quien no se lo dieron por un poco de pudor, porque era el guerrero feliz de toda su existencia, pero le dieron el de Literatura, lo cual era una injusticia también absoluta; y ese año de 1953 el de la Paz se lo dieron a Marshall por el plan que lleva su nombre: pero había sido un duro general en la guerra, y había combatido a los chinos de Mao ayudando a los de Chiang Kai-chek que fue un buen criminal de guerra (si las biografías de sus torturas y genocidios no mienten: que bien podría ser).

Esto permite decir que el terrorismo es algo que puede triunfar, establecerse y cambiar de nombre para ser una institución. Que puede sufrir, a su vez, de un terrorismo contrario. Arafat era el terrorista del mundo occidental: criminal para Israel, lo era también para el resto del mundo; y los Estados Unidos no le dejaron nunca entrar en su territorio, ni siquiera para tener acceso a la Asamblea General de las Naciones Unidas: un derecho concedido hasta a Fidel Castro. Transformado después en hombre conveniente para la paz, en dialogante, una vez que el terrorismo militar de los Estados Unidos envuelto en la capa de las Naciones Unidas arrasó primero y bloqueo después a Irán, con la anuencia y la participación del mundo árabe que dejaba sin esperanzas la reconquista de Palestina, tuvo su premio Nobel de la Paz, fue institucionalizado y a su organización se le entregó un poco de territorio para que remedase a Palestina: el mismo Arafat entró en los Estados Unidos, llegó a la Casa Blanca y el presidente le abrazó, con el jefe de Gobierno de Israel. Fue en ese momento cuando le surgió a él mismo su terrorismo contrario, como a los argelinos del FLN convertidos en militares y gobernantes les surgió el suyo en forma de integrismo; el mismo integrismo integrado en Irak y el que amenaza en Egipto, donde ya asesinó al antiguo terrorista institucionalizado y nobelizado Sadat y donde ahora apunta al turismo: como en Marruecos, en Argelia. Al occidental, al americano.

Y cuando estalla un edificio de Oklahoma City, la atención de Estados Unidos se vuelve inmediatamente hacia los árabes de su propio país. Y también a una secta religiosa, a una especie de davidianos, los terroristas aterrorizados que fueron destruidos en un asalto de terror policiaco hace años en Waco, Texas. Pero no: esta vez el terrorismo era, precisamente, antiárabe, y practicado con gran técnica de blancos anglosajones protestantes. De extrema derecha, se dice: o pronazi, o simplemente nazi. Timothy J. McVeigh, detenido por el FBI, es uno de los americanos que combaten la conspiración: los que estaban en la clandestinidad tratando de luchar contra el comunismo que se infiltraba durante los peores tiempos de la guerra fría —al final de los setenta, al principio de los ochenta— ven ahora la conspiración antiamericana en los árabes. No son sólo ellos. El Gobierno federal está ya invadido por el enemigo, y sus propósitos de prohibir la venta libre de armas están hechos para desarmar al buen ciudadano ante el inmigrante asesino; y lo pagan los banqueros internacionales que luchan contra el dólar porque, ya se sabe, son los grandes mercados los que dirigen al mundo —no es un error— y no el Gobierno de los Estados Unidos —es un error: es el gobierno de la gran banca—.

La respuesta de América a estas milicias clandestinas, dentro del adecuado dolor, del estupor y de la ética y la moral del Guinness —el atentado más sangriento de la historia del país— ha encontrado una nueva definición para este terrorismo: la paranoia. Los nazis americanos que ven una nueva conspiración mundial son, simplemente, paranoicos. Son, como todos, religiosos al extremo, nacionalistas al máximo, fuera de los límites: no más paranoicos que los argelinos o que los que veían en el "judío internacional" la destrucción de la raza aria y del mundo. También esa paranoia existió en los Estados Unidos; y allí se difundió el libro falso de *Los protocolos de los siete sabios de Sión*: se suponía que lo había escrito una internacional judía para apoderarse del mundo.

Cuando ya se sabía que era absolutamente falso (fabricado en Rusia el siglo pasado), aún lo leía y creía en España el Almirante Carrero Blanco, jefe de Gobierno de Franco: se encontró en su mesilla de noche el día en que volaron a gran altura su automóvil —otro dato para el Guinness— y, en su entierro, algunos ministros como Julio Rodríguez o Sánchez Bella dejaron entender, y algunos dijeron abiertamente, que había sido asesinado por los masones y los judíos unidos al comunismo internacional. Otra paranoia. Pero construida dentro de un régimen que utilizaba la paranoia para gobernar: la de la conspiración antiespañola, la del tribunal de la masonería y el comunismo, los agentes venidos del exterior, el contubernio de Munich, y algunos otros grandes tópicos. Sin duda creía en ello: pero, más que creer, hacía creer. No es nada extraño que aún vuelvan, en algunos casos de la situación española actual, tan despejada, ramalazos de la paranoia españolista con los episodios de la pesca y Canadá o Marruecos. No hace raro que la gran derecha, con su gran nazismo, o franquismo, agazapado dentro —su gran maestre y fundador, Fraga, firmó con Franco las últimas penas de muerte, cumplidas, contra el terrorismo— vea rojos en los pobres socialistas aburguesados, con buena panza decimonónica; y algunas razones hemos tenido para lanzar el grito de "Que viene la derecha" cuando se supone que lo que vuelve es el franquismo. Paranoia. Pero ha vuelto.

Es muy posible, en este tiempo, morir por la muerte de otro y desmentir a Rilke ("Cada uno muere de su propia muerte": él, poeta del pinchazo venenoso de la espina de una rosa: muerte repugnante, pero enormemente lírica para ser enunciada); o ver volar del propio cuerpo un brazo o una pierna. Sin saber por qué ni por quién. Por los kurdos, por los armenios, por los musulmanes. Pero también por ser kurdo, armenio, musulmán.

Unos fueron a matar a Aznar, quién sabe por qué (¿les acercaría esa muerte sus propósitos? No, claro. Más sirvió para acercar a Aznar a los suyos); el hombre reza cuando se siente volar por los aires dentro de su coche blindado, y aquel a quien reza —Aznar lo contaba alzando un dedo que señalaba al cielo; o al Cielo, con mayúscula—, que es sutil (aunque, según Einstein, no sea mezquino), hace cambiar una décima de milímetro, una milésima de segundo, y quien se fulmina es una anciana cuya casa es pobre y se le derrumba encima. (Acerca de Einstein y Dios: "Der Herr Gott is raffiniert, aber boshaft ist Er nicht", encontraron, escrito de su puño y letra, sobre la chimenea de Fine Hall, en Instituto de Matemáticas de la Universidad de Princeton. ¿Qué es lo que no es Dios? La traducción inglesa de Carl Seelig dice "malicioso"; la francesa de Norbert Wiener escribe una vez "bajo", otra "mezquino". Pero *boshaft* puede ser "maligno". ¿Cómo contribuyó el personaje al que describía así Einstein en la conversión histórica de éste en el padre científico de todas las bombas nucleares, muestra exquisita del terror global, contra su expresa voluntad?)

Prosigo: va esa mujer pobre y poco contenta a morir con la muerte que no le correspondía. Como si hubiera pasado por Oklahoma cerca del edificio volado por los fascistas, o entrado en el metro de Tokio cuando los enloquecidos budistas del integrismo soltaron, un día, unos gases letales, que ya habían demostrado su eficacia en la muerte de otros inocentes, los judíos asfixiados por los alemanes. De este morir por la muerte de otros, cuentan ellos, tantas veces asesinados (en realidad, empezamos nosotros: los Reyes Católicos, quiero decir, vaya dos), un chiste negro: uno dice que va a venir una dictadura que matará a los judíos y a los barberos. "¿Por qué a los barberos?" Y ¿por qué a los judíos?.

O a los armenios o los kurdos; o a sus víctimas. Un compañero entró una vez en una cabina de teléfono para contar a su periódico los efectos de una bomba de los armenios en la Plaza de España de Madrid; apartó con el pie una bolsa de papel, y estalló otra bomba, que le llevó la pierna. Su pierna, su necesaria e inocente pierna. Todavía hay niños en el mundo entero que golpean un hierro viejo con una piedra, y explotan: un arma olvidada de cualquier guerra, de cualquier terror.

George Johnson, en el *New York Times*, relató un día las cinco reglas de la paranoia conspirativa. La primera está siempre teñida de internacionalismo; no olvida a los judíos, y las organizaciones como la Trilateral, la Interpol y las mismas Naciones Unidas: algunos incluyen a la Cruz Roja. La regla número dos es la de que "nada debe ser descartado", la vieja teoría de que nadie es inocente que ha costado siglos convertir en lo contrario, en la esencia de la justicia democrática: todo el mundo es inocente mientras no se demuestre lo contrario. Se están vendiendo por correo los *Protocolos* citados antes como libro de lectura de Carrero y *Pruebas de una conspiración*, un clásico de 1797 (los malos eran de una orden masónica, los Illuminati, conspiradores con los Jeffersonianos para entregar Estados Unidos a la filosofía francesa de la Ilustración). El desarrollo de la regla número tres es que los actuales aparentes amigos son los principales enemigos: los Rockfellers son como comunistas, la banca internacional (los judíos) están unidos con los comunistas. Número cuatro: la internacional atea comenzará el final del sistema económico; el dólar ya ha salido de la línea del oro, y la Reserva Federal ha creado moneda de la nada. Cuando los banqueros lo manden, el dinero dejará de valer. Y así se llega a la regla quinta: todo está ya dicho en la Biblia. El "nuevo orden" (*Novus Ordo Seclorum* cayendo en el internacionalismo del latín) lanzado por la presidencia —Reagan lo proclamó en su día— es el reino del Anticristo, descrito en la Revelación. Ya se ve la marca de la bestia...

No es difícil mirar, escuchar, leer en torno: las pintadas o los periódicos murales, y algunos nacionales; las páginas pegadas en las esquinas. No es difícil, digo, en España. El terrorismo, aquí, es claramente el de ETA. Pero, ¿no está ligado a un movimiento internacional? ¿No hemos hablado, muchas veces, de una internacional terrorista, donde estarían unidos los árabes, los iraníes, los libios, las guerrillas latinoamericanas? ¿No se adiestran los guerrilleros en uno u otro de estos países, y reciben de ellos armas y dinero? ¿No manejan simultáneamente la droga? A veces son periódicos sensatos, a veces oradores escuchados y atendidos, escritores ilustres. El terror al Anticristo se oye en los púlpitos; algo llega del Vaticano, algo amplían los obispos...

Era una habitación pequeña, y daba a un enorme patio. Mi hija Pilar se escondía para sorprender a su madre y a Semprún. En aquella habitación comenzó todo: la ruina final del comunismo español. Las deserciones, los sustos, las pérdidas de conciencia. En el partido se hablaba mucho de la "toma de conciencia", de la conversión de los burgueses a la realidad. Se hablaba en el mundo: se diría, luego, que en los Estados Unidos se había tomado conciencia: la "nueva izquierda", los desertores del Vietnam, los *hippies* y la revolución sexual. No era verdad, y todo volvió donde solía. En España los compañeros disertaban, ensayaban, novelaban la toma de conciencia. *El puente*, de Bardem, era una película de toma de conciencia. En *Los segadores* aparecía un personaje, representado por Fernando Rey, que era el intelectual que hablaba a los obreros y a los campesinos para que tomasen conciencia. Pero en aquella habitación la conciencia del partido se comenzó a perder, y todavía se va hundiendo poco a poco, aunque con sobresaltos.

La casa estaba en un barrio que comenzaba a crecer, hacia los altos de Vallehermoso. Casa de pisos fina y desastrosa: los cuadraditos del parqué barnizado que era un signo de buena burguesía saltaban por los aires cuando las mujeres de visita llevaban tacones; las puertas correderas se atascaban, el ascensor quedaba atrapado entre los pisos. Casa cara y falsa: Madrid era esa enorme chapuza colectiva, donde todo era mentira bajo ripolines, barnices, chapados, cromados y sonrisas. En el piso de al lado, una pareja de recién casados escuchaba una y otra vez un disco de un cantante que se llamaba José Luis, que sería de él: una preparación modesta y sensible de Julio Iglesias, que por entonces debía ser ya futbolista de menisco sano y amenazado. Cuando bajaba a la calle, los domingos o en vacaciones, una niña paseaba por la exigua acera con su bicicleta valiente, y se metía entre mis piernas. Años más tarde, en la legación de Tánger, se me acercó la arpista María Rosa Calvo Manzano y me dijo que me reconocía: ella era la niña de la bicicleta. Ahora se ha jubilado de la orquesta, de la cátedra: se queda uno estupefacto de haber visto tantas carreras completas, desde la infancia hasta el final. Tomaba el autobús: a veces me encontraba a Tomás Borrás, el escritor fascista, el marido de la cupletista La Goya, ya del siglo anterior. Y alguna vez a Josefina Carabias, que salía de su casa del barrio. Íbamos juntos a *Informaciones*. Muchas veces me he asomado por las ventanas exteriores, o he mirado detrás de los pasillos: si veía figuras extrañas, plantones raros o algún hombre en la esquina leyendo el periódico, llamaba a un teléfono de contacto y avisaba: que no se acercase nadie por allí, la casa podía estar vigilada... En la habitación estaba la cama llamada turca, con el vocabulario de entonces —un somier con patas, pero el tapiz y los almohadones podían dar una imagen turquesa—, una mesa de forma rara que me hizo un carpintero sobre un diseño de Demetrio, para que entrase en un rincón. Los libros de siempre, de todas las casas, no sé. Allí se preparó la Huelga Nacional Pacífica: desde allí la dirigió Fernando Claudín, y allí se la vio fracasar. Fernando tenía unos cuantos años más que yo: los suficientes para que las separaciones de la guerra y la posguerra fueran gigantescas. En la República era un personaje en las Juventudes Socialistas Unificadas; las del partido. Dirigía el periódico *Juventud*, y yo era uno de los chavales que se llevaban un manojo a las calles y lo vendían, gritando: "¡Contra la canalla fascista!". Mis padres temblaban en aquel tiempo de pistoleros. Carrillo era el jefe de las Juventudes; siguieron juntos el largo camino de la guerra, la derrota, el exilio y el regreso. Fueron, al fin, enemigos.

"Unos días antes de la fecha (de la Huelga Nacional Pacífica) yo estaba en Madrid, donde había sido enviado por Carrillo para reunirme con el Comité Local del partido, así como con los miembros del Buró Político allí destacados de forma permanente (Semprún, Simón Sánchez Montero, Marín)", ha escrito después Claudín. Debía suceder el 18 de junio de 1959. Ese día en que llegó a Madrid el segundo personaje del Partido Comunista de España, apareció Semprún en la casa del parqué levantisco y de la niña de la bicicleta y me explicó algo que estaba sucediendo: habían fallado todas las previsiones y Fernando Claudín estaba en la calle. Le había dejado cerca de mi casa, pero no se atrevía a llevarle sin mi consentimiento. Yo no era militante: era, ya lo he dicho, un compañero de viaje, un colaborador. Claro que podía negarme pero no me negué. Fuimos a recogerle en un enorme coche Borgward —una marca alemana, ya no existe—, negro y redondeado, que tuve por entonces (lo traje de París), y fuimos hasta el Ministerio del Aire. Pegado al sostén de uno de los arcos estaba Claudín, solo y desamparado: le habían dejado allí, le habían soltado allí, y no sabía lo que iba a pasar. No tenía miedo: no era gente que tuviera miedo y la vida les había hecho valientes, pero tenía la profunda preocupación de que no saliera bien la HNP. Le llevé a casa. Y convirtió la habitacioncilla en el cuartel general, en la sede del partido, del Comité Central, del Buró Político, que sé yo de qué. Lo ha escrito después: "Oculto en el piso de Eduardo Haro Tecglen —cuyo robusto escepticismo contrastaba con nuestro frívolo optimismo pero no le impedía correr tranquilamente el riesgo de convertir su casa aquellos días en base operacional de la dirección comunista— hice varias reuniones con unos y con otros. Estaban decididos, dispuestos a echar toda la carne en el asador, pero se notaban dudas y reticencias que yo me esforzaba en disipar..." Todos ellos han seguido creyendo toda su vida que yo era un pesimista, un escéptico raro: el mundo se iba hundiendo en torno suyo, iban cayendo a pedazos sus creencias, sus vidas, sus compañeros, y ellos seguían diciendo que había cerca un pesimista imbécil que decía tonterías mientras todo iba por lo mejor en el mejor de los mundos posibles. Sobre lo que pasó, hay versiones distintas. La mía es que el 18 de junio entré en la habitacioncilla y desperté a Fernando. "Escucha, Fernando, escucha... ¿Oyes esos ruidos? Son los obreros metalúrgicos de la casa en construcción aquí al lado. Escucha y oirás los ruidos de la calle: los autobuses pasan, los coches llevan las gentes a sus trabajos, los niños corren a sus colegios. Escucha, Fernando, cómo trabaja Madrid: y hoy es el día de la Huelga Nacional Pacífica..." La versión de Fernando es la de que eso no pudo suceder, porque él había regresado a París antes de la jornada que debía ser histórica. Seguramente era la cierta. Ahora ya ha muerto, y ya no podemos cotejar nuestros recuerdos.

Un día fui a la Dirección General de Seguridad con dos personajes interesantes: Camilo José Cela y Eugenio Suárez. Parece imposible pensar ahora que Camilo tuviese miedo de entrar en la casa de la Policía: pero lo tenía. El dato pinta la situación, la infinita posguerra española. Eugenio, falangista y divisionario, Camilo y yo éramos amigos del Café Gijón; yo dirigía *Sábado Gráfico*, de la que era propietario Eugenio, que también lo era de *El Caso*, revista de sucesos —la perdió, y toda su fortuna, como en los tangos: "por una mala mujer"—; y Camilo había escrito *La familia de Pascual Duarte* que, en el fondo, era un espléndido suceso y un alegato contra la España negra y dura: por eso fue el que vistió a Camilo, como se viste a un torero, el día en que ingresó en la Academia. Eugenio tenía las relaciones íntimas con la Policía que requería la especialidad de su revista, y a él acudió Cela para el asunto del pasaporte. Hablamos con un jefe superior: estaba exultante por cómo tenía dominada la huelga del Partido Comunista. Yo le escuchaba y veía cómo, en efecto, sabía detalles de organización y de preparativos, tenía atajadas las situaciones en España: lo sabía todo menos que yo, que sonreía escuchándole, era el casero del Partido Comunista en Madrid, el hombre que albergaba la huelga. Le oía como oía en mi periódico —*Informaciones*— los datos de España y de Madrid: no habría huelga. En los periódicos siempre se sabe todo; lo que ocurre es que no se puede publicar. Se lo contaba a mis topos: no os sale, esta huelga no os sale. No está el país para eso, es un país en un momento ascendente y vosotros creéis que estamos en un momento social dramático... Más tarde, cuando lo recordaba, alguien me dijo que tenía razón: pero que tener razón antes de tiempo es peor que no tenerla. Es verdad: sólo se puede decir que algo ha fracasado cuando ha fracasado ya. No hay que ser pesimista.

En esta casa donde vivo ahora hay un dibujo al carbón enmarcado en un óvalo que está dentro de un cuadro. Es un niño rubio, apenas esbozado: un apunte. Es mi hijo Eugenio, y el dibujo lo hizo Fernando Claudín en aquellos días de la huelga que no existió: se fingía pintor. Había sido estudiante de arquitectura, y tenía el lápiz suelto. Ya no existen ninguno de los dos. Eugenio había querido ir por el camino de la música: la guitarra, las salas de ensayo sórdidas y heladas, los conciertos por los que hay que pagar. Su mujer le dejó. Se casó otra vez, y ésta le acompañaba, participaba. Participó de su muerte: la siguió a ella años después. Eugenio venía a casa desapareciendo cada vez más, cayendo y cayendo. Una tarde vino a verme y me miró con un asombro doloroso:

—Me ha dicho el médico que puedo morir hoy mismo

—¿No lo sabías?

Aquella noche le tuvieron que llevar a La Paz; ingresó en urgencias: murió.

Ver acabar al comunismo ha sido una experiencia inquietante. Verlo con ojos muy abiertos. Correr a la radio cuando una persona de la casa irrumpe en el cuarto de trabajo y dice:

—Acaban de reivindicar al zar...

Aquí ya habíamos visto el poder que se llamaba socialista; y al comunista. Habíamos oído a Carrillo decir que no quería ninguna dictadura: "Ni la del proletariado". Y que la Revolución de Octubre proporcionaba algunas dudas. Le habíamos visto en los Pactos de la Moncloa. "Es de carril", habíamos escrito ya en *Triunfo*: es muy probable que fuese yo mismo. Y el comunismo nos bufaba. El comunismo combatió a *Triunfo*, el comunismo se convirtió en anticomunismo: veía ya cómo se abría el suelo bajo los pies de lo que Benavente —que fue sólo de los amigos de la URSS; fue sólo un poco amigo de todo— había llamado "Santa Rusia". Un hijo del siglo ha podido ver cómo se abría en la tierra un inmenso, un vasto campo de esperanza; y cómo, setenta años después, estaba reivindicado al zar y estaba llenando de asco, de desprecio, de odio a quienes habían acompañado durante tanto tiempo aquella revolución o aquella dictadura, que tenían que haber sido distintas.

"Acaban de reivindicar al zar": como cuando mi madre, cuando entraron los de Franco en Madrid, me despertaba para decirme:

—Ya están ahí...

Quizá un día reivindiquen a Hitler: quizá la última barrera para su recuperación está en la fuerza judía. Y a Franco ya se le va viendo venir, levantando él solo, como lo hizo todo siempre —en el crimen, los otros fueron eficaces comparsas: los que aprietan la tuerca del garrote—, su lápida del Valle de los Caídos. La tumba que se hizo para cuando le sucediera el Rey que él nombró.

En la redacción de *Triunfo* pensábamos qué haríamos cuando muriese Franco: qué periódico sacaríamos, cuál sería la portada. Nunca nos llegó ese día. No había, creo, más que intención profesional en las elucubraciones. No pudimos hacerlo. Hicimos la portada del atentado de Carrero Blanco: el armón de artillería que llevaba al que hubiera podido ser el nuevo dictador cuando el viejo caquéctico desapareciera, y ni una sola letra. Se oponían algunas personas: una de ellas, César Alonso de los Ríos, que estaba en una clandestinidad personal: mientras trabajaba con nosotros, lo hacía en la sombra como nuestro enemigo, en la fundación de *La Calle*, semanario al que se llevó a todos los comunistas de la casa. A mí me dolían, sobre todo, dos: Fernando Lara, que llevaba conmigo, y a veces casi solo —no sé mandar, no sé disponer— la revista mensual *Tiempo de Historia*, y sobre todo Manuel Vázquez Montalbán, que había arrancado su vida literaria con nosotros, con su enorme *Crónica sentimental de España*. Fui a Barcelona con la intención de rescatarle. Me llevó a comer a Quo Vadis?: tardó mucho tiempo en elegir los vinos charlando en catalán con el *sumiller*. Discutimos los platos. Y cuando le pregunté cómo podía seguir aún en el Partido Comunista, me dio una de las respuestas que conservo siempre en la memoria y que procuro imitar:

—Por no abandonar al militante de base.

El militante de base, el pobre "camarada oscuro" de una obra de teatro de Alfonso Sastre. Aún le quedaba por ver la reivindicación de los zares. Sin embargo, ahora, en Nueva York, Manolo Vázquez me decía que *La Calle* nunca había sido del Partido Comunista.

Alonso de los Ríos abandonó luego a los comunistas y se pasó al PSOE; dejó luego al PSOE, y no sé dónde está. En cualquier medio del régimen. Bien, no vio posible aquella portada de *Triunfo* donde no había ni una sola letra. Tampoco la veían otros, y decían que "no era tipográfica". Algunos no vieron otra con la cara del Che muerto: "No se deben dar cadáveres en portada". Otros no comprendían que se diera la cruz gamada sobre el fondo rojo. Así se fue haciendo *Triunfo*. El compañero Castaño, combatiente ácrata de la guerra y de la vida, trabajaba sobre su caballete. Pero no pudo hacer nunca la portada del día de la muerte de Franco: ese día la revista estaba prohibida por el régimen. Cambió ese régimen, entró en el poder un Fraga bañado de democracia y el Rey; y el jefe del Gobierno y Fraga decretaron una amnistía, un borrón y cuenta nueva. Pero no aceptaron que se incluyese en ella la revista *Triunfo*: cumplió su sanción enteramente. Tocada de muerte. Si se ha visto, luego, y ahora mismo, reivindicar a Fraga, y hacerle, caduco y feroz, remedo del mismo Franco final, presidente de Galicia ¿por qué asombrarse de la reivindicación del zar?

El gran giro del país que se volvió a llamar Rusia en torno a sí mismo es una de las piezas más asombrosas del rompecabezas de este siglo. Rusia lo empezó con grandes revoluciones —la de 1905, preludio de la de 1917—, perdió su nombre, deshizo sus estructuras, creó otras nuevas; vuelve a ser Rusia cuando termina el siglo, y el nuevo Parlamento, con comunistas aún en sus escaños, pero con popes también entre ellos, reivindica la memoria del zar Nicolás II, ejecutado en Ekaterimburgo (o Yekaterimburg) con la zarina, el zarevich Alejandro y estas cuatro bonitas granduquesas, infantiles y altaneras (he puesto ejecutados: los neozaristas me lo reprocharán. Ahora hay que poner asesinados; sobre todo, allí donde les mataron). De una de ellas, Anastasia, se hizo una leyenda: había sido salvada, cargada de identidad; y aún una persona paseaba por el mundo repitiendo ese nombre, reclamando la herencia de los Romanov, el título, la adoración de la aristocracia, el trono cuando se echase a los bolcheviques de su reino. Historia falsa. Ya se han encontrado los huesecillos tiernos de la menor de la familia imperial. Los amos de todo, pero quizá los esclavos de uno: Rasputín, el pope misterioso y vigoroso, incansable monstruo de posesión sexual, hipnotizador, encantador, inspirador. Le mataron los propios aristócratas para liberar a la familia: el príncipe Yusupov. Parecía imposible: le dieron pastelillos de cianuro y continuó vivo; le dispararon con revólver y se alzó del suelo para lanzarse sobre sus matadores; le apuñalaron. Le insacularon, siguieron dando puñaladas al saco que se agitaba desde dentro, le arrojaron al río helado; cuando se descubrió su cadáver, ya había rasgado el saco para salir, pero no tuvo tiempo.

En Serrano, 3, Madrid, vivía José Luis Alonso, y allí casi cenamos con el zar; con la que ahora es zarina. Ya era gordita: y guapa. Y bailaba un poco a la manera de las hipopotamitas de Walt Disney. El piso era casi un palacio: inmenso, con salones. El tío de José Luis, empresario teatral, se había hecho en él un teatrito pequeño para que su sobrino aprendiese a ser director de escena: fue uno de los mejores de este siglo. El zar de todas las rusias, en este exilio, y su pariente el Rey de Ucrania, llevaron a la niña y a algunas de sus compañeras a que nos enseñasen sus gracias, humanas y divinas. José Luis Alonso Mañas estaba inquieto: el jefe de Protocolo había visitado antes la casa, había dado algunas instrucciones, y una de ellas era la de que el propietario, el señor, esperase en la calle a sus majestades con un enorme candelabro con las velas encendidas. Alonso regateaba:

—Le esperaré en el piso, a la puerta del ascensor... No soy capaz de estar en plena calle de Serrano, a la hora de más aglomeración, con un candelabro encendido...

Fueron inflexibles. Y el zar y la granduquesita, y el de Ucrania, llegaron, subieron: pasaron al comedor, se mojaron los labios con algo y husmearon una pastita y se pusieron en pie: como todos nosotros. Pasaron al teatro. Y allí la que parecía una niña pero era una encarnación de la divinidad hizo su Chaikowski.

Rusia: cadáveres, montones de cadáveres. El del cura Gapon, que preparó la Revolución de 1905: le lincharon después —ahorcado con una cuerda para tender la ropa— cuando descubrieron que había sido un agente de la Policía, un provocador para descabezar la Revolución. Los del "año del hambre" y la epidemia de tifus: habían empezado el siglo anterior, pero continuaban las hambrunas y las fiebres en éste. Los de los prisioneros del zar, deportados a Siberia, azotados, pateados, agotados en los trabajos forzados: tenían los rebeldes mucho que aprender de aquellos campos de concentración, que todavía no se llamaban *gulag*. Los siervos, que caían sobre la tierra que regaban con el sudor de la muerte. Nicolás II abolió esta última esclavitud de Europa, acabó con las "almas muertas", fundó un principio de Parlamento, la Duma: eran las últimas concesiones de un régimen que iba a morir a hachazos. El régimen de las dos, tres caras: la aristocracia y la Iglesia, entre oro y mirra, terciopelos y criados infinitos: en Moscú, en San Petersburgo (ya se llama otra vez así, después de su emigración por los nombres revolucionarios), hablando entre sí en alemán o en francés para distinguirse del pueblo, veraneando en los grandes balnearios extranjeros (donde Dostoiewski perdía hasta el último rublo: gracias a ello le podían presionar sus editores y escribió, en forma de folletines, algunas de las obras maestras del siglo). La segunda capa era la de una burguesía y un funcionariado que hubieran querido más libertad para gozar de su bienestar, de sus casas de campo que fueron escenario para el retrato de su decadencia: *Veraneantes*, de Gorki; *El Jardín de los cerezos*, de Chéjov. En ésta, cuando la familia empobrecida abandonaba la casona a un gran industrial de la nueva clase, se oían los secos golpes de los hachazos sobre los bellísimos cerezos del jardín: era el final de los suyos, el principio de la Revolución... Era en 1904 y el escritor moría poco después del estreno. De tuberculosis, el mal del siglo. Morían a puñados. Se dijo que era la enfermedad del zarevich, al que trataba, con magia, Rasputín; pero era la hemofilia. La enfermedad de las grandes casas reales de Europa —incluyendo nuestros Borbones—, la de la endogamia: demasiado grandes para inyectar sangre nueva a sus dinastías. Como no fuese ilegítima.

Los cadáveres de la guerra. Si el zar no hubiese entrado en ella... Pero entró: no tenía armas modernas, el ejército era de campesinos analfabetos, y los oficiales estaban más acostumbrados al champaña, a las sedosas e infantiles bailarinas de la Ópera de San Petersburgo o las zíngaras morenas, de carne dura, que cantaban en los cabarés, al látigo para pegar al soldado, al desprecio por el inferior, que a la verdadera guerra que, sin embargo, ardía por varios costados: los Balcanes, en Manchuria. O a disparar sobre la multitud rebelde que pedía comida. Los alemanes eran otra cosa. Los prusianos... Morían los soldados en el inmenso arenal de fango y nieve de su propio país, y el hambre se extendía otra vez. Quizá cinco millones, tal vez ocho: las cifras de muertos nunca se han sabido con exactitud.

Por debajo estaba pasando ya el gran río, el revuelto río de la Revolución. Lo que en la corte llamaban el terrorismo (los disturbios revolucionarios) había matado a cuatro mil personas entre la represión de 1905 y el principio de la guerra. Más había matado el zar: con los cañones, a cero, disparando a los manifestantes: con su fusilería, y las caravanas a pie hasta Siberia, o los fusilamientos en la Fortaleza de Pedro y Pablo. Si apelamos a la ucronía —si no hubiera pasado lo que pasó— la historia tendría otro sentido: Rusia sin guerra mundial, el Parlamento aceptando reformas, la aristocracia reprimida: hubiera podido ser una democracia moderna. Pero no es posible este ejercicio. Lenin, Stalin: los grandes hombres rojos trabajaban desde el exilio, la clandestinidad o el destierro.

Lenin, exiliado, regresó a Petrogrado (San Petersburgo: en 1914 cambió su nombre, que era "demasiado germánico", decían) . El célebre "vagón sellado" —para que nadie accediera a su interior, ni saliera durante el paso por Alemania— llegó, con él, a la estación de Finlandia: los alemanes le habían ayudado para que acabara con los zares y con la guerra. Efectivamente, cuando ganó la Revolución, hizo la paz por separado con Alemania (en Brest-Litovsk); fue la primera acusación de traición que hicieron los occidentales de Europa a los bolcheviques. Y el primer impulso para organizar la contrarrevolución, y el cerco, y los cuerpos expedicionarios: que el comunismo no se extendiera a Europa.

La revolución: primero, la de Febrero (en realidad, de marzo en nuestro calendario; lo mismo que con la Revolución de Octubre, que pasó en nuestro noviembre). Nicolás II abdicó, su hermano el gran duque Miguel no quiso aceptar el trono de ninguna manera: no lo quiso nadie. Había dos poderes: un Gobierno provisional, de liberales conservadores, con Kerenski de ministro de Justicia, y luego, con el poder de un socialismo suave, el de los soviets de soldados y obreros (se sumaría el de campesinos; pero los bolcheviques nunca creyeron en ellos). Presionaban éstos: conseguían la amnistía de todos los presos políticos, la abolición de la pena de muerte (implantarían, luego, la suya), el voto y la elegibilidad de la mujer, la jornada de trabajo de ocho horas: más de lo que tenían los países europeos, y una razón de más para el cinturón de hierro (el "batallón de las mujeres": se alistaban, con el cráneo rasurado: se sumaron a la revolución bolchevique). Lenin lanzó las Tesis de Abril: todo el poder a los soviets, la paz en el acto (con los alemanes, ya citada), la tierra para los campesinos. El conservadurismo se deshacía: el socialismo iba llegando al poder, y Kerenski a tenerlo un momento en sus manos. Su nombre sirvió después, en la semántica contrarrevolucionaria europea, como el modelo de lo que no hay que hacer: un kerenski es aquel a quien se confía una evolución para evitar una revolución, pero que cae con ella (lo que significaba el consejo de "mano dura": lo sugerirían los alemanes, en la derrota, durante la República de Weimar: mataron a todos, incluyendo a Rosa Luxemburgo). Lenin alzó el Partido Bolchevique. "Bolche" significa grande, el mayor: el mayoritario. Era mentira: no había más que 24.000 bolcheviques en toda Rusia, de ellos dos mil en Petrogrado, seiscientos en Moscú. Otro ejemplo del valor del lenguaje en la política. En nuestro 6 de noviembre estalló la Revolución de Octubre: la toma del Palacio de Invierno, la salida de los marinos de Kronstadt. Lo que comenzó fue una guerra civil: los soldados de Kornilov, los aristócratas, los pequeños propietarios agrarios —los kulaks: fueron exterminados—; y los ejércitos europeos. Pero nacía el Ejército Rojo (fue Trotski quien lo hizo). Fue entonces cuando mataron a la familia imperial: por miedo a que el emblema de los Romanov azuzase a los contrarrevolucionarios.

Todo ocurrió sin ninguna piedad. Se masacraban los unos a los otros, se fusilaban en todas las encrucijadas. Los aristócratas, los altos funcionarios, los ricos, los popes (la Iglesia ortodoxa estaba abolida: todas las religiones), huían: muchas veces, con lo puesto. Alguna, con grandes fortunas (ya se había colocado dinero en el extranjero). Quizá las películas y alguna literatura han dado idea de una situación romántica de héroes por las dos partes. Los había, pero los héroes son también asesinos, y la revolución es lo que es. Con el cerco y los desastres de la guerra, la gente moría de hambre. La colectivización comenzó por no funcionar, la economía no tenía sentido. Eso es la revolución: luego cada uno juzga si era necesaria, si ha adelantado el destino de las pobres gentes, o no. Es otra cuestión.

Como la de saber quién era Stalin: asesino o redentor. Bajo Stalin Rusia desapareció y comenzó la Unión Soviética; y sus famosas consignas, la electrificación, los planes quinquenales, la industrialización, el carbón y el acero, la revolución del campo. Stalin le quitó prácticamente el poder de las manos a Trotsky, al morir Lenin: le expulsó del país; años más tarde, mandó al español Ramón Mercader a matarle a Méjico. Mató a Zinoviev, a Kamenev: Tomski se suicidó, Rykov iba a suicidarse, su familia le convenció y Stalin le fusiló. Los viejos camaradas... Y las viejas ideas cambiaban: el comunismo de guerra, el comunismo de un solo país, habían ido trocando los primeros planes: y las reivindicaciones. Ni jornada de ocho horas, ni amor libre, ni literatura exquisita (había que hablar al pueblo). Había quedado todavía una frescura revolucionaria: una literatura, poesía, pintura, música. Unos teatros: el ballet. Iría, poco a poco, agostándose. Puede que el peor crimen de Stalin, más que los de las muertes físicas de sus enemigos (o formando parte de ellas), fuera la anulación de las corrientes, de la democracia implícita en el desarrollo marxista: el asalto a los desviacionistas, a los "renegados", a las "enfermedades infantiles del comunismo" que había denunciado Lenin: contra los derechistas y contra los izquierdistas. La ola de terror. Quedan pocas dudas de su carácter de tirano. Pero quienes ahora han recogido de las calles los bustos derribados y los han entronizado en sus casas, junto con otros recuerdos; quienes aún pasean la bandera roja por las calles, creen que la Unión Soviética, sin Stalin, no se hubiera levantado del barro; y que con su muerte se acabó para siempre, y ha comenzado una nueva decadencia, con el país roto en mil repúblicas débiles. Nunca había habido en el mundo un culto a la personalidad como el que alzó la imagen, las palabras, la mentira y la verdad de Stalin (después sería mayor con Mao; y los dos estaban destinados a que los suyos despedazaran sus retratos y los entregaran secamente a la historia).

Tampoco se sabe cómo juzgar al Stalin de la guerra, a no ser que se tome en cuenta el hecho de que la ganó, de que con ella rompió el cerco occidental que había comenzado en 1917, tuvo un puesto de privilegio en las Naciones Unidas (lo disfrutan, cambiándolo de sentido, sus herederos adversos) y dibujó un nuevo mapa de Europa con el que se regresaba al imperio zarista: con ventajas. Cuando se acusa ahora a alguien de estalinista no puede dejar de recordar que todos éramos estalinistas, incluyendo entre nosotros a Churchill y a Roosevelt, cuando se trataba de parar a Hitler y al nazismo. Y que la resistencia a Hitler se hizo en Stalingrado, antes que en otros frentes. Es evidente que Stalin pensó primero en otra guerra: la alianza con Hitler. Dicen los estalinistas verdaderos que antes hubo otra conjura: la de Chamberlain y Daladier con Hitler, para acabar con el comunismo y directamente con la URSS (si Hitler tuvo una justificación ante Occidente, fue la de que su anticomunismo era aún mayor que su antisemitismo).

Cadáveres: veinte millones de rusos. Los alemanes fueron implacables con ellos. Violaban, torturaban, mataban: apenas debían hacer prisioneros, y los partisanos les hostilizaban demasiado como para perdonarles. Pero fue todo inútil. Desde Kiev, los rusos avanzaron hasta Berlín. En el otro frente, en el abierto por los desembarcos de Italia y, sobre todo, de Francia, los aliados corrían con la esperanza de llegar a Berlín antes que los rusos. Incluso atizaban la resistencia alemana contra ellos: Occidente es una civilización práctica y piadosa, el Este es tierra de bárbaros asiáticos. Desde Berlín, los emisarios de Hitler enviaban mensajeros (el primero, Hez; luego, militares de carrera, incluso frente a Hitler) para conseguir que Occidente cambiase sus alianzas: todos juntos —los restos de Alemania y los ejércitos victoriosos— contra los soviéticos, los asiáticos, los mongoles, los uzbecos, iban a poner el pie en Europa... Churchill aún intentó tratar con Roosevelt, pero sin éxito. Cuando murió Roosevelt, ya era tarde: ya se había celebrado la conferencia de Yalta, y cuando Truman llegó al poder, el mapa estaba repartido. En Potsdam, Truman fue despectivo para Stalin. Sabía lo que tenía entre manos: la bomba atómica. Aún había de hacer más: lanzó dos de ellas sobre Japón, para que los soviéticos supieran quién era este aliado de cambios bruscos de humor. Un crimen tranquilo, quizá más numeroso que el de Stalin: innecesario, porque Japón ya se había rendido. Había comenzado la guerra fría.

Stalin murió en 1953; algunos de sus camaradas de terror y de recreación del país desaparecieron inmediatamente, como Beria. Se habló de un complot de "batas blancas" —médicos, enfermeros—; no fue cierto. Stalin murió de muerte natural. Todo se supo cuando llegó al poder Krutschev, y lo asió con ambas manos: cuando, en el XX Congreso del PCUS, denunció a Stalin: se había vuelto loco, había pasado sus últimos años alucinado, miedoso entre las sombras, matando sin cesar. Iba a cambiar todo. Cuentan que, en ese Congreso, una nota anónima llegó a la tribuna: "¿Por qué no hicisteis nada por dominarle?". K. preguntó quién había escrito la nota, y nadie contestó. "Por la misma razón, camarada, por la que tú no dices quién eres".

Krutschev era un campesino de Ucrania; asombrosamente eficaz para la convicción y la relación humana. Parecía, sin embargo, implacable. En París dejó plantados a los otros "tres grandes" —Gran Bretaña, Estados Unidos, Francia— porque había encontrado una mentira grave en los Estados Unidos; más tarde, en Cuba, cuando la isla fue bloqueada por Kennedy porque sus espías habían descubierto misiles atómicos soviéticos instalados en ella, sin distancia con el territorio de Estados Unidos, los barcos de Krutschev siguieron avanzando, implacables, hacia la línea prohibida: podía significar la guerra mundial. En esta jugada de póker estaba el destino del mundo y resultó favorable; y el del comunismo soviético, y le resultó negativo. Krutschev ofrecía una mano de paz (la "coexistencia pacífica") pero presentaba sus armas: Gagarin era el primer hombre lanzado al espacio, y demostraba que la Unión Soviética tenía proyectiles capaces de colocar sus armas nucleares en cualquier punto del mundo. Hasta en Washington.

Lo pagaron los dos. A Kennedy le mataron, y aunque no se sabe quién (aparte del dudoso fusilero Oswald) todo apuntaba a los que le castigaron por no haber invadido Cuba, por haber negociado con Krutschev; y a éste le despidieron. Ya la URSS no mataba a los camaradas: simplemente, le mandó a su *dacha* y, cuando murió, le destinó una tumba oscura. Pero el comunismo tenía otras heridas: la disidencia de China por la cuestión llamada ideológica, el desmoronamiento por las revelaciones sobre Stalin, los intentos de las repúblicas del Este de obtener, ellos también, su desestalinización, según la palabra acuñada. Las nuevas libertades comenzaron a permitir las grandes disidencias en la URSS: Rostropovich, músico que se pasó a Occidente; Pasternak (*Doctor Zivago*), Premio Nobel pero prohibido en su país; el bailarín Nureiev, que se fue a Francia y luego a Estados Unidos. El comunismo y el capitalismo recibían sus golpes en los años sesenta: aquél con sus fugas, su sucesión de secretarios generales, pero su desobediencia civil; la disidencia abierta de Checoslovaquia; éste, con la rebelión de la juventud (mayo, 1968), la negación a continuar la guerra del Vietnam, la nueva estampa de la mujer y del trabajo.

Pero el capitalismo, y Estados Unidos, tenía otra fuerza real, otra riqueza; resistió los embates reales. La URSS no pudo. De abandono en abandono, de disidencia en disidencia, de un secretario general a otro, debilitándose cada vez más su imagen en el mundo, fue a desembocar en Gorbachov, o "el último bolchevique". No hay perspectiva para trazar su silueta. La verdad es que trató de sellar la paz con los Estados Unidos; que negoció con los presidentes ya duros, ya violentos, ya con la fuerza asegurada, como lo fue Reagan, y llegó a ceder en todo. Sus contemporáneos le reprochaban que estaba vendiendo la URSS a cambio de nada. ¿De nada? Una nueva ola entraba en el país: las modas de Occidente, el rock que sustituía a la vieja y prestigiosa moda, la ambición del consumo. La vieja guardia había muerto, pero aún quedaban marxistas leninistas, aún había fieles a Stalin; y un Ejército Rojo que era una incógnita, pero que también reprochaba a Gorbachov todo: desde una paz sin gloria hasta la guerra de Afganistán y también, por qué no, el abandono de Afganistán. Poco a poco, las Repúblicas Socialistas Soviéticas querían ir recobrando su identidad, y tampoco el Ejército Rojo estaba dispuesto a guerrear por ellas, ni a abandonarlas a su suerte...

Como se dice en estos casos, el poder estaba en la calle y nadie lo recogía. El golpe de Estado; y un héroe, subido en un tanque, que arengaba a las multitudes contra el regreso al comunismo y, de paso, contra Gorbachov, secuestrado. Cuando fue liberado y regresó, ya no era nadie. Ya los Estados Unidos le habían abandonado y se habían pasado a Yeltsin. Un hombre también dudoso: ebrio de vodka y de ambiciones, pero capaz, no se sabe por qué milagros, quizá por su arenga desde el tanque, de volver a dar confianza al pueblo que había enterrado al comunismo: y a los popes, a los que pedía la bendición —el Gran Patriarca de Moscú—, y a los Romanov a los que empezaba a recibir; y a los viejos nombres de San Petersburgo y otras ciudades. Caían las estatuas de Stalin, las de Lenin; se borraban la hoz y el martillo de la bandera y de todos los emblemas; se prohibía el PCUS y se le llevaba a los tribunales para pedirle responsabilidades. Sin esperanzas. ¿Quién iba a condenar a quién? ¿No habían sido todos comunistas: los jueces, los guardianes de las celdas de los golpistas, los golpistas? Y Yeltsin.

Aquí acabó todo. Se fundó una extraña y poco firme Unión de Estados Independientes: las antiguas repúblicas que quisieron adherirse —otras armaron sus tropas; y lucharon dentro y fuera de sus fronteras por antiquísimas querellas—, pero Rusia recuperaba la hegemonía, y en Rusia mandaba Yeltsin, y Yeltsin lanzaba la nueva economía. Ah, entre tanto había vuelto el hambre rusa, tradicional: pero ya corrían los siete ricos —los países más industrializados del mundo, por eufemismo; o el G7, por mayor disfraz— a enviar su dinero. Y sus comercios, sus industrias: llegó la Coca-Cola y su lucha con la Pepsi, aparecieron los grandes modistas, y las casas de discos; había que enseñar a trabajar otra vez a los rusos, adormilados en la economía soviética y con fábricas y máquinas ajenas a los circuitos tecnológicos del Oeste: y a los alemanes democráticos, y a los estonios, lituanios, letones, que se segregaban; y a los checos, los eslovacos —se separaron—, los eslovenos, los... ¿chechenios, uzbekos, ucranianos, mongoles?

Parece que el hambre se ha mitigado. Parece que Yeltsin, obsequiado en la Casa Blanca, con nuevas amistades entre los grandes banqueros, los famosos industriales, las extensas multinacionales que han comido con él y con Clinton en septiembre, va a conseguir su nueva economía; podría ser que volvieran "todas las rusias" —como se decía en tiempos del zar—; e incluso el zar mismo, o un vago rey de Georgia, o un zar pequeño para Ucrania... No está en la lógica, pero, ¿qué ha estado en la lógica? La fragmentación de la URSS, el descubrimiento de que detrás del telón de acero no había nada, de que el comunismo era una momia que caía en polvo al contacto con el aire fresco, era también algo insospechado. Y que dentro de su corazón puritano y helado albergaba el gen de las mafias, el crimen organizado y sin organizar, la prostitución de las jovencitas, el mercado negro; y la aspiración al humo del porro, y a la entrada en la sangre y la nariz de las drogas más duras del mundo, tampoco era muy pensable. Pero, ¿no existe en Occidente? ¿No es rasgo de occidentalización? ¿No son secuelas, gages negativos que forman parte de nuestra norma de la libertad? Y, además, ¿qué más nos dará? ¿No hemos conseguido, a lo largo de estos últimos sucesos, asegurar la paz, alejar el fantasma de la destrucción del mundo?

(Hoy mismo: estoy escribiendo, y me dicen que el Parlamento, la Duma, con comunistas dentro, ha decidido volver a la bandera azul zarista: con el águila bicéfala en el lugar donde, hace tiempo, estaban la hoz y el martillo. No es que importe gran cosa; pero el águila bicéfala era la del Imperio que miraba a todos los horizontes y tendía sus garras para dominarlos, y la hoz y el martillo significaban el trabajo, cuando los grandes dueños querían hacer ver que el trabajo era sagrado y estaba por encima del hombre; ahora están mostrando que es algo inútil, barato: algo para torpes. Para los que no tienen la finura del saber y el don de las especulaciones).

El padre Álvarez difundía la idea de que Dios era confortable y sencillo, poco aficionado a mezclarse en asuntos pequeños: y eso disgustaba a muchos de sus feligreses. Hablo del padre Álvarez, que quizá no se llamó así, o no se llamara casi nada, por el pensamiento del fenómeno de las ciudades del siglo: los crecimientos extemporáneos, las barriadas nuevas, los bloques inmensos desde los que, a veces, se ven abajo las chabolas como refugios de animales. Algunas formas de la burguesía pequeñita: de la transformación del proletariado. El falso enriquecimiento.

La parroquia del padre Álvarez no era pequeña y todavía no era enteramente pobre. El barrio había crecido en los buenos tiempos; algunos constructores le descubrieron ventajas que podían venderse fácilmente, chabolas que podían destruirse sin inconvenientes graves, solares baratos y posibilidades de una urbanización atractiva.

Varios comerciantes encontraron también la ilusión del porvenir: los nuevos hogares irían creciendo y necesitarían inscribirse directamente en el consumo. Acudieron parejas jóvenes que ya tenían uno o dos hijos, el cochecillo que les aproximaba —"Baja usted por allí y en seguida encuentra la M-30"— y también una noción de porvenir. Algunas callejas permanecieron intactas y soberanas, pero acogieron con esperanzas la llegada de esta burguesía media. Los artesanos, los tenderuchos, los obreros y un pequeño grupo de lumpen vieron la llegada de puestos de trabajo, clientes, quizá víctimas, y la posibilidad de algunas mejoras que los ricos —con respecto a ellos— llevaban siempre consigo: vías de transporte —metro, autobús— hacia el centro de la ciudad, alumbrado, agua, algunos bares... Durante unos años se tuvo la noción de porvenir, de esperanza, de futuro y, por lo tanto, se mantuvo una cierta felicidad colectiva. Luego, las cosas cambiaron lentamente. Vino la erosión misma de la vida —las casas, las calles, los amores—, vino la crisis. Las jóvenes damitas que se extasiaban ante el alicatado de la cocina y los dos cuartos de baño —uno de ellos con polibán— miraban ya la imposibilidad de salir del barrio como una condena, y la silueta de la ciudad que veían desde sus balcones les parecía un espejismo.

Sus hijos formaban ya parte de la "odiada juventud"; las dinastías de los pobres se perpetuaban y se multiplicaban y levantaban el fantasma de la delincuencia juvenil. El ambiente se hizo agrio y temeroso; y ruidoso, y soez. Los maridos encanecieron y bebieron: salían temprano hacia la ciudad y volvían de anochecida, con los sórdidos trajes arrugados, el aliento etílico, horrorizados con la idea de recibir las lúgubres informaciones de la jornada en las que se mezclaban los sucesos del barrio, la indolencia de los hijos, el descaro obsceno de las hijas, las jeringuillas halladas en el parque, cualquier robo, el relucir de una navaja. Todo ello con uno tono de reproche, como una forma de arrojar la culpabilidad. Ya no quedaba más esperanza que la pantalla de la televisión.

En este ambiente, la teología tranquila del padre Álvarez era muy reprobable. Don Pedro le pidió que fuera a visitarle y, apenas entró en su despacho, le dijo:

—Don José Luis, le van a masacrar.

Por los grandes ventanales, a ras de la calle, se veía el pesado calor, pero en el despacho el frío era insoportable, generado por los poderosos y silenciosos acondicionadores. Don José Luis Álvarez, presbítero, se estremeció. Don Pedro gritó por el interfono:

—Lucy, trae una toquilla para el padre, que se nos va a enfriar.

El aire acondicionado del empresario, del constructor.

Y es que el padre protegía a los magrebíes —ya no se llamaban moros, como antes—; acariciaba a los niños gitanos y no sabía, el desgraciado, que las madres les empujaban para ver si el cura se prendaba de ellos y llevaban algún dinero a la chabola.

Y a los polacos, que eran católicos. Más que el padre Álvarez. Habían ocupado las casas cuyas bañeras un día fueron "un lujo redondo"; a veces caían porque las barandas de los balcones —redondos— se desprendían. A veces ardían, porque en los salones con parqué los polacos encendían fogatillas para guisar, porque la cocina ya no funcionaba.

Por ahí están. Con los checos y los eslovacos, que ya se odian entre sí. Con los rumanos, que desprecian a los gitanos porque ellos mismos lo son un poco. Con los serbios, croatas, eslovenos y sus guerras. El padre Álvarez les quiere ayudar, y de cuando en cuando le advierten:

—Tenga cuidado, que le van a masacrar...

Pero allí toda la historia del siglo metida hasta dentro. En los barrizales de invierno, que son sequerales en verano.

El lobo ya ha cazado

Good morrow, masters; put your torc
The wolves have prey'd; and look, the gentle day,
Before the wheels of Phoebus, round about
Dapples the drowsy east with spots of grey.
Thanks to you all, and leave us: fare you well.

(William Shakespeare,
Much ado about nothing,
Act V, Scene III)

("Señores, buenos días. Apagad las antorchas; el lobo ya ha cazado. Mirad qué bella el alba antes de que el sol mude su gris y levante la sombra del somnoliento este. Gracias a todos, salid: adiós, adiós".

William Shakespeare, *Mucho ruido y pocas nueces*. Acto quinto, Escena tercera).

HE VUELTO a París: ha sido un día de junio radiante. Me he vuelto a sentar —con mi Diego Galán— en la terraza del café de Flore, frente a la hornacina donde está el busto del padre Mabillon, en la iglesia de Saint-Germain-des-Prés. *Azorín* traducía: San Germán de los Prados. También decía superrealismo por surrealismo, y tampoco tuvo éxito. Mabillon —benedictino, escritor: siglo XVII—: siguiendo lo que podría ser su mirada cavada en piedra —picada, gris, llovida: ahora ha pasado por encima una restauración, de tantas como me desconciertan— está un balcón, y en ese balcón, a voces, se levantaba un visillo y aparecían los ojos disparados al contrario de Jean-Paul Sartre; unos centímetros más arriba, los de Simone de Beauvoir. Era una casa —45, Rue Bonaparte— a la que estuvo yendo furtivo, huidizo, blando y tímido, Jean Genet, cuando Sartre le canonizaba ("Saint Genet, comedien et martyre"). A Genet le recuerdo como un hombre de Tánger: pálido, grueso, con el color blanco que dejan las cárceles en quienes estuvieron en ellas (mi padre no perdió nunca esa misteriosa palidez). Ya no queda ninguno de los gigantescos mirones de la plaza: Simone y Genet cayeron con un día de diferencia. Sartre se había quedado atrás: había muerto, como Simone, mediando abril; él en 1980 y ella en 1986. Ella escribió un libro para despedirle: *La ceremonia de los adioses*. Los adioses se extienden ahora a toda una generación, y se detesta la palabra, como se está detestando ahora —a cuando escribo le llamo ahora— por la del 98 —¿fueron o no fueron?— a un extenso grupo de personas que vivieron, amaron y pensaron, y dieron un cierto color al mundo, en un enjambrillo de calles y plazas en torno a la iglesia de San Germán, en sus cafés —Deux-Magots, Flore, Mabillon, La Pérgola, la Rhumerie...-; unos cientos de metros cuadrados limitados por la parte elegante —*coté chic*— del bulevar, por la orilla izquierda del Sena, por la plaza de San Sulpicio y su gigantesca iglesia catedralicia, y sus tiendas de imágenes religiosas con un estilo propio —el Saint-Sulpicien— y por el bulevar Saint-Michel —los chicos de ahora aún dicen Boul'Mich— donde está la Sorbona y los estudiantes, de donde años más tarde saldría el último sobresalto del barrio: mayo del 68. Ya no queda nada. Ah, un día de mayo de 1968 salí de mi hotel de Raspail para ver los "desmanes de los estudiantes"; los obreros que estaban desmontando las barricadas hablaban en español. "Los compañeros franceses se han negado, se han solidarizado con los estudiantes". Fue entonces cuando comprendí que lo que comenzaba era una revolución.

—¿Y vosotros?

—No podemos, no nos dejan. Nos echan del país ahora mismo si nos negamos.

Avisé a *Triunfo*. Había ido a París a seguir las negociaciones de paz en el Vietnam, pero las abandoné: estaba delante de una especie de revolución. Lo puse en el título de lo que escribí: 'Revolución en París', pero ellos lo pusieron entre interrogantes. Como si se lo preguntaran a alguien. Ezcurra, Eduardo Rico: desconfiaron. Aquí, claro, no se sabía nada. La censura había trabajado otra vez.

Esto pasaba cuando nosotros éramos los que teníamos el color de piel que no se debe. Llamaba por teléfono a mi casa, mucho más atrás de aquello, el poeta Garcés, teniente coronel jurídico de la Armada española: "Estoy en una comisaría, sácame de aquí. Iba a verte y me detuvieron por mi cara, mi pelo, mi acento...". (Ah, a Garcés no le ascendieron mucho: por poeta. Demasiado raro. Pero también había salvado su vida por ello. Cuando le detuvieron en una redada de señoritos —lo era—, los milicianos le llevaron donde fuera y le hicieron la filiación. Le preguntaron por la profesión: "Poeta lírico", dijo. "Ah, es un imbécil —dijo el que mandaba—: soltadle").

Ya no está Albert Camus, el argelino españolizante —tanto, que su primera obra fue *La revolución de Asturias*—, que produjo un día el asombro del vacío con *El extranjero*, y amó y fue amado por María Casares, que llegaba despavorida de la guerra de España —un mito para toda esa generación— para llegar a ser la primera actriz de Francia; el descubridor del absurdo murió de la manera menos absurda, más natural y corriente de nuestro tiempo: en un accidente de automóvil. Ya no se sienta en los cafés, con una corona burlesca como de reyezuelo africano sobre su ensortijado pelo Sidney Bechet, el clarinete más tierno y puro del mundo (*petite fleur*), huido de los Estados Unidos; a veces dejaba tocar con él en La Cave a Boris Vian, el novelista duro y burlón que llevó el surrealismo un poco más allá de lo debido y murió en una sala de pruebas cuando veía la adaptación al cine de una de sus novelas (*J' irai cracher sur vos tombes*). No está el aventurero André Malraux, que escribió una de las mejores novelas sobre la guerra de España (*L'Espoir*); fue un testigo, guerrero y literario, de las últimas luchas románticas (España, China, Indochina), y murió ordenando el blanqueo de las fachadas ennegrecidas de París, como ministro de Cultura del general De Gaulle. Ni siquiera está su enemigo, el católico François Mauriac.

Simone Signoret ha muerto dejando atrás clavado el bellísimo título de sus memorias, *La nostalgia ya no es lo que era*. Su compañero de siempre, Yves Montand, cantaba entonces con el mono azul del obrero el *Canto de los partisanos*, y luego se fue a la derecha de Jorge Semprún, que había sido partisano él mismo, a las declaraciones dislocadas de anticomunismo. Jorge —no puedo recordarle, ni leerle, sin una punzada de dolor— tuvo que irse del barrio, de sus balcones frente al Flore: Colette, su mujer, perdió el juicio para conservar su piso. 171, Boulevard Saint Germain... La nostalgia, no, no es lo que solía: es algo peor.

Juliette Greco era la musa del barrio, la musa y triste de la nariz larga y el pelo negro como de china, que cantaba la angustia (*Sombre dimanche*): se operó la nariz, y luego fue una dama respingona y operada que también escribe memorias: escribir memorias es un anticipo de la muerte, es una forma de dejar hecha uno mismo su necrología. Y ya se han escrito las de la anarquía tierna, primitiva, lírica y de verde lenguaje de George Brassens; y las de la emoción lírica y eternamente enamorada de Jacques Brel (*Ne me quitte pas*), que llegó de las llanuras de Flandes y se convirtió en parte de París. Existen los discos, y algunos los escuchan rayados, a saltos. Oigo decir que hay gentes, pobres, que llevan su dolor por lo desaparecido al extremo de que prefieren aquellas galletas de piedra, o los primeros singles, porque en los compactos en que se reproducen sus músicas desde la matriz original no se oyen aquellos surcos. Hay aún algunas sombras del tiempo perdido. Alguien encontró en una calle de París a Ionesco; alguien que le conocía de entonces, y le preguntó:

—¿Ya no va usted por el barrio?

Y el autor de *Rinocerontes* contestó:

—Hay un tiempo para la orilla izquierda y otro para la orilla derecha...

Sin embargo, la *rive gauche* le sigue siendo fiel. En el teatro de la Huchette —por el nombre de la calle donde está: como diría una buena guía, después de ver la obra se puede comer un rico mechui en un restaurante norteafricano, y ver los escaparates de los *brocanteurs* que aun tienen objetos art déco; o los acaban de falsificar— se estrenó en 1950 su primera obra, *La cantante calva*, y allí se sigue representando sin una sola interrupción, medio siglo después: algunas generaciones de actores han ido haciendo el recambio del reparto.

Una sombra que se perdió antes que el barrio: ya no fue fácil encontrar a Samuel Beckett: pasó del café que no cerraba jamás (*Overt la nuit*, anuncio que dio título a una gran novela de Paul Morand en una generación literaria anterior, la de años cosmopolitas) al escondrijo solitario, escudado para siempre con su Premio Nobel, bajo cuyo manto murió. Ni al actor de la época, a Jean-Louis Barrault: aún se le podía seguir viendo, hace poco, en su teatro de los Campos Elíseos: se prepara a sí mismo papelitos cortos, sin apenas palabras, para asomar la flexibilidad que aún queda en su cuerpo y la cara atónita del mimo. Pero en las cinematecas se sigue viendo incesantemente su fuerza en blanco y negro en las películas de los hermanos Prévert, que tuvieron el mejor cabaré literario del mundo, La rose rouge; y los poemas de Jacques Prévert, con música de Kosma, se siguen cantando en el mundo (*Les feuilles mortes*).

Junto a mí, una vez, estaba otro cuerpo. Un cuerpo largo y frágil de mujer incipiente, una mancha oblonga sobre la sábana blanca, una mujer descubierta y dormida. Pálida, morena, descuidada. Vello fino y rizado, extendido. Verla así, dormida y confiada, me conmovió. Hacía muchos años ya, que sólo me conmovía por mí mismo. A veces se descubre en el otro algo que puede ser la humanidad: la compañía de la animalidad en el cubil, el olor de cuerpo, el silbido de la respiración. La extensión de uno mismo hacia la humanidad es el cuerpo de otro. Una vez me desperté por el leve movimiento de mi compañera al levantarse. Mantuve el ritmo de la respiración, y los ojos entornados, para entreverla moverse en libertad por la habitación. Andaba veloz, ingrávida: todo en su desnudo estaba erguido, como si pudiera flotar en la atmósfera densa del verano. Los objetos parecían seguir ese silencio rápido. Levantó sin ruido la persiana verde, abrió la puerta, la sujetó con un pesado cenicero de alabastro para que la corriente de aire no la cerrase: el escorzo, al inclinarse hacia el suelo, la convirtió durante un instante en una interrogación. Volvió ya de frente hacia la cama: muy blanca —la luz era ya fuerte—, con los puntos azules de los ojos, el negro intenso del pelo y el sexo, los puntos castaños de los senos. Tomó un cigarrillo de la mesa, lo encendió y se posó —era la palabra justa— sobre la cama, en el lugar que había dejado unos segundos antes. Sostenía el cigarrillo con la izquierda; la derecha la puso suavemente —siempre sin peso— sobre mi intimidad. "Verte desnuda es recordar la tierra", decía Lorca. "La tierra lisa, limpia de caballo. La tierra sin un junco, forma pura, cerrada al porvenir: confín de plata". La poesía: todo lo hace metáfora. Puede que, como la religión, todo lo corrompa (pero, ¿quién corrompió a la religión?). Sé quién era, sé muy bien, recuerdo muy bien quién era. Tal vez ella también.

"Verte desnuda es comprender el ansia de la lluvia que busca débil talle, o la fiebre del mar de inmenso rostro sin encontrar la luz de su mejilla". Alguien me dice, al lado, que debo tener aún esa fijación de la infancia: de cuando ese cuerpo estaba prohibido, tapado, oscurecido. Del tiempo en que rapaban a las mujeres que habían sido públicas. Sí, desde entonces: y desde antes. Desde la prehistoria; soy hombre, y vivo desde la prehistoria; y busco el cuerpo de la mujer. El cuerpo griego y romano del mármol de las canteras antiguas, o cuando los pintores recuperaban la mitología para poderlas pintar. Del tiempo de Praxíteles, del de Canova, o del soneto que va siguiendo y desperezándose a lo largo de este párrafo. "La sangre sonará por las alcobas y vendrá con espada fulgurante, pero tú no sabrás dónde se ocultan el corazón de sapo o la violeta. Tu vientre es una lucha de raíces, tus labios son un alba sin contorno, bajo las rosas tibias de la cama los muertos gimen esperando turno". Dicen que Lorca, en realidad, lo escribió pensando en un cuerpo de hombre. Es igual: verte desnuda, verte desnudo, veros desnudos, desnudas.

Cuentan que Mimí Muñoz, acodada en una mesa del café Dorín, recibía las muestras de condolencia de sus amigas, viejas cómicas. En el teatro de al lado, en la Comedia, trabajaba su hija, la actriz María José Goyanes —Goyanes: un médico de la República, desterrado; vivieron en África porque aquí no siempre le dejaban ejercer. Me contaban que, en sus últimos tiempos, no tenía más cordón umbilical que unos auriculares por los que escuchaba música mientras paseaba por la calle. El doctor Goyanes: ya recuerdo haber oído su nombre, como famoso, en aquella República—; María José interpretaba *Equus* de Schaffer, y se desnudaba en escena. Unas veces más, otras menos: dependía de qué represores retrasados llegaran a la sala. El desnudo debía ser integral. Había acabado Franco, y el teatro se abría a los desnudos. En el teatro Fígaro un autor subterráneo emergía: Francisco Nieva. José Luis Alonso le dirigía *La carroza de plomo candente* y, en un lateral, Rosa Valenty estaba desnuda en un pedestal giratorio, pintado su cuerpo por unas tenues luces de colores. También allí, según quién estuviese en la sala, según hubiera más o menos amenazas, el pedestal de la pequeña y querida diosa se acercaba más a la corbata —la línea más próxima al público— y las luces la pintaban menos. *¿Por qué corres Ulises?*, de Antonio Gala, que era un valor joven y tenía un verbo lírico: la jovencísima Victoria Vera estaba más o menos desnuda. Cierro los ojos y veo sus pechos pequeños, puntiagudos, valientes como las libertades. Libertad de expresión, libertad de reunión, libertad de pensamiento: libertad de cuerpos, libertad de desnudos. Es muy malo dividir la libertad en fragmentos, permitir unos y cegar otros. Los fachas, los carcas, la clerigalla, decían: "Libertad, sí; pero no libertinaje". Cuidado: libertinaje puede ser todo lo que es como uno no desea.

Pronto algunos dijeron, también, que no era eso, no era eso. Qué sabían ellos. Que el teatro es verbo, inteligencia, pensamiento. Claro. Lo que tenían reprimido y, de pronto, liberado, Gala o Nieva: lo que se iluminaba en sus escenarios. Otros sacaron de sus cajones las comedias que llamaban de vanguardia porque trataban de burlar con alusiones, con lo indirecto, con lo metafórico y con balbuceos de lenguaje la censura de Franco. Ah, salían a escena dos planchadoras, y decían que era Franco. Pero ya muerto y bien muerto, se moría también el teatro de las alusiones y los guiños. Qué desgracia cuando se vio que no sabían hacer otro.

Nos van contando, a Diego y a mí, los compañeros que nos han llevado a París (hemos ido a grabar un programa para *Cinemanía*, Canal Plus) que el barrio tiene nostalgia de sí mismo. Hubo una brillante esquina, frente al Flore, que fue un restaurante histórico y cálido, el Royal-Saint-Germain (tomaba tortilla de queso: un manjar perdido), que luego se convirtió en una especie de Vips donde estaba, con el café, Ben Barka el día en que fue secuestrado y luego asesinado por hombres del rey Hassan, al que quiso enseñar a pensar. Le torturaron, atado a un radiador ardiente, el general Ufkir, su lugarteniente Dlimi y los confidentes de la Policía francesa que lo habían entregado, para halagar a Hassan II. Ufkir quiso luego matar al Rey, en un ataque aéreo nunca esclarecido; pero el Rey le mató a él. Contaban que le llamó a su despacho para ofrecerle el *aman*, el perdón tradicional: cuando el Rey le fue a recibir a la antesala, Ufkir se tiró al suelo, metido en una chilaba blanca, con la boca sobre al alfombra murmurando peticiones de perdón: Hassan se acercó a él y le pegó un tiro en la cabeza. Pero a Dlimi le ascendió. Creo que todavía es un alto personaje. Ese centro estaba, esa última vez que lo vi, convirtiéndose en una tienda de alto lujo, no me acuerdo si un Hermès o un Vuitton: no hay que acercarse a verlo. El Mabillon ya es de lujo, con colores vivos y feos: no es el refugio de españoles pobres, de la cuadrilla de albañiles de El Campesino, donde todavía se llamaban unos a otros coronel o comandante: y a El Campesino, general. Nadie impidió que un día le robaran sus ahorrillos en la mísera habitación de hotel donde vivía: blasfemaba y quería matar. Pobre diablo: tuvo que huir desde Moscú hasta Yugoslavia —creo— andando. Robaba gallinas a su paso, como en su infancia de niño desvalido, para ir viviendo.

Otros escaparon más cómodamente. Tagüeña y Laín Entralgo: el diferente, el que quedó desconocido para el mundo: fue siempre comunista, pero no soviético. Llegó a Méjico, en Méjico murió. Un día firmaba yo ejemplares de no sé qué librillo mío, de los que no se vendían nunca —libros de ensayista heterodoxo, pesadote, cargante—; digo, intentaba firmar ejemplares cuando llegaron dos viejecitas muy pulcras, muy limpias, muy pequeñitas, a que les pusiera mi nombre en su ejemplar. Les pregunté por los suyos:

—Viuda de Tagüeña, viuda de Laín Entralgo...

Habían vuelto a España desde Méjico, donde se quedaron los cuerpos de ellos. Y su último recuerdo. También ellas han muerto ya. Nunca se pudieron zafar de la historia. Y aún seguían leyendo libros: libros de rojos.

Diego y yo fuimos al Procope. Había leído que, ahora, el café más viejo de París —quizá— tenía terraza: y eran los balcones estrechitos en los que habían colocado mesas. ¡Estos franceses! Tienen horror al vacío. Sobre todo, cuando el vacío podría estar lleno de clientes. Y la salsa del *coq-au-vin* está fría; tenía una capita de grasa por encima. Pero se veían las ruinas —disfrazadas— de lo que fue el Teatro Francés antiguo: *L'ancienne Comèdie*, dicen ellos, y así se llama la calle. Musset cruzaba la calle al salir del teatro, se acodaba en una de estas mesas y escribía sus notas sobre lo que acababa de ver: "J'étais seul l'autre soir au Théâtre-Français, Ou presque seul; l'auteur n'avais pas grand succès. Ce n'était que Molière...". No era más que Molière, en el teatro solitario. Como ahora. O venía de ver a la Malibran, comediante. Y ya estaba muerta, y olvidada: "Oui, oui, tu le savais, qu'au sortir du théâtre, un soir dans ton linceul il faudrait te coucher pas-ci quinze jours, je le sais, font d'une mort récente une vieille nouvelle". Musset fue el primero que escribió *La confesión de un hijo del siglo*; todos nos lanzamos, cuando van acabando los siglos, sobre su título desolador. "Le désespoir l'habite, et le néant l'attend", decía a algo, quizá a su siglo.

Pero Musset, si le daban el *coq-au-vin*, lo tomaba caliente, bien tapada la cacerola para conservarlo. Todavía, creo, lo tomábamos nosotros, los que en otro tiempo nos reuníamos allí. Algunos españoles de París. El español en París es un personaje característico: hay un cuadro de Iturrino que se llama así, *L'espagnol a Paris*. El retrato es Utrillo, Miguel Utrillo. Un español en París era un hombre que, un día, en una cantina de Montmartre, oyó a una mujer lamentarse de que iba a tener un hijo sin padre, porque no sabía de quién era: un hijo sin reconocer era, entonces, una enorme desgracia. El español en París tuvo un viejo gesto de hombre con capa:

—No se preocupe más, buena mujer: le reconoceré yo.

Ese niño fue luego Mauricio Utrillo, el pintor de la colina. No supo nunca quién le había dado el nombre. Miguel Utrillo, poeta y periodista y aventurero, fue una especie de hermano: el hijo real, genético y oficial, del hombre de la capa. Cuando murió el rarísimo pintor, ya enormemente cotizado, Miguel fue a París a ver si podía alcanzar algo de la herencia del hermano fantasmal. A veces se sentaba con nosotros: quizá aquí mismo, en el Procope. Con el existencialista y catalán y españolista y buen escritor Juan Estelrich, con José María Alonso Gamo, con Manuel Agustín. Estelrich era embajador de España en la Unesco: un día nos dejó porque se iba a Tánger.

—Qué sitio tan raro para vivir —le dije.

Estelrich iba a dirigir el diario *España*. Unos años después dejé yo París para a dirigir ese periódico: en ese sitio tan raro para vivir. Estelrich contaba un día, en ese Procope, que había dado una conferencia sobre Cervantes en Buenos Aires; y apenas había comenzado, el público empezó a reír. No podía comprender por qué hasta que alguien le enseñó, con cierto disimulo, la invitación: en vez de distinguido humanista, había salido "distinguido humorista", y todo su estudio sobre el existencialismo de Cervantes resultaba graciosísimo: "El poder del título", decía él. Alonso Gamo, poeta, había sido Premio Nacional de Literatura (*Tus rosas frente al espejo*) y ahora era cónsul: quiso repatriar las obras de Mateo Hernández, que había puesto al morir como condición para su legado que se le enterrara en España envuelto en la bandera republicana. Se consiguió. Y vinieron las enormes y poderosas esculturas, sus estudios en piedra o en bronce de gran animalista, y creo que fueron a parar a un sótano del Instituto de Cultura Hispánica; y luego me han dicho que están dispersas en parques y jardines, sin que nadie sepa quién fue su autor. José María

Alonso Gamo consiguió que dejaran volver a José Bergamín: él le llevo hasta el aeropuerto de París, y en el de Madrid le esperaba yo. Y Pilar. Y Alfonso Sastre y Eva Forest, que luego convertirían al viejo malagueño al vasquismo, a un nacionalismo con el que nada tenía en común, más que el desafuero. Pidió que le enterraran en una ikurriña. Qué deseos tenemos más raros para abordar la muerte. Fue Bergamín el que dijo a los comunistas: "Con vosotros estaré hasta la muerte; pero ni un paso más allá".

Manuel Agustín, al que antes cito, buen amigo: era falangista, escribía en *Arriba* y un día escribió en su periódico una crónica sobre María Riquelme en la que decía que las hijas de los rojos vivían en París de la exhibición de sus cuerpos desnudos. María era hija de uno de los buenos generales de la República, y trabajó en el teatro cuando llegó al exilio. Cuando leyó lo escrito, María Riquelme llamó a Agustín, se hizo pasar por otra, le citó en el Fouquet; y cuando llegó, se abalanzó sobre él y le abofeteó. Fue una primera página en *France-Soir*, que entonces vendía un millón de ejemplares. Quisimos reconciliar a Agustín con la Riquelme, y un día la llevamos a nuestra reunión. Ese día no era en el Procope, sino en los altos del Flore. Estábamos con Manolo Agustín cuando llegó ella. Nuestro amigo hizo lo que había preparado. Se puso en pie y gritó:

—El que sea buen español, que me siga...

Se fue solo. Nos quedamos con María.

Diego hubiera querido llevarme al Fouquet, que es restaurante de gentes de cine, pero yo le arrastré al Procope. Le leí trozos de guía: "Hay un misterio que se conserva en sus pisos...". La casa es estrecha y alta, se sube por unas escaleras vetustas a los saloncillos. "El *coq-au-vin* , la merluza Colbert...". El decorado Napoleón III, las sombras de Danton, Marat, Musset, Victor-Hugo, Balzac, Verlaine... Y el café a la italiana, el café de Franceso Procopio, fundador: llegaban los cómicos de la Commedia dell'Arte a París y les seguían sus restauradores, sus cafeteros. Procopio, en el siglo XVII. Café fuerte y espeso: para los filósofos. Para los enciclopedistas: la enciclopedia se creó allí, en una discusión entre Diderot y d'Alembert. Le decía yo a Diego:

—Mira, la mesa de Rousseau... Mira, mira, el escritorio de Voltaire...

Pero todo ya está demasiado repasado, repintado. *Ripoliné*, dicen los franceses, que han hecho un verbo de un nombre de marca de barniz, Ripolin.

Pero las ostras eran pequeñas y pálidas. Y el gallo al vino estaba frío. Y la cuenta era inmensa. Pagó Diego, pobre amigo.

Ahora están persiguiendo, otra vez, a Clinton. Quizá le devoren estos lobos, quizá hagan de él su presa nocturna y le dejen cuando ya se apagan las antorchas. Es un hombre que desea a las mujeres. Eso se paga. Los políticos lo pagan el doble. A Kennedy le persiguió Hoover, desde el FBI. A Hoover no le gustaban las mujeres: más le gustaba a él sentirse mujer, y se travestía en su casa, solo o con su hombre: pero él era el hombre secreto, el hombre que espiaba a los demás. Kennedy no pudo pagar con su vida haber amado a Marilyn Monroe, si es que la amó; lo pagó ella, si es que la mataron. Pasa muchas veces por la pantalla de la televisión, y ella le canta "Happy birthday, Mr. President": no se cansan de pasarlo, no me canso de mirarlo. Es un fetiche de nuestro tiempo.

De niño sabía que las mujeres podían hacer todo lo que los hombres, pero creía que no querían: eran más inteligentes. Lo que hoy se llama acoso sexual se consideraba un juego libre; los plumillas comparaban el hombre al toro, y la mujer al torero: brillante, graciosa, esquivadora, danzarina, con sus banderillas, su capote y la estocada sacramental. Cuando jovencito sufrí algún acoso sexual femenino —hay gustos para todo— y me pareció contra natura: ya los quisiera hoy.

Una vez un sujeto de la proximidad de Bush fue acosado por acosar: debía ser todo mentira. La de Clinton nace, o la pagan, los republicanos; aquella que recuerdo debió ser cosa de los demócratas para hundir a Bush; alguien dijo, a mi lado, que era una trama de la centenaria Rosa Kennedy, que desde su sillón de ruedas había dicho: "Buscad entre las secretarias"; sabía ella lo que ha pasado con los varones Kennedy, cuya dinastía se extinguió no sólo a tiros, sino buscando chicas.

También este desenlace es una cuestión política. Dado el falso problema, y la excelente propaganda de cómo trabaja la democracia en Estados Unidos, y qué fino hila la moral, algún momento deseé que Clinton perdiera presidencia y aplomo y esposa; y la tonta niña. Pero qué más da que gane la trampa demócrata o que gane la trampa republicana. Estoy esperando que haya un cambio de fondo hacia la libertad individual y colectiva en los Estados Unidos (que lleguen a ser lo que Popper, en su senectud, imagina), y que las oleadas nos alcancen. Como cuando Kennedy: con Franco y todo, que había otra respiración. Y eso que Kennedy acosó a Marilyn Monroe: hasta la muerte. Otros hombres le acosarían a él y le asesinarían. El terror es plurisexual.

Volvía, se recuperaba el desnudo. Pocas cosas más volvían. Ah, volvía el Rey. La Corona. Había empezado el siglo con un Rey, termina con otro: con un nieto de aquél, como Dios manda. Y la sangre. Ahora que se encuentra al destino en los genes, los monárquicos hereditarios se hacen científicos. Qué tontos, qué tontos. La sangre manda: incluso no parece que mande otra cosa.

Vi salir a aquel rey al que llamaban felón, al que ya caricaturizaban, del que se burlaban: cuando su censura, le llamaron Llapisera, que era el nombre de un torero cómico; se decía Llapisera, y la gente ya sabía de quien se hablaba. Pobre censura, aquélla: tenía que venir a dar lecciones la de verdad, la de la sangre; la de los pasadores con la calavera en el cordón del gran censor. Vi salir a aquel rey, vi correr a mi padre hacia las proclamaciones, saqué la bandera republicana de mi madre, y dije algún que otro viva; atónito, he visto regresar a otro rey que sin duda es el mismo: los reyes son sólo uno, los que cambian son los cronistas.

Ahora están todos diciendo que es un punto de encuentro, que es en lo único en que hay unanimidad. Mancha que limpia, como titulaba Echegaray. No siempre, no todos. Una rara unanimidad de aceptación: salvo algunos partidos republicanos históricos, salvo algunos sentimentales a los que nos pareció mal y feo y raro, una mayoría ni siquiera pone en duda la cuestión. Es a veces un tema risueño; a veces inquietante, como cuando va surgiendo de su modestia inicial y va creciendo y creciendo en fastos y mensajes: en las bodas de las Infantas con los jóvenes altos y desconocidos que de pronto son duques, en la soltería del príncipe. A veces, todo tiene un sabor terrible: esas imágenes en que está él, el Rey, junto a un obispo y una bandera, mientras desfilan los legionarios con una cabra —mascota— al frente: y un cura dice misa, y un general da sus voces secas y a veces cómicas, y suenan los tambores y las cornetas: como cuando iban a África, como cuando el Rey —todos iguales— era su abuelo. Ahora sus soldados a "servir al Rey", se cantaba en las canciones de patio de mi infancia: "De Cataluña vengo a servir al Rey", y ahora Cataluña arroja el mayor número de insumisos —son pacificadores en lugares de los que la gente nunca había oído hablar, pero tampoco se había oído hablar nunca, entonces, del Monte Arruit—.

No habrá nunca un referéndum para refrendarle, no habrá nunca una votación que aborde las abdicaciones. Por si acaso. Por si los militares se enfadan, decían entonces; por si no aceptaban más orden que el de Franco debajo de la tumba, y la de su Ley de Sucesión. Apareció ante nosotros en un acto que nunca se ha sabido si fue proclamación, restauración, juramento o aplicación mecánica de la Ley de Sucesión —la ley de Franco, la de 1947; ésa si tuvo un referéndum, pero ya se sabe que eso, entonces, no valía— y de la persona designada por Franco, pero que apenas ofreció dudas ni controversias. Un caso raro. Los franquistas decididos —lo que se llamó "el búnker"— tenían numerosos recelos; aún en los últimos tiempos de Franco sus próximos intentaron un cambio en la persona designada. Un bonapartismo póstumo, la creación de un linaje donde se unieran los apellidos de Franco y de Borbón. No fraguó. Los monárquicos clásicos no aceptaban de buen grado el salto de una persona en la línea de sucesión, don Juan de Borbón.

Hace poco aún se intentó crear la historia de Juan III, la crónica del Rey que nunca lo fue. La inventó uno de sus grandes fieles, Luis María Anson, y le sacó partido. Anson era un niño rebelde y fastidioso que estaba en prácticas en *Informaciones* cuando yo era redactor jefe: ha seguido siendo rebelde y fastidioso. Un día de entonces hizo un viaje a Estoril, donde don Juan vivía su exilio, y me trajo una fotografía dedicada: "A Eduardo Haro, Juan". Le dije a Luis María que iba a enviarle mi foto y mi línea: "A Juan de Borbón, Eduardo". Empalideció. Qué chiquillo. En un tiempo me escribía largas cartas explicándome su admiración por China, por Mao. O me hablaba de *Triunfo*, y me decía que ese comunismo era muy aceptable. Naturalmente: es que no era comunismo. Nunca le contesté. Pero cuando ya los comunismos habían caído y *Triunfo* no existía y él tenía su futuro hecho, dejaba que en sus páginas me denunciaran como agente soviético. Y publicaba un recuadrito titulado "Harobasura". Chiquilladas. Me dicen que ahora Anson se congela en un enorme despacho de lujo en el descampado de la Ciudad de la Imagen. Pasó años siendo el más chulo del periodismo español. O el más valioso de todos ellos. Tenía sus cachorros y hasta sus mastines viejos sueltos por las páginas de *Abc*: mordiendo, ladrando, gruñendo. Pena de hombre. Monárquico: de Juan III, el rey que nunca existió.

La extrema derecha veía en Juan Carlos I el principio de una constitución democrática —"El Rey reina pero no gobierna"—; los partidos de la izquierda eran de definición republicana, los demócratas entendían que todo cargo de poder —sin la excepción de la jefatura del Estado— debe ser elegible y renovable en plazos cortos, y una gran parte del pueblo conservaba la idea de que una monarquía es la culminación de una aristocracia y, por consiguiente, un régimen escasamente popular. Sin embargo, todos estos enemigos, todos estos desconfiados, se hicieron su arreglo de conciencia: por no ser condenados por desconfiados. Unos vieron que se cumplía la voluntad de Franco; otros que, después de todo, era una monarquía que había que acatar. Los partidos de la izquierda encontraron que era la vía hacia la legalización y algunos, como el comunista de Carrillo, darían lo que fuera por ser legales; la vía hacia una Constitución abierta. Los militares vieron en el Rey a un militar, y los civiles a un civil. Espejismos de la historia. Ah, había que poner los ejemplos de las monarquías escandinavas y hasta de la inglesa, que entonces no parecía necesitar detergentes.

Probablemente la razón esencial de cada uno estaba en la convicción de que se trataba de una salida; y en el miedo a males peores. Qué gran español ha sido el miedo. Qué gran ciudadano, para esa transición espinosa, difícil. Si todos hubieran sabido qué poca cosa eran los otros, quizá hubieran preferido su exterminio. Algunos lo intentaron: los últimos asesinos de Falange contra los abogados de Atocha o contra los manifestantes de la izquierda. El brutal tricornio de Tejero, y algunos militares hinchados, algunos conspiradores de cafetería. Ahora parece que no era nada: pero cuando se escriba la crónica de Palacio quizá se vea algo más.

La monarquía, alegábamos todos, impedía el salto brusco hacia lo desconocido de la guerra civil. Pero hubo unos azares y unos valores importantes en la persona sobre la que recaía esa irónica broma de la historia. Tenía, entonces, una personalidad discreta y moderadamente atractiva. Dentro del psicologismo que representa un papel tan importante en una España tan poco culta en la política, y en todo lo demás, no resulta fácil definir la imagen general —de denominador común— con que se veía a Juan Carlos I. La palabra simpatía no es la adecuada, si se refiere a la que han podido despertar en los sectores correspondientes otras grandes figuras españolas, incluyendo a su abuelo Alfonso XIII. La de identificación, tampoco. Se trataba de un punto medio entre la proximidad y la distancia, de un punto medio entre la devoción y la repulsa. La palabra confianza era, entonces, una de las más adecuadas, como la tan simple de aceptación.

Esta irradiación apareció desde que fue designado oficialmente sucesor, si no antes. Que unos le vieran entonces como la garantía de que Franco seguiría estando cuando no estuviese, y otros como la esperanza de que Franco dejara de estar algún día, era ya un principio. Pero su comportamiento estaba ya inscrito en cada uno de sus actos. Había una continuidad: una sensación de que tenía ya hecho el proyecto de cómo iba a ser el día en que reinase.

Cuando llegó ese día, Juan Carlos de Borbón pronunció unas palabras perfectamente acogidas: "Nuestro futuro se basará en un efectivo consenso de concordia nacional". Todos los movimientos de Juan Carlos I en ese momento iban a ser claves de la situación española: fueron prudentes y medidos, entre la concesión de títulos nobiliarios modestos y beneficios económicos a los familiares de Francisco Franco, y la amnistía para los sindicalistas del proceso que llevó el número de "mil uno", y la ampliación en círculos concéntricos de las declaraciones en las que se iba hablando de soberanía popular, de autonomías, de elecciones, de Constitución. La prudencia para los sectores de lo que la oposición democrática llamó "poderes fácticos" pareció excesiva a los que esperaban una mayor rapidez en la democracia cuando el Rey nombró presidente de las Cortes a Torcuato Fernández Miranda; y a Carlos Arias Navarro, presidente del Gobierno. En el primer caso, el tiempo iba a confirmar las razones del Rey: Fernández Miranda fue capaz de hacer la primera transición de las cortes franquistas, y del Consejo del Reino, hacia un sistema más democrático y con más posibilidades. El Gobierno Arias Navarro fue en cambio un paso atrás, con la fuerte influencia de Fraga. Arias habló de "perseverar y continuar la inmensa obra de Francisco Franco", y lo hubiera conseguido de haber durado más en su cargo. Así y todo, ese tiempo fue trascendental para la consolidación de fuerzas y personalidades antidemocráticas. Pero su inmovilismo precipitó las protestas populares. El Gobierno de Arias Navarro era inviable y no respondía a las necesidades del momento; unas declaraciones del Rey a *Newsweek* se interpretaron ya como una crítica.

Se ha especulado mucho acerca de las razones que pudieron mover al Rey para la designación de Arias Navarro. Ha podido interpretarse como un cálculo para dejar que la derecha tradicional se desprestigiara por sí misma, desgastada por su incapacidad para responder a las necesidades urgentes de la nación y sometida a la presión popular nacional e internacional; se ha dicho que era un plan gradual pensado y madurado ya desde que era príncipe. No hay que descartar la idea de que creyese realmente que Carlos Arias Navarro, Manuel Fraga Iribarne, el teniente general De Santiago y Díaz de Mendivil, Areilza, Antonio Garrigues, Díaz Cañabate y algunos de los otros notables que formaban aquel Gobierno pudieran, en realidad, establecer un puente entre un régimen y otro. Hay que reconocer que Juan Carlos I ha sido un hombre con un cierto instinto que se suele llamar borbónico, con un sentido de la prudencia y con una habilidad de maniobra que en ningún caso se pueden confundir con la inteligencia. Tampoco ha tenido mucha necesidad de ella. Quizá cuando se consideren los acontecimientos de ese periodo con más distancia y con mejor conocimiento de causa —los documentos y las declaraciones, hasta ahora, son muy parciales; y una cierta prudencia parece aconsejar a los memorialistas— pueda verse que, efectivamente, algunos de los cimientos del puente se echaron entonces; y la condición precisa para que tuvieran eficacia era la de que fuese un Gobierno de corta duración. Se ha supuesto, también, que en las decisiones de Juan Carlos de Borbón en aquellos momentos pesó mucho la opinión de su padre y la de Torcuato Fernández Miranda.

El verdadero hallazgo de su reinado —luego no tuvo ya por qué hallar, ni fuerza para ello; la mecánica constitucional se fue decantando— fue Adolfo Suárez. Su designación para formar Gobierno puede considerarse aún hoy como un rasgo de valor que desbordaba toda suposición de prudencia. La clase política le consideraba un ente menor, que había llegado a ministro del Movimiento precisamente para que el Movimiento dejase de funcionar; un hombre que había estado siempre a la sombra de otros políticos a la espera de cargos útiles. No es demasiado importante recordar el título de un artículo de Ricardo de La Cierva en *El País* dedicado al acontecimiento: se titulaba "Qué error, qué inmenso error"; y no es demasiado importante, porque La Cierva se ha especializado él mismo en el error con más frecuencia que los demás españoles, incluso con más frecuencia que los políticos. Luego ha ido desarrollando una extraña labor de folletinista de la historia, más dineraria y fanática que realista.

Pero la verdad es que la clase política en bloque consideró así el nombramiento de Suárez: un error. Mientras, el país trataba de enterarse de quién era aquel apuesto joven que le iba a gobernar a partir del día en que fue designado. Entre tantas cosas como pueden suceder en España, una es que el presidente del Gobierno que iba a cambiarlo todo fuese un desconocido. La verdad es que no se ha sabido bien todavía la intuición de su nombramiento. Ni casi de su dimisión, que él mismo embarulló con palabras vacías y raras que no explicaban nada. Tratando de apartarse un poco de la última actualidad, y de borrar la imagen de Suárez maltrecho y deshecho políticamente que salió de la caída, hay que pensar que Suárez fue el hombre justo para el momento preciso.

Los caballeros de UCD: repeinados, con los picos del cuello de la camisa breves y divergentes, con sus gabardinas. Los civiles buscan sus uniformes. Hablaban con prosodia muy recortada. Como el jefe: el idioma castellano tallado en Ávila. Creo que fueron ellos los primeros que convirtieron en esdrújulas y sobresdrújulas palabras que eran llanas: como para subrayar algunos términos que les interesaban pero, en realidad, para extranjerizar. Eran fáciles para los micrófonos y para las cámaras: el jefe las había dirigido en un momento de su vida. Casi treinta años, ahora, de su aventura: y entonces eran los modernos. Alegres y oportunistas. Cierva el que llamó a Suárez "error, inmenso error"; y luego entró en su Gobierno como uno de los ministros de Cultura más cerriles de tantos como ha proporcionado el ramo, y luego salió huyendo cuando ya olía el lobo próximo de la derecha pura y dura, que era la suya. Un hombre de nuestro tiempo.

Aun teniendo en cuenta el error de paralaje, se tiene hoy la sensación de una compenetración exacta entre la transición precisa y la figura de Suárez; y parecía muy difícil su sucesión, o su sustitución. Como si la historia nos condenase a un Suárez, a falta de poder suministrar o producir algo mejor. Lo que parece ahora muy claro es que el Rey conocía bien a su personaje, y que su designación fue un acierto. Quizá como prueba de su respaldo y de su garantía personal, Juan Carlos I presidió el primer Consejo de Ministros y lo abrió con una breve alocución; nunca más volvió a participar en las sesiones de trabajo de ese Gobierno, salvo en un Consejo de Ministros en La Coruña donde se decidió una amnistía: para darle su garantía, dijeron; para capitalizarla, para monetizarla. Puede interpretarse esta presencia como el deseo de amparar personalmente, con la aceptación concedida por todos a su persona, una medida que a la derecha le pareció peligrosa y a la izquierda insuficiente. De la misma forma que en sus viajes por España el Rey pronunció en varias ocasiones palabras en catalán o en gallego para amparar un cierto principio de autonomía. Son estos breves detalles, realizados con discreción y como con timidez, los que ayudaron a componer la figura de Juan Carlos de Borbón durante toda esta parte de su reinado y a considerar cuál ha sido su peso en la transición. Hay otra parte que queda reservada para los historiadores del futuro: cuál ha sido su influencia personal, su consejo, su estímulo o su freno al comportamiento de Suárez. Y al de otros estamentos de la nación.

La Corona ha ido realizando esta labor lenta pero firme. La designación de los cuarenta senadores reales, inclinada hacia personajes de la cultura, la recepción en Palacio y en audiencias a personajes considerados por la derecha —y no sólo por la extrema— como auténticas encarnaciones satánicas, la proximidad continua a los militares, la relativa sencillez de su vida privada, han ido realizando una imagen que corresponde al nivel de aceptación. Sabía alejarse de la imagen más deteriorada de monarquía clásica; sin embargo, el esplendor y la literatura creada en torno al traslado de los restos de su abuelo, Alfonso XIII, de Roma a El Escorial, contrastó gravemente con la casi clandestinidad con que se trasladaron los restos del jefe de Estado que le sucedió, don Nieto Alcalá-Zamora. Era el principio de una carrera de consolidación. De borbonismo.

La historia subsiguiente de la Corona ofrece los mismos perfiles de extravagancia que el camino por el que llegó a España: la Corona parece ser el único éxito en un país donde todo lo demás va siendo un fracaso. La Corona, instaurada —o restaurada, o proclamada, atraída, o implantada— sin más apego que la resignación por parte de muchos, se ha ido haciendo sólida por la forma de comportamiento y de conducta cívica y política de quien la encarna. Ha ganado amistades extranjeras, respetos interiores; ha probado su capacidad de existir dentro de una Constitución y de un régimen parlamentario, ha creado un estilo de vida en el Palacio de la Zarzuela.

Bajo este manto de armiño disfrazado, sin embargo, hay un desmoronamiento general, desde la economía hasta la convivencia. Bajo el manto atravesamos el desierto al que llamábamos Desencanto. El Rey reina, no sólo intacto desde que llegó, sino cada vez más aceptado, sobre un país desmedulado y empobrecido. Nadie le culpa.

Hay una forma de consolidarse en España, que es llegar a las revistas del corazón. El del Rey es amplio, dicen; también en eso es borbónico. Y algo británico. Pero produce fotos de portada. La boda sevillana, la boda catalana. Cuando en la catedral de Barcelona la Infanta le miró y le hizo su reverencia de Corte para pedir permiso para matrimoniar, cuando el Rey asintió y le brotaron las lágrimas de los ojos, los directores de las revistas saltaron de alegría. Era algo que vendía. Vendía no sólo revistas; vendía monarquía.

(Pobre Pilar Miró, pobre amiga. Los lobos ya han devorado su presa. Era una chiquilla de pantalón vaquero y cara tersa en los tiempos de Oliver. Le gustaban los hombres; no se privaba. Era una libertad. Trabajaba a gritos en la televisión, se enfurruñaba, discutía. Iba a ser directora de clásicos del Siglo de Oro en el teatro y en la televisión, quién lo diría. Iba a ser acusada de robo porque gastaba el dinero del presupuesto en trajes. Y en regalos. Aquellos misteriosos gemelos de oro, ¿para quién serían? Como en los antiguos romances de las visitas que veían pasar a los reales mozos. Pobre, pobre Pilar. Se vio su nombre en las pintadas callejeras: pedían la horca. Para arruinar al Partido Socialista. Hizo su último esfuerzo esta republicana, esta sociata, esta libertaria tan rara, para fotografiar la boda de la Infanta. Decían que el corazón, que llevaba tanto tiempo enfermo y valvulado, se le agotó en ese tiempo de trabajo. Da igual, hubiera sido en otra cosa. Qué cosa tan rara: páginas y páginas de los periódicos, días y días en la televisión. Probablemente los que la lloraban eran sus compañeros. Los que compartieron su tiempo. Muchas veces en las abundantes necrologías de los periódicos, en este culto a los muertos que mantiene este país, el que despide se está despidiendo a sí mismo. Con Pilar murió una época. Murió fotografiando la Monarquía).

Consolidada, está consolidada la Monarquía: muchos de los nuestros son de ella. Brotan los editoriales, se especula —como en los reinos de verdad— con la sucesión, se inquietan los señorones por la apatía del Príncipe en materia matrimonial; y hasta gente poco sospechosa le dedica artículos. Editoriales. Y, sin embargo, la Monarquía es esto: el régimen que presidió al empezar el siglo el hambre y la miseria, y el Desastre y las tragicómicas guerras de África; los monárquicos son los que conspiraron contra Franco, y dieron el dinero y el riesgo para destruir el breve respiro de la República; los Borbones son los que se precipitaron a ponerse a las órdenes de Franco para dar su pecho en las trincheras, como hizo el imaginario Juan III, los que esperaron un régimen a la italiana con un tándem Mussolini-Víctor Manuel, o a la tradicional manera española de Primo de Rivera-Alfonso XIII; los que se ofrecieron para mantener el régimen bajo su mando cuando los aliados ganaban. La Monarquía fue la que designó Franco como sucesora a su muerte; y la que nombró a los fascistas —a Fraga, a Arias, a Areilza— para gobernar después de su instauración. La que tardó horas en pronunciarse contra el golpe de Estado de Milans y de Armada; y lo hizo con mesura.

Yo no querría ver la cabeza del Rey pinchada en una pica, rodeada de descamisados. Ni la de nadie. No va a pasar, felizmente no va a pasar. Pero tampoco hay que engañarse: la Monarquía no es ni será nunca la República. Es un régimen para la abolición.

Apagad las antorchas

Je suis née des Allocations.

A l'Orientation, ils me demandèrent ce que je voulais faire dans la vie. Dans la vie. Est-ce que je savais ce que je voulais faire dans la vie?

—Çalors?, dit la femme.

—Je ne sais pas.

—Voyons: si tu avais le choix, supposons.

La femme était gentille, elle interrogeait avec douceur, pas comme une maîtresse. Si j'avais le choix. Je levai les épaules. Je ne savais pas.

—Je ne sais pas.

—Tu ne t'es jamais posé la question?

Non. Je ne me l'étais pas posée. Du moins pas en supposant que ça appelait une réponse; de toute façon ça ne valait pas la peine.

(Christiane Rochefort:
Les petits enfants du siècle)

C'est la aussi que je me suis mise a écrire Les petits enfants du siècle. Un tout petit bouquin court, ciselé par l'horreur, chaque phrase, chaque majuscule insolite, chaque virgule déplacée par l'horreur.

(Christiane Rochefort, *Ma Vie* , 1978)

["Nací de los Subsidios.

En la Orientación me preguntaron qué quería hacer en la vida. En la vida. ¿Acaso sabía yo lo que quería hacer en la vida?

—¿Y bien? —dijo la mujer.

—No sé.

—Venga, supongamos que puedes elegir.

La mujer era amable, preguntaba con suavidad, no como una maestra. Si yo pudiera elegir. Alcé tan sólo los hombros. No sabía.

—No sé.

—¿Nunca te has hecho esta pregunta?

No. Nunca me la había hecho. Y menos suponer que eso exigiera una respuesta. De todos modos no valía la pena".

(Christiane Rochefort:
Les petites enfants du siècle)

"Así fue cómo me puse a escribir *Les petites enfants du siècle*. Un pequeñísimo libro, recortado por el horror, cada frase, cada mayúscula insólita, cada coma colocada por el horror".

(Christiane Rochefort, *Ma Vie*, 1978).]

A MÍ, la verdad, Christiane Rochefort no me impresionaba nada. Los hombres somos de esta crueldad: hacemos invisible a una mujer. Una mujer mayor, pequeñita, servicial. Ahora sé, porque lo dicen las solapas de los libros, las enciclopedias, las búsquedas o los hallazgos en Internet, que nació en 1917 y por entonces no debía tener cuarenta años; pero yo apenas había pasado de los treinta. Christiane era una secretaria del Festival de Cannes en la oficina de París; atendía a los periodistas porque le gustaba escribir a ella misma. Nos gestionaba los créditos, los hoteles, los vales de comida, los pases para las películas. Luego, en el festival, escuchaba pacientemente las quejas en varios idiomas de las habitaciones oscuras y pequeñas, de la inhabitabilidad de la sala de prensa. Debía estar escribiendo, por las noches, su primer y deslumbrante libro, *El reposo del guerrero*. Ahora se la estudia, y en las universidades se dice que es una de las dos feministas francesas de este siglo. La otra es Simone de Beauvoir. No hay por qué recordar a Colette, por ejemplo: nadie contó mejor, y con más espléndida prosa, el dolor de ser mujer al empezar el siglo: ni con más profunda frivolidad. Cada vez que paso por esa gran belleza del orden cartesiano que es Palais Royal miro su balcón: allí estaba al final de su vida tumbada, entre sus gatos —y Cocteau, su vecino, era otro de ellos, ronroneante y acariciador: de Jean Marais, que vivía con él— hasta que murió, y el arzobispo de París le negó el suelo sagrado para su tumba. Qué iba a hacer: estaba divorciada, había vivido en el pecado —con hombres, con mujeres— toda su vida, y jamás había dado señales de arrepentimiento. Los escritores católicos —Julien Green, Mauriac, Graham Greene— clamaban al cielo, nunca mejor dicho: el arzobispo estaba en su derecho. Qué más le daría a ella, muerta. La adoré. Todavía tomo alguno de sus libros y leo algunas páginas con la pequeña llamita de ilusión que me queda.

Iba a la oficina de Christiane con Novais. Un hijo del siglo. Desterrado de su país por la dictadura fascista de Salazar, se fue a España y Azaña le acogió en su Secretaría. Desterrado de España por la dictadura de Franco, se fue a Francia. Desterrado de Francia por la llegada de los alemanes, huyó a Brasil. Desterrado de Brasil por uno de sus fascismos, volvió a Francia. Escribía un portugués bello y hondo. Fuimos juntos a Cannes, una vez, y él bromeaba con Christiane. Creo que fue ella quien dijo que Novais hablaba todos los idiomas en portugués. O sería Bergamín, que estaba con nosotros. Creo que a Novais le gustaba Christiane: para él era muy jovencita. Y la veía desamparada, como asustada. Quizá había nacido de las subvenciones a la familia con que el Estado francés estimulaba los nacimientos en una época de demografía baja: "Je suis née des Allocations", decía su personaje. Pero entonces nadie sabía cuál iba a ser su futuro. Naturalmente.

Llego del teatro, cargado de unas reflexiones sobre la muerte, la vida, la continuidad: Pirandello, *La vida que te di*. Abrió el siglo, lo cierra, y se proyecta hacia adelante. Si enciendo la luz de la terraza veré los geranios de Pirandello, húmedos por la lluvia de febrero, resistentes al viento que viene de la sierra. Sobreviven, se multiplican. Concha tomó los esquejes de los que el escritor plantó en torno al olivo de Agrigento,

Sicilia, cerca de la casa donde nació. Es una llanura; desde la ventana del hotel se ven, por la noche, las ruinas de los templos griegos. Una placa recuerda a Empedocles. Habíamos ido a la Universidad, donde hablé sobre lo posible y lo imposible en la vida, la sociedad, la política. Hace veinte años: el geranio de Pirandello ha arborecido y tiene un tronco ancho, duro, blanco.

Nuestros padres literarios estaban entonces angustiados por la vida y la muerte. Empezaban a perder las ideas religiosas, pero todavía no se resignaban a la desaparición. Cuando terminó la Primera Guerra Mundial las gentes se preocupaban del destino de las almas de tantos mozos como se entremataron; cuando terminó la Segunda Guerra, que había multiplicado el número de las bajas, nadie se interesó por sus fantasmas. Reinaba ya lo que se había empezado a llamar popularmente el materialismo. Histórico, dialéctico, en los textos de Marx.

Maeterlink escribió *El huésped desconocido*: el alma. Maurois, *El pesador de almas*: el moribundo está en una balanza que habrá de notar la diferencia de peso al huir el alma del cuerpo: pero no perdía ni un solo gramo. En Londres empezó a trabajar la Sociedad de Investigaciones Psíquicas: los ectoplasmas, los ruidos, las alucinaciones en las casas deshabitadas, o antiguas. Se quería meter el misterio en la ciencia; sigue aún en lo que se llama parapsicología. No se agota el malestar por la desaparición. Los filósofos pensaban en el tiempo del primer cuarto de siglo, los escritores lo ilustraban con la casuística del escenario. El tiempo es un sueño, o el tiempo devora sueños, o uno puede trasladarse a través de él. Ir y venir; enamorarse de una mujer de otra época, de otros espacios, perderla, esperar en otra reencarnación. Qué angustia. Qué obsesión por el futuro.

Cuando yo era niño, la gente se ufanaba por el futuro. Fue la Segunda Guerra la que les llenó de pavor: aquí, antes, con nuestro fascismo penoso y nuestros muertos. Pero antes, algunos suponían que ya estabamos en él: *El futuro ha comenzado*, escribía Duhamel, en el título de un libro que se vendía en todos los puestos callejeros; y ese mundo era Estados Unidos, *La ciudad mecánica* que contaba desde allí a los lectores de *Abc* su articulista Julio Camba. Yo no sólo tenía un capital de futuro inagotable personal, por mi edad —en la que se cree que esto no va a terminar nunca y, lo más extraño, parece agradable que no acabe—, sino que tenía a mi disposición el futuro general. Algo de esta idea del futuro inagotable se ha conseguido: entonces la edad media del español era la mitad de lo que es ahora. Parte de esto es un espejismo: la reducción media se ha conseguido porque bajan mucho más las cifras con la disminución de la mortalidad infantil y la de las mujeres en el parto, y porque la vida en las zonas desventuradas era corta y mala. La España del hambre.

Junto a esa idea del futuro mecánico, que venía de Estados Unidos, estaba la del futuro utópico: el de las grandes revoluciones, la ácrata y la socialista. Un más allá a nuestro alcance. Cuando yo nací, la utopía soviética era un ascua para cada desvalido. La guerra de 1914 a 1918 parecía la última de las guerras posibles. El paraíso iba a venir en vida.

Ahora sabemos que el futuro se caracteriza porque no existe. El individual ya lo hemos consumido los hijos del siglo. El utópico se ha desvanecido. Aún queda parte de la obstinación del hombre en creer que existe de manera concreta: que "está escrito", que sucede "lo que ha de ser". Y en las más amplias zonas del mundo todavía se mantiene una mezcla entre la utopía religiosa y la política. Nosotros, los de este lado de acá del mundo, ya sabemos que nadie nos puede vender el paraíso de Adán y Eva, ni el del Profeta. Tampoco nos pueden vender el paraíso en la Tierra: ya sabemos que cuando se piensa que se puede conseguir, los que quedan fuera arrojan sobre él su vieja sombra y lo destrozan.

Desde los albores de la humanidad, y hasta nuestros días, se utilizan los más variados recursos para horadar el telón del futuro: desde los religiosos y supersticiosos hasta los llamados científicos. Los hijos de este siglo hemos conocido el gran auge del materialismo, del cientificismo y hemos creído en todos los futuristas, excepto en los que se llamaron así —la vanguardia de Marinetti, literaria, artística y fascista— porque creíamos en que a partir de ciertos datos se podían obtener otros.

La idea de que pueda conocerse el futuro es más bien paradójica: se quiere conocer para modificarlo en sus aspectos negativos, para adelantarse a él y tomar las previsiones necesarias para que no se cumpla. La contradicción está en que si el futuro es algo que ya está escrito es, naturalmente, inmodificable. Y si no está escrito, no se puede modificar. Nuestra utopía ha consistido en creer que a partir de los puntos originales de este siglo y de los inmediatos pasados se podrían desarrollar por un camino real algunas previsiones. Esa contradicción ha sido más claramente percibida en nuestro tiempo que en ninguno de los anteriores, y la futurología científica, despojada hasta cierto punto de supersticiones, consideraba el desarrollo del tiempo como una probabilidad a partir de lo que se ha heredado del pasado y de lo que se está desarrollando en el mundo presente; esa probabilidad sería, por consiguiente, modificable.

Ejemplo: las teorías del crecimiento demográfico, que es una de las características esenciales del mundo de hoy que se proyecta sobre el futuro imaginable: puede fácilmente trazarse una curva matemática que muestre la progresión de las poblaciones y creer que se sabe el número de habitantes que puedan tratar de convivir en el año 3000; desde el momento en que se conoce que los recursos de la Tierra son insuficientes, y que se producen las aglomeraciones máximas en ciertos lugares del planeta, se imagina que se pueden tomar las medidas necesarias pare evitarlo: política antinatalista, retraso en la edad de matrimoniar, sistemas anticonceptivos, legalización del aborto... Al mismo tiempo, habría que estudiar el acondicionamiento del planeta para recibir el número de habitantes que se le vienen encima. Se trazará, por tanto, un plan, y si ese plan funciona, se habrá conseguido modificar un futuro en el sentido contrario al de sus mayores probabilidades.

Aún se dice ahora que la Tierra, sin pensar todavía en la gran reserva del universo, puede alimentar a muchos más habitantes. Casi terminando el siglo hay un informe de la Unesco explicándolo así. El conocimiento es un poco bobo: jamás ha tenido el planeta los suficientes recursos como para alimentar a sus habitantes, ni cuando tenía la mitad que ahora, ni aún la mitad de la mitad de la mitad... Hay una cuestión esencial: el acaparamiento. Cuando más se produzca, más habrá en manos de unos, menos en manos de otros. Parece que Marx y Engels sabían algo de esto cuando exponían que la historia de la humanidad era la de la lucha de clases. No se pudo evitar nunca: en el comunismo real las pequeñas clases acapararon los víveres de las grandes, de las inmensas. Pero no sé por qué se ha de considerar comunismo real el de la Unión Soviética, y no el contenido en la idea de los fundadores. El comunismo fue una de las grandes corrupciones de este siglo: cercado, sometido, amenazado, se fue convirtiendo en un mecanismo de defensa propia y perdió su propia esencia. Transformado por la amenaza, se ha dicho después que había demostrado que era imposible; y lo decían los que habían conseguido, por el hambre y las armas, que fuera imposible. Es una vieja cuestión: en la II República española los enemigos sembraron el desorden por el pistolerismo y por la guerra cuando les fue necesario, para luego poder decir que la República era inestable.

A Marx y a Engels les debemos dos bienes dudosos: la invención de la economía y la de la sociología. Es decir, de unas doctrinas cuya veracidad no ha sido posible verificar nunca, porque apenas han sido descriptivas de lo que estaban contemplando, pero con las que se trataba de hacer una doctrina capaz de oponerse a la otra, a la llamada científica. Y a la Revolución rusa le debemos una transformación del mundo que era impensable: la del mundo de las clases privilegiadas que, por miedo a ella, que a su vez despertaba miedos históricos referentes a la Revolución francesa de 1789, obligó a que esa fuerza centrípeta del acaparamiento de la riqueza se interrumpiese o se modificase. Estoy siempre obsesionado por una frase de aquella mujercita valiente y tierna, como todos los grandes revolucionarios, que fue Rosa Luxemburgo: "El camino del socialismo está empedrado de derrotas". Lo puso de título a un artículo, y fue lo último que escribió. Al día siguiente los militares alemanes la mataron. Fue el preludio del nazismo; el suelo de la camioneta donde la asesinaron era la antesala de Hitler. Una de las grandes derrotas de la que habría de surgir un nuevo camino. Que a su vez sería asesinado...

La dictadura sobre la demografía ha existido siempre. La dictadura sobre el sexo es su parte visible: su acondicionamiento religioso, su persecución pública y esa dolorosísima sanción de las sociedades; dolorosísima porque, sin saberlo, los reprimidos se han visto convertidos siempre en represores de sus iguales. A principios de siglo los pecadores eran lapidados, y las mujeres que incidían en el sexo salían de sus casas paternas, estrangulaban a los hijos que daban a luz en los retretes, los tiraban a los estercoleros; y las que no encontraban una dura salvación en los prostíbulos, se suicidaban. Las más grandes partes de la humanidad siguen produciendo esa política represora. Parece relacionada de alguna manera con el reparto de bienes, con el control de la natalidad, con el racismo de los condenados por su raza. Pero todavía en países que se consideran redimidos, como el nuestro, se leen los trágicos sucesos del infanticidio, del suicidio de parejas de amor imposible o de reducción a gueto de la prostitución —en Madrid, el alcalde de fin de siglo quiere crear una ciudad en las afueras para que comercien— y de otras persecuciones sexuales. El siglo empezó con la muerte de Oscar Wilde en el exilio, solo y empobrecido, aterrado de seguir viviendo, porque fue procesado por su relación sexual con un menor y condenado a trabajos forzados. Termina en España con el proceso de los clientes del bar llamado Arny, en Sevilla. Quizá tenía razón, otra vez, Marx, cuando decía que los sucesos se repiten, o se dan dos veces en la vida: la primera como tales, la segunda como caricatura. Pero el fondo de la cuestión es el mismo. Y si el reverendo Dodgson, que murió tranquilo hace cien años, hubiese fotografiado hoy a las pequeñas a las que daba clase, no podría sobrevivir a su deshonra. Ah, su seudónimo fue Lewis Carroll, y su obra esencial se llamó *Alicia en el país de las maravillas*. Tampoco podría sobrevivir James Barrie, que sentaba en sus rodillitas —era diminuto— a los niños de Hyde Park. Escribió *Peter Pan*. Pero cuidado, cuidado: hay que tener otra vez mucho cuidado con lo que se escribe. No estamos ya en la época de Nabokov y su *Lolita*; no estamos ya en aquel 1955 que todavía parecía libre. Mientras escribo, en algunos ministerios de Oriente y Occidente se están escribiendo los informes que prohiben la última versión cinematográfica de esa película: en su país de origen, en los Estados Unidos, no se puede proyectar. Cuidado, cuidado.

El fin de siglo es el tiempo de Diana. Diana, princesa de Gales, casada para ser reina de Inglaterra, muerta cuando iba con un árabe rico camino quizá de la maternidad, que podría dar un hermano musulmán al futuro rey de Inglaterra. Del país que castigó a Wilde, y que arrojó a la catástrofe a Fanny Hill, o que destinó al hacha a las cabezas de las adúlteras y a sus amantes. Suscitó un culto, provocó el gran escándalo del pueblo llorando y arrojando flores a la mujer mala. Su capacidad de rebeldía, su lucha contra una Monarquía caduca y su contribución a caducarla, su sentido del amor libre, la explotación del marido adúltero y zonzo mediante un divorcio leonino —la leona, ella—, la manera de no importarle la opinión pública absolutamente nada y, sin embargo, de conseguir su adhesión mundial; su manera de hacer asomar otra Inglaterra sobre la vieja carca —ya pura vaina— daban a este tiempo un aspecto rebelde y nuevo. Incluso lo que podría haber sido su amor final: con un hombre de otra raza, de una raza a la que no pueden ni siquiera ver los suyos —no sólo los reyes, sino los Spencer; y los burgueses, los esnobs—, la posibilidad de que diera un hermano árabe de media casta al que va a ser rey de Inglaterra. ¡Qué dulce broma! Lástima que el hospital donde se examinó su cuerpo haya dicho que no estaba embarazada, como se había supuesto. No tengo ninguna necesidad de creerlo.

He dejado, páginas atrás, a Pirandello. El libro es como la vida misma; se deriva, se va por donde él quiere. El pensamiento único es algo que se fustiga desde nuestras mismas posiciones: el pensamiento único es el fascismo, en cualquiera de sus formas posibles. Pero debe uno cuidar de sí mismo: que el pensamiento único no se apodere de él. Suelto el pensamiento. Ya le pondrán frenos los otros.

No quería haber dejado el teatro. Pirandello: el teatro de ideas. El tránsito del teatro ha sido ése: de las tesis, de las formas donde la libertad iba por dentro, a los gritos, las gestualidades, los maniquíes. Ya volverá el teatro de pensar, y ya volverá a sucederle el de alaridos, como el que usaba el Living. El teatro es un hombre, por mucho que se disfrace: y cuando el hombre muere, se acabó su descubrimiento para el futuro. Murió Grotowski y con él el teatro de lo pobre que había inaugurado; murió Kantor, y con él el teatro de la muerte. Sus compañías se disuelven, sus cómicos se disuelven en otros frentes. Jarry escribió su *Père Ubu*, inauguró el siglo; hoy no hay vanguardia, y cuando todos los aficionados del mundo, todos los pequeños rebeldes, quieren volver a representar *Père Ubu*, no hacen más que mostrar que lo que se muere, lo que los lobos mordisquean en el campo helado, por la noche, antes de que las antorchas se enciendan, muerto está.

Teatro de ideas: hasta las de Jarry, burlonas y despectivas, eran ideas. Vive mejor Ibsen: las hijas, las nietas del siglo, lo son también de Nora, la mujer casada que daba un portazo y dejaba atrás al marido, a los hijos, la casa burguesa en la que gobernaba pero no reinaba. Todos tenemos algo de Wilde, de Bernard Shaw: las ideas se van abriendo paso lentamente.

Veo, en televisión, *Electra*: con el nombre de Electra se vienen proclamando libertades y rebeldías desde hace siglos. *Electra*, de O'Neill, es un ejemplo de la literatura dramática de la época del teatro de ideas, y está basada en conversaciones largas, casi continuamente de dos en dos personajes, en las que se trata de una revisión de valores de la sociedad puritana de los Estados Unidos mediante un trasunto de la *Orestíada*, y en la que un fondo psicoanalítico representa el papel del destino —como carácter— que obliga a unos comportamientos sin salida. Quizá no tenemos hoy el mismo valor cultural con que se escribió la obra. Se dice que no lo tiene la televisión: pero la televisión es el teatro. Para gente desculturizada, hecha por gente desculturizada. No importa, ya se aprovechará. Los clásicos del Siglo de Oro escribieron para idiotas. Alguno alcanzó las ideas: Calderón, quizá; Tirso, tal vez. *Electra*: nunca fue una obra de masas. El tipo de libertad que emitió en su tiempo está desplazado hoy de una sociedad como la española y de la cual la masa que se crea en torno al televisor sólo puede recoger con facilidad la superficie: adulterio, amor equívoco de una madre y una hija por un mismo hombre, asesinato.

Me voy cansando. Escribo, y me voy cansando. No es la escritura: el ordenador no cansa. Es un teclado blando y suave. Hay quien prefiere la dureza de la máquina vieja y mecánica. Una vez Francisco Umbral tenía artrosis, y el tecleo en la legendaria Olivetti Lettera le causaba grandes dolores. Le ofrecí una máquina eléctrica, y la rechazó:

—¿Y si me cambia el estilo?

—¿Y si te lo cambia a mejor?

No resisto fácilmente la tentación de una impertinencia. El estilo de Paco parecía inmejorable, pero no era verdad: el tiempo lo ha ido enriqueciendo, sobredorando, estofando.

No es el ordenador el que cansa, ni la escritura. Es la vida en torno, mientras se escribe. Y es también el recuerdo. Agota. El que escribe se desentumece, se levanta. Ah, le van a echar encima una obra de teatro de las que no elegiría si fuera libre. O le llaman para que se pierda algo de la televisión. Parece un descanso, y no lo es.

La colaboración entre el teatro y la televisión es dudosa: termina por no beneficiar a ninguno de los dos medios. El teatro tiene su grandeza instantánea y artesana, la televisión su propio arte de narrar. De todos los intentos, quizá el más adecuado sea la filiación de obras como se estrenaron, aunque se mantenga la inquietud de que no traspasen la pantalla. Como

Electra, Absalón fue una obra minoritaria en su estreno. Es un ejemplo clásico de la manipulación de material de acarreo a través de tiempos y situaciones. Calderón usó la situación bíblica —el incesto de Tamar y Amón, la sucesión al trono de David— para un cierto morbo dramático que no le hubiera sido tolerado entre católicos; a cambio, denostaba una vez más a los judíos y las costumbres bárbaras. José Luis Gómez, con la dramaturgia de Sanchis Sinisterra, dio las vueltas suficientes para convertirla en un homenaje al judío eterno, hasta el punto de que alguno de los personajes está caracterizado según fotografías de la Europa prehitleriana, y se ha querido reconocer en él a Kafka (de quien Gómez estaba estudiando la dramatización de la *Carta al padre*). Será interesante seguir en la intimidad del televisor en casa, sin las tensiones del estreno, todas estas huellas culturales contradictorias y entremezcladas, ver cómo funcionan elementos como los viejos y augustos versos, el limpio decorado y los blancos figurines, las canciones hebreas de varios tiempos. Puede que este interés sólo exista para quienes lo tengan previamente, preocupados por las distintas advocaciones de la literatura dramática y que descorazone a la masa de espectadores que tenderán a suponer que la cultura no es para ellos ni el teatro su medio: y éste es uno de los peligros que puede suponer el maridaje directo entre teatro y televisión.

Está acostumbrado a esos temas en folletines de las series americanas —Falcon Crest o Dallas— donde lo que queda es la mera anécdota; pero esas series están hechas directa y exclusivamente para el medio, con una riqueza, una velocidad de imagen, una economía de palabras y de diálogos y una perfección narrativa. Querríamos, hoy, que volvieran. Querríamos que volvieran las grandes series inglesas: *Arriba y abajo*, que recogía el aliento de todo el siglo en las clases sociales que se iban extinguiendo (ya no hay mayordomos, ya no hay cocineras gordas y sentimentales, ni doncellas afanadas en un trabajo sin fin: ya no hay grandes casas, ni lores riquísimos). Como mera anécdota, como simple superficie, las series desterradas o sustituidas por la vieja gorda sal del chiste y el esperpento antes de pasar por Valle Inclán (cuando era mero drama, o mera barbarie), eran mejores esas series que *Electra*; como ética, ideología, profundidad humana o permanencia de pasiones, es infinitamente mejor *Electra*. Pero en el mismo medio no llega suficientemente. Los diálogos pesan, su fondo se comprende a medias, y menos con la traducción, llamada doblaje (otra pérdida de calidad) y se produce una impaciencia. Contar simplemente una historia así requiere hoy menos de la tercera parte del tiempo; profundizar, necesita otras palabras, otra tensión de los personajes, otra acumulación de imágenes simbólicas significativas.

Tenemos, además, una educación americana, tan larga ya como la historia del cine. Es el siglo del cine, o sea, de la modificación del teatro por la técnica. Hemos visto muchos cientos de veces las estampas de la Guerra de Secesión; nos han llegado sus casas, su iconografía, sus vestidos, sus personajes, en películas y series grandes y pequeñas, en obras monumentales y en obras menores, hasta impregnarnos. Nos es difícil verlos ahora debatirse entre muebles isabelinos españoles, en un palacete afrancesado; curiosamente, hasta los gestos, las actitudes, el énfasis en las palabras de la escuela española nos resultan extranjeros: no son los genuinos, son imitación.

En un teatro, importa menos, porque se entra ya en la convención y en el reajuste mental que hace cada espectador cuando se sienta en su butaca. No tiene relación con la predisposición mental del espectador de cine o de televisión. Entre esas predisposiciones está la costumbre de ver la obra bien hecha; repitámoslo, aunque sea menor de intención y de alcance. Se soporta mal ver una horrorosa maqueta representando la histórica mansión de los Mannon, y las luces mal colocadas, la busca del contraluz que deja la acción en penumbra, las incoherencias entre plano y contraplano, los alardes con los espejos, las transparencias sin proporciones o los colores aplastados o dominantes. Los pasos adelante: un mayor intento de dignidad, el respeto posible al autor, un reparto adecuado y un cierto aroma de teatro: es decir, no existe el intento de violación de la obra original o de superación por parte del realizador a lo que dio origen a la obra, que son los vicios esenciales de estas adaptaciones.

Veo *La vida que te di*, veo *La rosa tatuada*, de medio siglo después. Obras de mujeres: de ideas para mujeres, sobre mujeres. Obras de actrices. Alzan los brazos como lo hacían en los vasos etruscos, o se desgarran el pecho como en la primitiva *Electra*. Veo a estos vasos sagrados requiriendo y alabando la simiente con que trasmitir la vida, con la que perpetuarse. La Venus demográfica; la idea de especie. Pero la especie, misteriosamente, se va controlando a sí misma. No quiere más personas: tiene ya muchas en este poco espacio. Se agranda, se hace temible hormiguero, en los países donde hemos ido empujando la muerte. La hemos ido sacando poco a poco de entre nuestras fronteras, que ahora defendemos bravamente: que no vengan ellos, que no aparezcan los hambrientos, los que tienen que morir. Sólo los necesarios para apalearles, para maltratarles. A veces, algunos de los nuestros rocían de gasolina a los mendigos y a los inmigrantes, o les rompen la cabeza con las porras que heredaron de Mussolini: no les culpemos, son nuestros representantes. Nos hemos quedado con la comida, con toda la comida. En España, creo que digo antes, se ha duplicado la edad de vida media; pero esos años de más se los robamos a los otros. A ellos. Para ellos la demografía positiva: tienen que multiplicarse, les dicen, para que sus grandes bajas sean otra vez cubiertas. Quizá para invadirnos; pero la invasión tiene que ser sinuosa, clandestina. Si vinieran en grandes masas, como antes hacían los "bárbaros del norte" o las "hordas asiáticas" de los tártaros, sacaríamos nuestras armas que se llaman "de destrucción masiva". Hemos ganado en la guerra sobre los tiempos del cuerpo a cuerpo. Cuando escribo, los Estados Unidos apuntan sus armas de destrucción masiva contra Irak, porque sospechan que pueda tener armas de destrucción masiva. Más bien para contenerle. Más bien para contener su demografía.

Tratar de controlar hoy la demografía entre nosotros es como conseguir implantar universalmente las reglas necesarias. Nosotros somos los dueños de la moral: la hemos inventado y viene desde muy lejos. La moral de *Electra*. Pero nos mantenemos en nuestras contradicciones. Quizá éste no sea el siglo con mayores contradicciones, pero sí es aquel que sabe que se contradice. Se ha intentado llevar el control de la natalidad a las tierras de los pobres. "La píldora del rey", decían en Tánger las mujeres, porque el rey Hassan mandaba el uso de los anticonceptivos. Con ellos aumentó la natalidad. La tomaban mal, a destiempo, la olvidaban: y no seguían sus precauciones originales —sus hierbas, sus interrupciones, sus lavados—. Pero no sabemos si queremos. No vayan a hacerse países compactos, como los nuestros, y puedan tener nuestra fuerza. Supersticiones.

Pero seguimos manteniendo nuestros puritanismos según nos convienen. Haría falta una dictadura global, que llegase a la intimidad de la pareja y de la persona, un sistema de premios y castigos. Puede que llegue a establecerse: la ha habido casi hasta la Segunda Guerra Mundial, se ha relajado después, y ahora se sospecha. La dictadura sobre el sexo.

Pero antes sería preciso que todos los estudiosos de ese futuro demográfico se pusieran de acuerdo, y hoy mismo no lo están: los hay todavía —dejando aparte a los religiosos, que actúan y se expresan por motivos irreales en esta cuestión, pero que son agentes necesarios de la depredación de una libertad: y las libertades son indivisibles— que creen en la virtud de la población. Y hay unas tendencias naturales que se manifiestan de diversas formas ante ese problema: la creencia de que la libertad total incluye la de la procreación, rechaza toda posibilidad de dictadura. En España gobierna el partido que es hijo del Opus, el Opus está en el Vaticano, el Vaticano tiene la desfachatez de enviar a su Papa, ya moribundo, ya agotado por la lucha contra algunas libertades, a los países del mundo para predicar contra los anticonceptivos, contra el aborto. En España hay que arrancar algunas libertades, como la de amar a quien se quiera —o a quien se deje— o de usar su cuerpo en vano.

Nadie conoce la sexualidad masculina mejor que las mujeres: forma parte del objeto de su vida. El objeto biológico, el de engendrar. El objeto social, el económico en la sociedad que se desvanece, pero de la que quedan grandes harapos. Shere Hite es una mujer: hizo un informe sobre la sexualidad masculina que se hizo famoso en el último cuarto de siglo, y que aún sigue siendo editado; en él dice que la reproducción se detendrá porque la sociedad misma cambiará su sexualidad, de forma que el acto genético no sea su objetivo y la homosexualidad aumentará, lo cual va a producirse —dice— a partir del nuevo descubrimiento (los anticonceptivos, que no han dejado de estar en progreso desde entonces: científico y de aceptación cultural y social, hasta político) que dotará a la mujer de otras actividades y otras sensaciones nuevas... Debe estar en ello. En este aspecto de la procreación y de la nueva familia, los futurólogos científicos —que creen ellos que lo son— han hecho previsiones importantes. Hay quien cree que, contrariamente a la tendencia actual de dispersión, las familias se congregarán: se formarán grupos de 10 a 12 personas viviendo bajo un mismo techo porque sólo uniendo sus salarios conseguirán pagar el alquiler. Existieron ya las comunas, el triunfo de los hippies californianos que irradiaron a todo el mundo, y que se fueron extinguiendo. Fueron una de las primeras creaciones de la revolución sexual de los años sesenta. Quedan ahora otras familias con multitud de miembros bajo el mismo techo, porque no pueden pagar, efectivamente, el alquiler. El desastre se ha cumplido.

Treinta años después, Shere Hite, mujer madura ya, se asoma a uno de los típicos escándalos sexuales de fin de siglo, el del presidente Clinton, del que los enemigos conservadores dicen que es "un monstruo de sexualidad": es uno de los héroes de la promiscuidad proclamada por la Revolución. Quizá el hombre de muchas mujeres sea visto aún como machista, lo cual será un error: la otra heroína del fin de siglo ha sido la princesa Diana, que ha destrozado la corona de Inglaterra por tener sexo abundante, suficiente y complaciente con hombres. Una mujer. Shere Hite mira desde su sabiduría el caso Clinton: y ve a su mujer. "Ha sido esperanzador ver que ella no se refugia en el papel de esposa herida, quedándose en casa y disimulando la vergüenza, sino que dice personalmente lo que piensa, con fortaleza". La mujer fuerte. A principios de este siglo Benavente escribía *Rosas de otoño*: la esposa que va viendo muda y dura las aventuras de su esposo, hasta que al final vuelve a ella: le pone el batín, le calza las zapatillas y, vestido así con el uniforme del presidiario burgués, le encierra en el salón de oro y rojo terciopelo. Siempre me dio pánico esa especialísima obra de Benavente: el retratista de la sociedad. No criticaba al marido plural, sino que admiraba la entereza de la esposa. Se la recomendé a José Luis Alonso; eligió para ella a Amparo Rivelles —hija de María Fernanda Ladrón de Guevara, que la estrenó— y fue un éxito. La sociedad de hace diez años se encontró a gusto en ella. El teatro burgués, o lo que queda de él, lo están manteniendo las mujeres —debo decir "las señoras"— y ellas encontraban que su feminismo estaba reflejado en aquella carcelera. Shere Hite, sexóloga y socióloga, encontró el ataque a Clinton como una muestra de la reacción. "Clinton se presentó dos veces a la presidencia y ganó dos veces con un programa que defendía los derechos de la mujer al aborto y a la igualdad salarial. Los republicanos defendieron la filosofía de las mujeres en casa (...). Es probable que sea justamente su firme posición sobre los derechos de las mujeres lo que ha provocado el feroz ataque de la derecha. Es curioso que esto ocurra cuando el Papa se dedica a 'limpiar' Cuba del comunismo y el ateísmo. La derecha, sabedora de que una de las bases del electorado de Clinton son las mujeres, le ha atacado en un terreno que, como sabe de sobra, enfurece a las mujeres. Pero lo que esta derecha no entiende es que las mujeres de hoy no pueden clasificarse simplemente como buenas o malas (es decir, entre casadas y... queridas). Las mujeres de hoy en día saben que entre los posibles candidatos, Clinton es el más dispuesto a defender sus derechos".

Da por sentado Shere Hite que la mujer y la familia han cambiado absolutamente. "Cuando los políticos dicen defender los valores familiares se diría que se están refiriendo al viejo cliché de núcleo familiar, con ellas atendiendo servicialmente a sus maridos, cuidando de los niños... Sin embargo, la gente está tratando de crear nuevos modelos capaces de dar respuesta a nuevos anhelos morales. La familia está cambiando: al equipararse a los hombres, las mujeres han conseguido mejorar la familia. Lo que la gente desea es basar sus vidas en un amor auténtico y profundo hacia otra persona". Quizá hacia otras: siempre en el progresismo dominante en una era hay una retención, un pudor. Siempre se lucha por algo menos de lo que se puede: con objeto, quizá, de detenerse en lo posible. Estamos luchando —aquí, en España; y ahora, al terminar el siglo— por algunos derechos sexuales. Como el de la homosexualidad, reflejado en las "parejas de hecho", que el catolicismo vergonzante, curil, del Gobierno, aún retiene. O disfraza. Quizá es poco la pareja de hecho: quizá en el más allá se llegue a la abolición del matrimonio; quizá en algo más que el amor por una sola persona. Los nietos del siglo vuelven a mirar hacia el futuro como una posibilidad del amor libre. Quizá hacia fin de siglo otro de los que lo hayan experimentado casi entero exprese sus críticas a lo poco conseguido.

¿Poco? Hace un cuarto de siglo la feminista Lidia Falcón, activista y clara, judicialmente complicada después con Eva Forest en el atentado vasco a la cafetería de la calle del Correo (y encarcelada con ella), escribía en *Triunfo* que ya se había acabado con el matrimonio y que pronto se acabaría con la familia: secuestró la revista Fraga, aparente liberador de la expresión escrita, la multó y la suspendió cuatro meses: murió Franco, Fraga siguió en el Ministerio del Interior y cuando el joven Rey heredero de Franco decretó una amnistía, *Triunfo* quedó excluida de ella y cumplió, entera, su condena. La revista ya no existe: los que trabajamos en ella vamos peregrinando por el mundo en actos que no queremos que sean fúnebres, pero que son recuerdo de veinte años de un siglo español; y Fraga es elegido cada cuatro años presidente de la Junta democrática de la autonomía gallega. Se avanza a saltos. El futuro no existe.

George S. Robinson, especialista de la NASA, se asustaba un poco —ligeramente— de la demografía, y no apuntaba a reformas de la familia, sino a las posibilidad de grandes éxodos. Anunciaba que las masas abandonarán la Tierra para ir a vivir una vida espacial en la cual reinará “un orden matriarcal” porque las mujeres tendrán la misma educación y los mismos trabajos que el hombre, y su longevidad, superior ya al macho, les proporcionará ese dominio. Rosas de otoño. La Tierra enviará, quien sabe en qué siglo, sus excedentes, sus pobres, a colonizar el espacio: como los envió a América hace siglos. Y a Australia, donde iban a parar las poblaciones penales y sus familiares: gente implacable. El siglo empezó con grandes éxodos, termina con otros. Empezó con los éxodos judíos, que fueron a parar en gran matanza, y el éxodo final hacia Jerusalén, de donde iniciaron su éxodo los árabes. Ahora vemos éxodos cada día: en las tribus africanas, donde las matanzas equivalen a las de este siglo en Europa, y en Albania; y los kurdos, y los serbios, croatas, eslovenos, a los que habíamos visto unirse. Elevamos fronteras en nuestras suaves y caras playas para que no desembarquen los emigrantes. Mandémoslos, si es posible, al espacio. Tienen allí un gran porvenir.

Cuando niño, en el tiempo de las ilusiones, se daba ya por hecho que el hombre viviría en otros mundos. Nuestro primer novelista del espacio fue Burroughs, con su serie del planeta Marte. Sí: el mismo autor de *Tarzán*. *Tarzán* era un hombre blanco y, además, un aristócrata: era tal el poder de su raza y de su sangre que, solo en la selva, llegaba a dominar a todos los negros y a todos los animales de los alrededores. Un mito duro que todavía se mantiene en versiones infinitas. Quizá por la belleza y la atracción del desnudo del hombre y de la mujer: sin sacramentos, por cierto. Pero era precisa una mujer blanca —"mí, Jane"— para que el sexo de Lord Greystoke, que era el nombre de Tarzán, no se hundiera en pozos negros; y para que la descendencia suprema no se perdiera. Burroughs había nacido en el ultimo cuarto del siglo pasado en Chicago, naturalmente; su *Tarzán* empezó casi con el siglo.

En el Marte de Burroughs los nativos, más o menos rojos o verdes, no recuerdo, eran crueles: mataban por juego —"El ajedrez vivo de Marte" era un episodio— y los viajeros blancos y terráqueos, expuestos a esa crueldad, escapaban una y otra vez: no vencían demasiado pronto, pero eran bondadosos y superiores. Tarzanes del Cosmos. Para todo aquello se daba como fecha posible el año 2000. Se va aplazando. Pero necesitamos un gran espacio para meter en él a todo el Tercer Mundo, a todos los malditos de la Tierra. Donde no fastidien.

Ozay Mehmet, profesor de economía de la facultad de Otawa, premoniza que los que queden en la Tierra trabajarán menos de lo que se trabaja ahora; sólo podrán comprar dos tercios de los productos que compran ahora; serán más delgados, más nerviosos y tendrán mejor salud que nosotros. Una profecía con posibilidades: algo se ha cumplido ya. Pero la reducción del trabajo, que vendría con el sueño eterno de la máquina, no está arrojando por ahora beneficios: el hambre ha ido a parar al Tercer Mundo, y los parados crecen en Occidente, se revuelven, son los malditos de la Tierra. Más delgados, más nerviosos. La salud no se la van a pagar mediante los presupuestos del Estado. Sálvese el que pueda.

Esta cuestión de la salud interesó mucho a los futurólogos de posguerra. Felix Kaufman (presidente de la sociedad Science for Bussines, en Estados Unidos) estimaba que las taras originales podrán evitarse por la manipulación genética. Acertó. Pero el oscurantismo se proyecta en el fin de siglo. La manipulación genética: un espanto. La clonación. En un comité de sabios al que acudo por una falta de consideración que tienen los demás de mi verdadera realidad pobre en materia intelectual, oigo a uno de ellos, librepensador, aceptar que los experimentos prosigan: cree que debe nacerse por las vías naturales. La clonación se viene practicando con aspectos puramente mentales: en España, la Guardia Civil y los jesuitas trataron de desarrollar entre sí y entre los demás bajo su fuerza una clonación. En los colegios, donde vuelve a predominar el uniforme que en la República se abolía, se trata de hacer ciudadanos uniformes. En la filosofía política se predica el pensamiento único: se manda, prácticamente. El ejército, o los ejércitos, han sido siempre clónicos, y el gran sueño de sus jefes de todas clases es la igualdad en los movimientos, las estaturas, las canciones o las respuestas. Un mundo libre como el del espectáculo inventó este siglo a las coristas, a las chicas de largas piernas y busto alto y exacto: que fueran muchas en el escenario, o delante de la cámara, o debajo del agua, y que se movieran todas al mismo tiempo. Lo contrario del harén.

Quien haya estado en un cuartel no olvidará nunca en qué ha consistido esa sumisión, esa obligación: y en el castigo a quien se desclonara. Y ahora nos asustamos: los libres. Por horror a la pérdida de lo natural. Pero lo natural es una idea de la derecha: el derecho natural, el orden divino. El progreso consiste en librar al hombre de lo natural.

El doctor Paul Segall advertía en 1982 que en 1992 se produciría la primera resurrección de un ser humano, congelado y descongelado, y creía que los enfermos incurables habían de ser congelados y archivados hasta que se descubra el sistema de curarles. Ha pasado el tiempo, pasará más; y no hay más resurrección en la historia que la muy dudosa de Lázaro. Algunos cadáveres congelados son ilustres: uno de ellos el de Walt Disney, creador de uno de los azotes de la humanidad: los dibujos animados. La exaltación de la violencia, la trampa de que el que se estrella o es atropellado vuelve a su primitivo ser, el cultivo de la doncellez de las princesas durmientes —el odioso mito de que la mujer duerme hasta que el hombre la despierta con el primer acto sexual: el beso—, el ciudadano que destrozó la música con *Fantasía*, el hombre que desnaturalizó a los animales para convertirlos en medio humanos, en monstruos híbridos de formas de animal y de persona. La terrible bondad, la terrible ternura: desnaturalizadas. Con nuestro dinero de niños, de padres o de abuelos, se congeló para ser inmortal. Allá está, helado. Muerto y bien muerto. Cualquier siglo vuelve entre nosotros.

No faltaron los pesimistas: en un libro titulado *The Great International Disaster Book* se decía al empezar los ochenta que un virus nuevo, que comenzaría a actuar en la India, se extendería por el mundo, produciría cientos de miles de muertos. No vino de la India: el sida llegó de África, y además de los muertos por miles de millones —se acaba de inventar ahora en español la palabra millardo: mil millones— ha atacado una de las grandes libertades que ha conquistado el mundo de la segunda mitad del siglo: la libertad sexual, que en gran parte ha producido la revolución femenina. Cuando yo era niño, el terror era la sífilis: todavía mataba. Ya se decía que era un castigo de Dios, un azote por el pecado. Siempre ha habido pretextos para que los miserables se presentasen como prohombres (por cierto, no se dice nunca prohembras, promujeres). Pero no se consideraba que este justo azote fuese suficiente para aliviar la demografía: hacían falta las guerras.

Busco, y encuentro, algunos pensamientos sobre la guerra recogidos de este siglo. "Frisch und freudig", fresca y alegre, decía el Kronprinz (príncipe de la Corona, en Alemania: heredero del Káiser que dictó la Primera Guerra Mundial; recuerdo, de niño, haber visto su fotografía del exilio: partiendo troncos en un bosque, con un enorme hacha) en 1913. El mismo año en que el francés Paul Bourget decía en París que "el valor educativo de la guerra no se ha puesto nunca en duda... Sí, la guerra es verdaderamente la regeneradora". Porque sin ellas "el mundo se hundiría en el materialismo": en las guerras "se desarrolla la abnegación, el espíritu de sacrificio" (Von Moltke, aristócrata, militar y pensador alemán). Ya el siglo antes, Joseph de Maistre, uno de los grandes precursores del fascismo (los italianos, los alemanes, lo aprendieron todo de los ingleses y los franceses: este Maistre, o Legouvé, o Houston Chamberlain), escribía: "Jamás el Cristianismo, si se mira de cerca, parece más sublime, más digno de Dios y más hecho para el hombre que en la guerra". "Demasiado grave para confiarla a los militares", según Clemenceau, el primer ministro francés, civil, que dirigió y ganó la de 1914 a 1918. Son efectivamente los civiles los que se engrandecen con ellas; los militares no lo necesitan porque su condición y su profesión les tienen ya suficientemente engrandecidos. "Matemos, matemos", decía un general poeta, Duval, en 1915: en plena guerra: "¡Matemos, matemos! Saciemos de sangre la bayoneta carnívora". "La guerra imprime el sello de nobleza a todos los que tienen el valor de enfrentarse con ella", decía Mussolini: un hombre del siglo. Es "la política por otros medios", según Clausewitz: el pensador militar alemán que llenó de ideas la primera mitad del siglo.

Mussolini era el que decía, al empezar su tiempo: "Dentro de medio siglo, el mundo será fascista o estará fascistizado". Ha pasado el medio siglo y el mundo no es fascista. Sólo está fascistizado. Huey K. Long, que aspiraba en mi infancia a ser presidente de los Estados Unidos, decía que "el fascismo llegaría envuelto en los Estados Unidos" y acusaba al antifascismo de ser otro fascismo. No pudo ser presidente, ni fascistizar: le mataron de un tiro. Ah, otro fascista que hablaba sobre la guerra, el Marinetti, maestro de Giménez Caballero: "Guerra sola igiene del mondo".

Ernesto Giménez Caballero... Viajé con él, con Torcuato Luca de Tena, con otros compañeros o como fuesen, a la Alemania de la posguerra; en la inauguración de la primera línea aérea desde Madrid. El mejor escritor del fascismo español, el creador de las buenas revistas vanguardistas, el romano, el enemigo de Azaña —le descuartizó en su libro *Yo, inspector de alcantarillas*— estaba sentado junto a mí, en el lado del pasillo. Había querido ofrecerle el de la ventanilla, habíamos porfiado, hasta que me confesó que prefería no mirar al vacío. "Está lleno", le dije. Me miró como se mira a un tonto.

Dormitaba Ernesto. Entonces, los viajes cortos eran muy largos; habíamos hablado de los relojes blancos de Dalí para convencernos de cómo el tiempo es distinto según como se sufra: o se goce. Y luego él dormitaba. Para vencer al tiempo y al miedo. Murmuró algo. Lo repitió, le entendí:

—¿Cómo no habré sido yo ministro?

—¿Qué dices, Ernesto?

—Pensaba en voz alta... Me preguntaba por qué no habré sido yo ministro, si lo ha sido Sánchez Mazas...

Rafael Sánchez Mazas, creo que mejor escritor que él pero no más fascista, o quizá un poco menos, había sido ministro algún tiempo, muy poco. Ocupaba el puesto destinado a los grandes falangistas en el Gobierno. Pero Giménez Caballero no fue nunca ministro.

—El caso es que Franco, en Lisboa, me llamó en una recepción...

Franco había visitado Portugal por algo del Bloque o del Pacto o de lo que fuera entre los dos grandes fascismos peninsulares. Divididos, eso sí, por la eterna desconfianza entre las dos naciones vecinas. Como todas las naciones vecinas: quizá un poco más. El periódico de Falange o, como les gustaba decir a ellos, la Falange, había enviado a Giménez Caballero como cronista especial para tan destacado suceso. Y en una recepción, Franco había llamado a Giménez Caballero:

—Caudillo, a las órdenes eternas...

—Ernesto... ¿Usted no ha sido nunca ministro, verdad? ¿Cómo no ha sido usted nunca ministro?

Desde entonces, Giménez Caballero pensaba siempre en eso. Nunca fue ministro. ¿Cómo no habría sido nunca ministro? Pero Franco le nombró embajador. En Paraguay.

Cuando llegamos a Francfort, el más ilustre de los periódicos del país, el *Frankfurter Allgemeine Zeitung*, publicó un editorial en primera página. Se llamaba "Otra vez nazis en Francfort": estaba dedicado a Giménez Caballero. El periódico no contaba, sin embargo, que Ernesto había intentado casar a Hitler con Pilar Primo de Rivera. Sin éxito.

Sonó el teléfono en mi habitación. Por azar: había pedido el que llamaba que le pusieran con alguno de los españoles. Era un joven secretario de Embajada, de la representación diplomática española en la zona de ocupación americana. Estaba nervioso:

—¿Habéis leído el editorial del *Frankfurter*? Qué cosas, qué cosas... Pero comprenderás que hayamos suspendido la recepción en vuestro honor en casa del embajador...

El joven secretario de Embajada se llamaba Gonzalo Fernández de la Mora. Ése sí fue ministro de Franco, años después. Emitió la frase del "Estado de obras": porque él lo fue de Obras Públicas. Y la idea del "fin de las ideologías", que se adelantó en tantos años, y con la misma intención, a la del "fin de la Historia" de Fukuyama, que daba por terminada la lucha, de clases y de todo, cuando cayó el comunismo. Gonzalo formó parte del grupo de Carrero Blanco, de los que creyeron en la conspiración judeo-masónica que le mató. Hoy publica una revista de opinión de conservadurismo extremo: más allá del Partido Popular, más allá de Fraga Iribarne. También tuvo menos suerte que ellos en la democracia.

Viajábamos... Había comprado una pitillera —cuánto fumaba yo entonces: qué bien, qué bueno era— que tenía grabado un mapa de la zona americana. Veíamos los nombres de los pueblos, el lugar donde estaba el autobús.

—Mira, mira, Ernesto: estamos rozando la zona soviética...

—No importa... si nos metemos por error en ella, a mí me respetarán. Comunistas y fascistas somos hermanos: hemos copiado de ellos la camisa azul, las canciones, la militarización política...

Viajábamos...

El siglo empezó pacifista: en 1900 —último del siglo anterior— se celebró la primera conferencia mundial de paz, en La Haya. El pensamiento pacifista no ha cesado de crecer: ni las guerras. Al empezar el siglo se inventó la ametralladora; al terminar las bombas nucleares podrían destruir varias veces la humanidad, si fuera posible. Eso sí, estamos tratando de prohibir su proliferación: que no las tengan los que no las tienen ahora. La bomba nuclear la tienen en activo cinco países: son los mismos que se sientan en el Consejo de Seguridad de las Naciones Unidas, que fue un invento de mediados de siglo.

Edmund C. Berkeley —uno de los primeros descubridores de las facultades y posibilidades de los ordenadores— cree que viene la guerra nuclear en el hemisferio norte y que causará doscientos millones de muertos; cifra insignificante comparada con la que emiten Stephen Wolfe y R. L. Wysack (*Handbook for space pioneers*) para quienes la guerra nuclear se producirá por la cuestión del petróleo y producirá dos mil millones de muertos —la mitad de la población del mundo hace veinte años, cuando se emitía la profecía— y sobrevendrá una edad de tinieblas que durará seiscientos años hasta que se recupere el nivel actual de civilización: no esta claro si, una vez recuperado el nivel actual, la humanidad volverá o no a otra guerra nuclear.

Pero, ¿seguiría siendo problema el petróleo? Ozay Mehmet, antes citado, cree, en efecto, que será determinante para los países adelantados, que tendrán que aumentar sus importaciones de los productos fabricados por lo que ahora llamamos países del Tercer Mundo; los ricos de ahora dependerán más de los pobres de ahora, con la excepción de Estados Unidos, que podrá mantener su nivel tecnológico. Pero no por mucho tiempo: hacia el año 2030 China vencerá en esta concurrencia. Berkeley piensa que la escasez de energía hará que se despueblen las zonas frías de la Tierra y los habitantes se acumulen en las zonas templadas o cálidas.

Hay quien cree que el petróleo perderá su importancia en cuanto se utilice la energía espacial. Wolf y Wysack creen que el primer país que coloque en órbita la primera estación generadora de energía solar será Japón. Otros piensan que el alcohol obtenido de los residuos agrícolas podrá hacer funcionar los motores, que el hidrógeno sustituirá al petróleo, o que se obtendrá energía utilizando las diferencias térmicas de los océanos, las mareas, el viento.

Sajarov —el sabio soviético deportado por su disidencia con el régimen soviético, muerto en 1989— trazó también su utopía: el mundo se dividirá en dos territorios, uno de trabajo y otro de reserva; en el primero se forzará la industria, en el segundo se constituirá una reserva ecológica. Una gran parte de la industria contaminante estará situada en satélites artificiales. Habrá ciudades subterráneas para dormir y divertirse, y nacerán nuevas formas de alimentación, por fábricas de sustitución de las actuales proteínas animales y por la agricultura marina; lugares baldíos, como la luna o las superficies árticas, podrán ser utilizadas para la agricultura. En las ciudades no habrá automóviles, sino "piernas mecánicas", que eliminarán las carreteras... Soñaban demasiado los rusos en lo que sería la civilización cuando estuviera dirigida por los otros, o sea por nosotros. Lo han pagado caro. Han conseguido de la técnica de Occidente una de las grandes conquistas: las mafias. Al principio de su presidencia del Gobierno, Felipe González, necesitado del perdón de los occidentales porque el nombre de su partido era demasiado rojo —socialista; y obrero—, tuvo que decir que prefería morir asesinado en el Metro de Nueva York que vivir en la paz culpable de Moscú. Ahora podría morir asesinado también en el metro de Moscú: un gran éxito. Pero desde que pronunció aquella frase hasta nuestros días, Felipe González no tenido necesidad de ir en Metro: morirá sin volverlo a pisar. Ni siquiera el de Madrid.

¿Qué valor puede tener todo esto? Son profecías no hechas por videntes, no obtenidas del examen de las entrañas de las víctimas o de la astrología, sino por considerables cerebros científicos. Hacen dudar no sólo de su condición de profetas, una vez consumido el tiempo sobre el que trabajaban, sino de cómo trabajaron su presente. No ofrecen ninguna garantía. Hay que recordar la frase de alguien que ha tratado también de reducir al estado de ciencia y de previsión algo de lo más imprevisto del mundo, como es la guerra, como son las revoluciones y como es la política: Gaston Bouthoul, quien hacia 1975 explicó en su *Tratado de sociología*: "La invención no es previsible". "Si se hubiera reunido al principio del siglo XVIII un congreso para la mejora de las comunicaciones, la discusión se hubiera centrado en los adoquinados y las carreteras, en las carrozas y en la raza caballar. Pero se hubiese considerado como un loco a cualquiera que hubiese aconsejado que la investigación se desarrollase considerando las aguas en ebullición o los imanes".

El futuro: qué error. Yo estoy ahora profetizando sobre el pasado, y no acierto ni siquiera con el mío: ni con mi intimidad. Los futurólogos de Bouthoul vivían una tendencia a considerar como buenos los valores tradicionales y estables y tender a su mejora, y a mirar con sospecha a los elementos innovadores y sorprendentes. Pero puede producirse la aberración contraria, que consiste en supervalorar toda idea nueva y abandonar por ella rutas más seguras. Quiere decirse con esto que hay un número considerable de factores de error en cualquier tendencia a la predicción del futuro. Mirando seriamente el pasado (¿se puede mirar sin reírse al pasado?, ¿y al presente?) se ve cómo está formado de sucesos o acontecimientos; y cómo cada uno de ellos encierra un número considerable de variantes posibles, cada una de las cuales, a su vez, produce otras muchas.

Los relatos de la historia, y aun la filosofía de la historia, suelen tener un problema que muchas veces parte del propio historiador, pero que todas las veces germina en el lector: el de que lo que ha sucedido sólo podía haber sucedido así y no de otra manera, de la misma forma en que se examina una cadena como tal cadena, con un eslabón detrás de otro, ligado a otro, y no se piensa en la variedad infinita de combinaciones que podrían realizarse con ellos; aun sin atribuir personalidad distinta a cada eslabón —es decir, la de que cada uno de ellos pudiera estar en lugar distinto al que está—. De este concepto han salido concepciones fatalistas de la historia y, por tanto, del futuro. Toynbee mismo, en su monumental estudio sobre la historia, tiende fijar unas leyes inmutables para las civilizaciones, una serie de hechos que se repiten a lo largo del tiempo y del espacio; las civilizaciones que nacen, crecen, se desarrollan y mueren, como en la biología humana. Pero no hay que descartar una religiosidad profunda en el pensamiento de Toynbee, que puede asimilarse a la historia providencialista; no muy lejana del materialismo histórico de Marx y Engels. Darwin es otro ejemplo, a partir de la divulgación fácil de su teoría sobre la evolución de las especies que proclamaba la supervivencia del más fuerte, la selección natural y la mejora continua desde la ameba al ser humano. Algún destrozo causó en la historia contemporánea creer que asimilando esas teorías se puede dominar el futuro por la simple razón de ser más fuerte (Hitler). Hasta muy recientemente (Monod) no se introdujo la noción de azar, la de suceso o de acontecimiento: es decir, su calidad de inaprensible. De la misma manera se ha considerado otro desarrollo de la historia: el que conduce de la horda y la tribu a las grandes aglomeraciones nacionales y, ahora, supranacionales, como un progreso constante hacia la mejor situación del hombre. No está probado que sea así: los movimientos ecológicos piensan, por el contrario, que habría que emprender ya el camino de regreso. Y entre todas las posibilidades, la de pasemos de nuevo al revés de esta historia por el camino de la violencia y de la destrucción aterra a muchas personas.

Hay también maneras distintas de considerar el valor del acontecimiento aislado. Hay quien piensa que existen unos rasgos generales, y que los acontecimientos pueden alterar los rasgos generales sólo a corto plazo, pero no a la larga. Esta determinación está hecha de una suma y resta de acontecimientos. Una mayoría de acontecimientos producidos en un mismo sentido, de la que se resta una minoría de acontecimientos producidos en sentido contrario, y la interacción de estos grupos de acontecimientos, puede marcar ese camino de la historia. La otra manera de considerar el acontecimiento, la vía corta, la del ritmo individual, depende directamente de estos acontecimientos. El asesinato del primer Kennedy —como ejemplo— modificó la situación americana y, por tanto, la mundial; hizo aflorar a la superficie un político perdido, como Johnson; el asesinato del segundo Kennedy modificó la situación de las elecciones de 1968 y permitió aflorar a la superficie a otros políticos perdidos. Para un individuo, para una generación, un acontecimiento puede ser decisivo, aunque no lo sea en el sentido general de la historia. Las tendencias políticas se distinguen por la fabricación de acontecimientos que vayan en su propio sentido y evitan los acontecimientos en sentido contrario. El carácter imprevisible de los acontecimientos y la introducción de los elementos de sorpresa en la vida política completan el juego. Imaginemos por un instante uno solo de los acontecimientos citados, el del asesinato de Kennedy. Una desviación de décimas de milímetro en el pulso del tirador le hubiera salvado la vida. A partir de ahí se pueden imaginar toda clase de variables. La de los partidarios del sentido general de la historia sería la de que los promotores del asesinato de Kennedy lo hubieran seguido intentando, una y más veces, hasta conseguirlo, y hubieran conducido el suceso en su propio sentido. Pero podría ser enteramente distinto. ¿Sería el mismo mundo que conocemos ahora si Kennedy hubiera cumplido su legislatura de ocho años? ¿Habría la URSS mantenido a Krutschev en el poder? ¿Podría o no el enfrentamiento de Cuba —la crisis del Caribe— haber terminado en una tercera guerra mundial? ¿Cómo serían los Estados Unidos de hoy sin los presidentes fantasmas que fueron Johnson, Nixon, Ford, Carter? ¿O la fuerza de Reagan y la dureza de Bush, o la debilidad de este Clinton? Las interrogantes a partir de ese punto son infinitas y cada una de ellas abre otro infinito de posibilidades.

Horadar el futuro y su sentido es prácticamente imposible. Cómo encontrar un sentido a la historia y creer que a partir de la primera célula todo se ha desarrollado dentro de un orden para producir lo que somos ahora y vivir como vivimos ahora. En todo caso, es un juego. Una novela. O unas memorias. En épocas de gran agitación histórica, de falta de modelos —crisis, por tanto, de la historia—, de hundimiento de creencias, algunas antiquísimas, otras recientes, esta inspección de lo que no existe, puede tener, por lo menos, algo de consuelo.

Novais: ¡que se me queda atrás! Joaquín Novais y Bergamín: iban juntos a casa, en la Place Wagram; Pilar compraba los ingredientes, y ellos hacían sus comidas de nostalgia. Una gran nostalgia del exiliado es del gusto, del paladar. Un sentido siempre memorable. Comer la comida de casa es volver a estar en casa, con la madre que mira o que escudriña las caras para ver si aprueban su trabajo. O eran así, entonces. Es volver a una casa ideal sin apuros, sin conflictos, sin severidades. Bergamín hacía gazpachuelo y, a veces, venía el cónsul Llovet: si, Enrique: el poeta, el autor de *Montañas Nevadas* que luego se volvió hacia la izquierda, y fue comunista y luego socialista y luego dejado de todos. O los dejó él, no sé. El autor de canciones de Celia Gámez que todavía se cantan, de la famosa adaptación del *Tartufo* de Molière dirigida contra el Opus —lo hacía Marsillach; con un decorado de Nieva—, el crítico de teatro de todos los periódicos. Pero a Enrique Llovet le desdeñaban un poco los otros diplomáticos. Se había casado con Carmen Baeza, hija de don Ricardo, escritor y traductor, que había sido embajador de la República; se había criado ella misma en la Embajada de Buenos Aires, y en el exilio. La hija de doña María, gran dama de la aristocracia de la Institución Libre de Enseñanza. ¡Cómo era entonces "la carrera"!

Bergamín hablaba con una voz tenue, casi imperceptible. Dicen que ahora me pasa a mí lo mismo. Debe ser cosa de las depresiones. Era, decían, feísimo: yo no lo veía, me parecía lleno de personalidad, pero debo aceptarlo. Su fealdad es una leyenda. Le viene de padre: del ministro de la Corona, al que un día interpeló alguien en el Congreso:

—¡Y lo dice usted con esa cara...!

—¿Cree usted que si tuviera otra llevaría ésta puesta?

Pepe contaba que una vez se bañaba en San Sebastián con unos pantaloncillos, sin parte alta. *Top less*, diríamos. Decía que desde lo alto el obispo miraba por un telescopio la playa para espiar las inmoralidades y avisaba a los guardias. Uno se fue a Bergamín:

—Está usted indecente...

—Lo que estoy es macabro...

Venía, en fin, Enrique Llovet y hacía ajoblanco: para el gazpachuelo de Bergamín. Comida de Málaga, sabor de sus infancias malagueñas, que todavía estaban en sus prosodias. Y Novais hacía bacalao: a la portuguesa, o Gómes de Sá. Comían y recordaban: a lo Proust (me dijo un camarero de La Regence: "Aquí venía todos los días a desayunar M. Proust pero jamás tomó una madalena: las detestaba". Lo diría por esnobismo; y quizá su vecino Proust no fuese nunca allí).

Veíamos a Christiane Rochefort, nos daba nuestros pases de Cannes, y nuestros vales de comida y de alojamiento (todo modesto; no éramos genios del cine) y un año fuimos juntos, con Pilar y con Eugenio Suárez, al Festival: pasamos por Mónaco para asistir a la boda de Grace Kelly (donde nos mandaban nuestros periódicos; era, por lo tanto, en 1956), entramos en la Riviera italiana, vimos Fontanarosa, la casa de Blasco Ibáñez en Menton (estaba casi en ruinas), llegamos a Cannes, asistimos al Festival. Novais entraba en cada tienda: compraba regalos para su chica. A veces se asesoraba de Pilar acerca de una faldita o de un pañuelito: esas cosas que compraba uno.

Tanto la quería, que la envió a los lugares prohibidos: a Madrid, a Lisboa, a su pueblo. Que viera ella lo que a él no le dejaban ver; que le contara, luego, cómo estaba lo que dejó. La esperaba en París con impaciencia. La había encomendado en Madrid a su hijo. Novais se había ido solo al exilio: su mujer y su hijo se quedaron en Madrid, próximos a su amigo Juan Cristóbal, y ella no le volvió a ver más; el hijo le visitaba en París, y le enseñaba sus versos. Se había hecho falangista, tal vez por repulsa al padre rojo. Estaba orgulloso de su nombre como de un homenaje al Fundador: José Antonio. Era bohemio, bebedor, puñetero; no digo que era mujeriego porque eran las mujeres las que le abordaban y se enamoraban. Ese tipo de hombre débil, con futuro desgraciado o nulo, a las que ellas les gustaba proteger. O redimir.

Fernande le quiso redimir. Se enamoró, sin duda, del hijo de su amante. También José Antonio: siguieron juntos hasta que él murió. Supongo que uno de los grandes factores que les movieron a los dos fue el que ella era la amante del padre. Esas transgresiones unen mucho. Resuelven complejos. Se lo ocultaron al engañado, al traicionado. Vivían en el morbo de lo imposible, pero deseado, de la garra del destino, que sé yo. En esa época todavía duraba la tragedia griega convertida en bolero o en tango, o en canción de Edith Piaf. Hacían como que dudaban. Una tarde, o quizá mañana, estábamos los tres en una terraza de la Place de Ternes; supongo que él bebía su Ricart, con agua y hielo: lo más próximo al ajenjo de los poetas malditos, que ya estaba prohibido por la ley. No quiero reconstruir el diálogo: sería infiel. Simplemente, me expresaron sus dudas, sus anhelos, sus pasiones y su conciencia. Señalé un hotel de la plaza: les indiqué que allí podrían resolver su tensión y su conciencia. Se decidieron, se levantaron y se fueron. Aún me dijo él:

—Espéranos, no tardaremos mucho... Te contaremos...

Me fui. Había pensado seguir un poco más en esa terraza, donde había un excelente *maître écailleur*, famoso por sus erizos de mar. No soy muy proclive a ellos, pero sí a las ostras: me parecen mejores las españolas. Pero me fui.

Rubem Braga también hablaba todos los idiomas en portugués; quizá un poco más abierto, porque era brasileño. Un gran escritor: sobre todo, de artículos. "Millones al horno" era el título de uno de esos artículos, y del libro en que se recogían otros. La historia de los billetes quemados en Brasil por no sé qué historia de cambio de moneda, o de devaluación. Trabaja así, en pequeños párrafos, con anécdotas, con una prosa delgadita y humorística. En *A barboleta amarela*, en *Ai de ti Copacabana!*

—Ven, por favor, que está aquí tu amigo...

Era Tania, de L'Isba: me llamaba a la madrugada para indicarme el riesgo en que se encontraba Rubem Braga. Era embajador de Brasil en Marruecos; iba desde Rabat a Tánger para charlar un rato, y ya iba bebiendo mientras esperaba que yo terminase mi trabajo: cuando el diario *España* estaba listo para cargar en la barca que le llevaría a Barbate. Si tenía mucho que esperar, la charla era imposible. Cuando Tania me avisaba, era para que le recogiese. Tania y Camomille canturreaban *Katiuska*, le ponían un whisky más, y le empujaba al Minzah, su hotel. Caía rendido. Fue uno de los se quejó cuando el director del hotel, Marie, puso unos bellísimos pavos reales en el parque, junto a la piscina. Los pavos emiten unos aterradores gritos nocturnos, quizá sexuales; despertaban a todo el hotel y los que tenían miedo al moro creían que había comenzado una degollina. Pobre Marie, que a veces le invitaba a uno a cenar a su apartamento; una cena exquisita, tras de lo cual tocaba el violoncelo. A veces se podía reconocer algo parecido a una partitura de Bach; pero Casals la tocaba de otra manera. En cambio, Casals nunca dirigió un hotel en Marruecos.

Rubem Braga existe: le he buscado en Internet, y sigue en *El Globo* de Río de Janeiro (miro en la última Británica y dice: "(1913-)": qué gusto ese espacio final en blanco. Ah, cuando ya he escrito este párrafo, encuentro un artículo de Moacir Werneck de Castro, "Variaciones sobre la etapa final", y traduzco del portugués: "Rubem Braga me confesó un día su inquietud al tomar conciencia de una cosa llamada 'fechas extremas', o sea, los años de nacimiento y muerte en las obras de referencia. Le parecía una provocación la práctica de registrar, de un ciudadano vivo, la primera fecha, dejando después para la segunda un espacio en blanco. Para él la grande y desafiante incógnita de la vida era la previsión de ese vacío. ¿Cuándo sería? ¿Qué número? El suyo lo fijó así: 1913-1990". Rubem sigue escribiendo. Los libros más recientes: *Una carta de París, La casa de los Braga.*

José Antonio Novais no, no existe: le devoraron los lobos, como a su padre. Escribía en *Le Monde*; era el corresponsal en España. Fernande era quien traducía sus croniquillas al francés. Tuvo fama de gran antifranquista; en su periódico contaba lo que aquí no dejaba la censura.

La democracia ha sido un sistema de Gobierno en continua experimentación: se ha progresado o retrasado en el cumplimiento de sus principios y sus ideales —puesto que es una idealización— según las formas de acción contra ella que se han producido en la historia. Vivimos una etapa histórica, que puede ser larga, en la cual se ha unido a un sistema neoliberal. En otros tiempos y lugares se ha apareado con otros sistemas: democracia popular ha sido un nombre que ha servido para unos comunismos malogrados; democracia orgánica, para unas formas de fascismo (fue el nombre dado por Franco a su intento de legalización de la dictadura por medio de unas Cortes y unas "leyes orgánicas" manipuladas). Socialdemocracia es el nombre que se ha dado, después de varias transmigraciones —la más extrema, la más valiente, la que le costó la vida a Rosa Luxemburgo y a Karl Liebnicht— a lo que ya no puede llevar ni siquiera ese nombre y por el momento se llama neoliberalismo.

El liberalismo anterior era una ley del más fuerte, una aplicación del darwinismo a la organización de la sociedad: la lucha de todos contra todos, la supervivencia del más fuerte, a la que ni siquiera se dejó culminar sino que se fue decantando en unas clases capaces de acumular la riqueza y sucederse a sí mismas; ese liberalismo funcionó mediante una reducción continua del Estado burgués que modificó las revoluciones europeas, con el que se trató de equilibrar unas leyes de trabajo, de mercado y unas aplicaciones sociales que evitasen un reino de la barbarie y limitasen el uso de los privilegios. Se ha llamado con el nombre equívoco de "anarcocapitalismo" al que trató de anular ese Estado de tendencia niveladora que pretendía una redistribución mínima de la riqueza; tuvo también en una etapa histórica el nombre de "capitalismo salvaje", y esa etapa fue la que terminó en la catástrofe económica y financiera de los Estados Unidos en 1929, cuya repercusión causó en Europa el paso contrario: la exaltación del Estado como ordenador de vidas y haciendas en los diversos comunismos, los diversos fascismos.

El sistema liberal fue desafiado por esos estatalismos: mientras duraron sus guerras —la Segunda Guerra Mundial, la guerra fría— el sistema liberal mantuvo también un Estado fuerte y de alta intervención, como el que se creó con Roosevelt a raíz de la crisis de 1929, para mantener una redistribución de la riqueza dentro de una creación de formas de vida a las que dio el nombre de libertades, para mantener un polo de atracción. Lo consiguió. El final del comunismo es el resultado de esa concurrencia: las masas de su sistema lo rompieron desde dentro hacia fuera —símbolo visible, el muro de Berlín— y corrieron hacia el consumismo y hacia el Estado de bienestar que se les ofrecía como alternativa; este Estado, sin embargo, parecía huir de ellos y, al mismo tiempo, de todos los demás.

En efecto, una vez ganadas sus guerras y proclamado el "fin de la historia" de una manera prematura, no necesitaba el capitalismo de las socialdemocracias ni de los socialismos transformados en forma de antifascismo primero, de anticomunismo después, ni de efectuar un excesivo reparto de la riqueza. A esta situación le ha ayudado el crecimiento de la tecnología, que ha devaluado el valor del trabajo. La primera revolución industrial, con su capacidad para sustituir la energía por el vapor y luego por otros medios, y la mano de obra por la mecánica, ha alcanzado un desarrollo fundamental con la electrónica.

Devaluado el trabajo por este sistema —y convertido en paro obrero creciente—, reducido el estado de bienestar para limitar el reparto de la riqueza por la vía de las pensiones o los apoyos sociales —viviendas, medicina, natalidad, vejez— el liberalismo económico ha necesitado, sin embargo, dejar atrás su negativa al estatalismo para tener con el Estado otro tipo de complicidad: el Estado neoliberal tiene que funcionar en sentido inverso para evitar las concurrencias sociales y con todas las capacidades de represión para que las víctimas del "orden nuevo" —palabra de Hitler, repetida y proclamada por Reagan al final de su mandato— no abrazaran nuevos revolucionarismos, para limitar el poder de los sindicatos y contener las huelgas y las reclamaciones de salarios.

Más que a sus propias masas, todavía en el estadio final del consumismo, necesitaba contener a los "países proletarios" o Tercer Mundo, inútiles ya para su esfuerzo de guerra o de instalación de bases —¿contra quién?—; la guerra del Golfo fue la primera demostración de su capacidad de contención, y le sirvió para trasformar la situación de revolución permanente de los países islámicos: la aparición de los integrismos es la respuesta a ese nuevo ahogo, pero su represión apenas cuesta dinero ni sacrificios humanos porque los propios gobiernos del área islámica se encargan de ello. Incluso comienzan a encargarse en África, una de las zonas de mayor depresión del mundo, de formar una masa costera que impida hasta donde pueda su camino hacia Europa. En este momento África es un continente en extinción; aislada en un incremento de enfermedades mortales, en un crecimiento del hambre porque no son necesarias ya su mano de obra barata ni sus materias primas y porque la demografía más alta del mundo la consume, es difícil pensar que en África haya, dentro de un siglo, algo más que muerte y privación, sin siquiera simulación de sociedades de convivencia. El darwinismo en estado puro.

En el otro lado del mundo se está creando, tras la conferencia de Indonesia en noviembre, un mercado común que se denomina cuenca del Pacífico: reúne la mitad de la población mundial y, dentro de ella, una inmensa mano de obra de primer tratamiento de la tecnología a precios reducidos. Están destinados a dirigir esa mano de obra una China que aún utiliza el vocabulario y la nomenclatura del comunismo, pero que puede ser uno de los mejores ejemplos del estatismo neoliberal: un control absoluto del trabajo y del individuo en favor de una producción de concurrencia; Japón, que hace ya tiempo que es un Estado neoliberal y, en el futuro, si consigue la estabilidad militar, la India. Con esa producción se hacía ya concurrencia a la capitalista de Europa y Estados Unidos: ahora no se va a concurrir directamente con sus industriales, sino con sus obreros.

La idea es que el consumismo se pueda organizar en dos grandes capas: una de producción y consumo para pobres (las tiendas de todo a cien pesetas son un ejemplo extremo) y otra de alta calidad para los ciudadanos de alta calidad. Es decir, que la ampliación de la pobreza en los países ricos no afectará grandemente a los grandes productores que se dedicarán a la calidad de vida mientras organizan el consumismo de pacotilla para sus masas. Es difícil pensar qué puede ocurrir con algunas áreas del mundo que no están cubiertas por ese nuevo orden, como el subcontinente latinoamericano. No es tan fácil abandonarlo a su suerte como se ha hecho con África.

En la actualidad, la palabra y la simulación de democracia se están utilizando en Latinoamérica como medio de contención — ejemplo, Méjico, con la transformación del PRI y la nueva manera de sujetar la revolución indigenista, como en Chiapas—; y en Europa, Estados Unidos y los países ricos de Asia para las clases privilegiadas, como sucedió con el invento mismo de la democracia en Grecia: para la minoría de ciudadanos que dominaban a los ilotas, a los esclavos, a sus zonas de imperio, a quienes no tenían derecho de ciudad. Las últimas elecciones de los Estados Unidos no sólo han dado el control de las cámaras y los gobiernos de los estados al Partido Republicano, sino a la facción más dura de ese partido, que está reclamando un nuevo integrismo, los rezos obligatorios en las escuelas, los pasos atrás en las libertades de costumbres y la reducción de los inmigrantes. En el estado de California, donde los hay en mayor número, se les ha privado ya de seguridad social. Es decir, se reproduce el sistema de la antigua Grecia o de la Roma republicana.

Éste es el estado actual de la democracia en el mundo, y del sistema neoliberal. Éste es también el diseño del futuro, lo cual no quiere decir que se cumpla: puede ocurrir cualquier clase de reacción y, de hecho, está ocurriendo. El aumento de la delincuencia contra la propiedad, o de la violencia que parece gratuita, o la reducción de la juventud sin trabajo y sin escuela por medio de la droga y del alcohol, está ocasionando a veces situaciones caóticas en los centros mismos de decisión de este designio democrático. Sólo una reducción drástica de la demografía pobre en los países ricos y unas fronteras que permitan el filtro preciso de la mano de obra ilegal y barata que aún pueda ser necesaria conseguirá mantener esas fortalezas. Por lo menos, durante un tiempo.

Sale en la pantalla el marqués de Villaverde: setenta y seis años y se muere. Cuando termine de escribir habrá sido también presa de los lobos en la noche del tiempo. Veo, entre los que acuden a la puerta del hospital, compungido, a Olano: un leal, un hombre que fue siempre fiel a la derecha. Veo a la marquesa, o duquesa de Franco, o lo que sea: recuerdo la orden escrita por la censura para que nuca mas se la llamara Carmencita, Carmencita Franco Polo, sino la señorita María del Carmen Franco; era un menester de los grandes, inolvidables ministros de Información. También un día dieron la orden de que el ministro de Justicia, Esteban Bilbao, sería llamado desde ese momento Esteban de Bilbao. Recuerdo un periódico de Ceuta que fue multado y castigado porque en el taller confundieron dos fotograbados, y bajo la foto de Carmencita —todavía Carmencita— se publicaba el pie destinado a Diana Durbin: algo decía de jovenzuela fresca, simpática, enamoradiza...

Diana Durbin: qué mal cantaba, qué poco; y cómo la dirigía Stokowsky, con la sinfónica de Filadelfia. Sin batuta, con las manos, melena al aire... El sonido era malo, la voz de Diana pequeña, pero de pronto la orquesta tocaba los *Preludios* de Liszt y el mundo cambiaba. En mi casa había afición a una cierta música, pero no a la grande. No sé por dónde me vino a mí: por el cine, creo, por *Vuelan mis canciones*, donde Martha Eggert y Jan Kiepura cantaban a Schubert y se remedaba su vida. Luego, los domingos del Monumental; no había uno sin una sinfonía de Beethoven. Un músico para los domingos: yo empezaba a despreciarle por culpa de Ortega y Gasset, que se burlaba de su *Pastoral* en una de las notas en beneficio de los impresionistas franceses. Luego me deslumbraron sus cuartetos de cámara: en el Ateneo. ¿Cassaux, Meroño... quiénes eran aquellos músicos? Dejaba a la hora del concierto la biblioteca y por la puerta del balconcillo entraba a escuchar. Más me valió para el aprendizaje Ortega que Beethoven.

—¿Conoces? Carmen y Cristóbal, Eduardo...

En Marbella se presentaba a las gentes sólo por sus nombres de pila: el apellido era una ordinariez. El bar de Pepe Carleton, el Bar Cero, estaba frente al hotel Don Pepe. Había un cuadro de Viola. A veces Edgar Neville se quedaba dormido en un taburete del bar y se inclinaba a un lado y a otro: era inmenso, y temía verle estrellado contra el cuadro como un manchón más. Cuando llegaba de Madrid, Conchita Montes pregunta al entrar:

—Decidme quién esta ahora con quién...

Las parejas mudaban. Carmen y Cristóbal perduraban.

En la barra servía una chica rubia que me recordaba a alguien. Pepe Carleton me lo aclaró: era una de las desnudas de *Blow Up*, de Antonioni. Vestida no la reconocía: pero nunca pudo comprar el desnudo real con el del cine. Estaba lejos de todos nosotros: era una artista. Pepe Carleton era de Tánger, y amigo de Emilio Sanz. Emilio me contó un día que se había hecho famoso en un examen de liturgia, de la asignatura de religión, cuando le preguntaban por la misa:

—El cura se pone una especie de *peignoir*, con la manga raglán...

Un aristócrata de la penicilina, un multimillonario italiano —en sus fiestas cubría de alfombras persas la arena de la playa privada— entró en materia un día con una pequeña y joven belleza. Bebió, invitó. Pepe le dijo que era un chico: él se encogió de hombros y dijo que más valía probar qué era aquello. Se fueron. El italiano tenía una novia; había hecho para ella una casa menor dentro de su finca. Sólo me acuerdo de un detalle del salón: un cuadro de Fujita. Una noche corríamos por la carretera y ella empezó a estimularme. No era difícil. El hombre del mercado negro de medicamentos me dijo: "No hagas caso si no quieres, es sólo por darme celos a mí. Mejor que no te metas. El del dinero soy yo". En la radio estaban tocando *Strangers in the night*. Ella no siguió.

"The more I see yo...": quizá fuera esa la canción, "... the more I love you". Las dos se oían mucho. En la discoteca de Pepe Moreno: la primera vez que entré en contacto con el mundo arrasador del volumen, de la conversación imposible. Pepe Moreno era hijo de un alcalde desdichado de Madrid (o del desdichado Madrid). Yo llegaba arrasado por el trabajo de sacar de la nada un periódico imposible, con una maquinaria inútil y un personal atónito: para una ciudad que no leía jamás. Quería un telón de whisky y ruido. Pepe Moreno me dijo una noche:

—Te quiero hacer una confidencia...

No le oí nada. Repitió a gritos. "...confidencia...!" ¿Se me iba a declarar? Hizo señas a un camarero:

—Dile a la señora marquesa que los ponga lentos...

Su esposa pinchaba los discos. Cuando la atmósfera se hizo audible:

—Tengo un vicio... Un vicio que domina mi vida... ¡El baile! No pienso en otra cosa, no deseo otra cosa...

Edgar Neville fue un republicano burgués; se paso a franquista en el momento de la guerra, y después procuró hacer un cine social, un cine de humildes, pobres, humillados. Salvó su época: hizo películas que valen, que retrataban, cuando otros escapaban. O retrataban el envés. Le quedaba mucho del otro tiempo. No tanto en el teatro, que ha sido siempre un arte de la derecha, del poder; y aún le cuesta un gran trabajo librarse de esa liga.

Era diplomático: la Monarquía le castigó enviándole a un puesto remoto y fastidioso, Tegucigalpa: envió al ministro un telegrama que decía: "Dígame S.E. dónde está Tegucigalpa y manera de llegar". Fue conminado a presentarse inmediatamente; pero entonces llego la República y contestó con otro telegrama: "Ja, ja, ja". Trabajó como "señorito de la República" según una frase de Gómez de la Serna. Era hombre de gusto, distinguido: amaba los vinos, las comidas, las fiestas dignas de un caballero al mismo tiempo que del pueblo —verbena, fútbol, toros: a veces fueron sus temas—, las artes.

Creo que fue la última comida con él: en Marbella, en el restaurante del hermano serio de Pepito Carleton: después de elegir cuidadosamente su menú de *gourmet* y de *gourmand* veía lo que comíamos los demás y se enamoraba de lo nuestro. Y de lo que pasaba en bandejas para otras mesas. Pedía que se lo añadieran, suplicaba que le dejásemos probar de lo nuestro, metía la cuchara en mi postre (siempre los elijo barrocos); al terminar, rechazó el azúcar para el cafe, y dijo:

—Conchita, dame la sacarina, que el azúcar engorda mucho...

Ya se contaba la frase que había dicho a una beata que le recomendaba que comulgase:

—Señora, me es imposible: engordo con nada.

Era ya obeso: de la obesidad que le llevaría, más o menos, a la muerte, o que elegiría él para terminar, no lo sé. Conchita era Conchita Montes: y ya se fue. Culta, refinada, elegante actriz, ingeniosa, viva. Con Conchita Montes se fue a Hollywood hacia 1934, con algunos de los grandes de su generación: López Rubio, Jardiel Poncela, Tono. ¡Los humoristas! Iban a realizar los doblajes para Hispanoamérica; hicieron alguna película directamente en español allí (recuerdo haber visto *Angelina, o el honor de un brigadier*). La otra generación del 27, dijo López Rubio; una parte de la generación de la República, digo yo, que tiendo siempre a señalar que el tiempo de libertad sirvió para algo y para todos, aunque todos se pasarán: la época.

Un famoso profesor de derecho, Antonio Luna, fingió una beca oficial para que la familia dejara irse a Conchita, menor de edad: me lo contó el profesor, y si le entendí mal, ella me rectificó. Siguieron juntos toda la vida. No tengo mas notas que la memoria; pero se alía con ella el olvido y forman a veces una pintoresca confusión.

Aquella generación se volvió a encontrar en San Sebastián, ya en la guerra civil. El "señorito de la República" había recuperado su vieja sangre de conde de Berlanga de Duero, o había visto tanto horror en Madrid, y pasado tanto miedo por sí mismo y por los suyos, o tuvo "el asco por la greña jacobina", como dijo Antonio Machado (fiel, sin embargo a los jacobinos mismos, al Quinto Regimiento), que había preferido una traición: encargado por el Gobierno republicano de ir a París a comprar armas, se fue con el dinero a la zona franquista. Allí hizo, con Mihura —y Conchita, y Marqueríe, y naturalmente Tono...— *La Ametralladora*, periódico de humor para combatientes; se transformaría en *La Codorniz*, cuando se hizo de paz, y ha dejado un hueco imborrable. Cambió toda la mentalidad cómica española, y dejó entrar el surrealismo por donde menos se le esperaba, con gran angustia de la caverna.

Por entonces comenzó su buen cine. Había hecho antes de la guerra, entre otras, un *Malvado Carabel*, sobre Fernández Flórez; al terminar, un *Frente de Madrid* (1940), películas de propaganda... Creo que su primera buena película fue *La torre de los siete jorobados*: una novela madrileña de Emilio Carrere, con pasadizos y claves, folletinesca y graciosa, que yo leía de niño. *Domingo de carnaval*: Madrid también, solanesco y antiguo. Se buscaba entonces (los primeros años cuarenta) un desplazamiento en el tiempo para decir lo que no se podía decir. El ramalazo republicano le volvía a Edgar: sobre todo, por la vulgaridad, zafiedad, incultura del franquismo, del que huían intelectualmente otros de sus compañeros, y vuelvo a citar con placer a Tono, Mihura, López Rubio, Jardiel; y los que se fueron añadiendo.

De entonces (1945) es *La vida en un hilo*, con un excelente guión. Gerardo Vera, de tan gran sensibilidad, lo ha conservado en una nueva versión, aunque en el lugar del tiempo presente puso la nostalgia, la reminiscencia, y añadió sus propias intenciones, o su gusto; de todas formas, estará bien volver a ver —filmoteca, televisión— la película que ya sólo puede considerarse como primitiva, en la seguridad de que conserva muchos valores. *La vida en un hilo* tiene un enredo, como era costumbre en el teatro de la época —la película fue también comedia—, con unos finos toques del destino: no el destino grandilocuente, o de la raza o la humanidad, que eran los temas frecuentes del cine, y así se ganaban sus premios y sus soldadas, sino del destino cotidiano, inseguro de sí mismo, circunstancial. También es verdad que Edgar no era pobre y podía hacer algo de lo que quería.

Mas allá, fue él quien arrancó el cine social con *El último caballo*, que se ha considerado como el primer golpe del neorrealismo italiano en España (Edgar había trabajado en la Italia musoliniana, y alguna impregnación tenía de ese país).

No era un cine apto para nada: era bueno, y basta. Los críticos le favorecieron más por amistad que por convicción, y los historiadores de la cultura de la época le suelen conceder tres o cuatro líneas amables. No era útil para los premios, que se daban según el "interés nacional", y Edgar parecía poco atraído en el sentido que tenían los ministros —el inevitable Arias Salgado—; el público podía encontrarlo tristón, aparte de que confiaba poco en cualquier película española en general; el madrileñismo tampoco podía estar de moda, cuando la ciudad misma estaba bajo sospecha y acusación por haber resistido a "los nacionales" hasta el último momento... Y los supervivientes intelectuales de la izquierda le seguían considerando un fascista.

Fue el teatro, y precisamente una obra burguesa, *El baile*, la que dio finalmente un espaldarazo de popularidad a Edgar Neville. Con Conchita Montes, Pedro Porcel, Rafael

Alonso: me parece estar viendo aquella primera interpretación; y también las representaciones que se dieron en Londres, también con Conchita Montes trabajando en inglés, idioma del que ha sido muy buena traductora y que para Edgar no era extraño: su familia seguía la tradición de su antepasado Richard Neville, conde de Warwick; de los Nevilles llegados a Málaga.

No le vi mucho en sus últimos años. Yo vivía en Tánger, y veces les encontraba en Marbella, donde tuve también trabajo; a él, a Conchita, a Isabel, a Antonio Mingote... Aún le recuerdo, no sé si una última vez, dormido y sentado en ese taburete del bar de Pepe Carleton, como si fuera a salir disparado hacia el cuadro de Viola, conservando sobre la diminuta base en que reposaba su inmensidad un equilibrio de sonámbulo.

Creo que por entonces ya sufría Edgar de unas imágenes imposibles, de la elaboración de unos fantasmas de sentimientos lejanísimos a la realidad tangible. Decían que estaba enamorado de una flamenquilla, una jovencita, que le miraba con tanta admiración como imposibilidad. Y la bulimia, el abandono, podían responder más a ese desaliento de poeta que a cualquier otra cosa. Esto le ocurrió a los 68 años de edad: en 1962.

Cristóbal, ahora, se muere. Sólo le vi esa vez; y otra en la finca de Luis Miguel Dominguín, que daba una fiesta: el bautizo no sé si de Miguel o de Lucía. Lucia Bosé, la madre: una belleza inmensa. Se la dio Visconti y nunca se la pudo quitar nadie. Pepe Dominguín estaba con su pareja: una inquietante actriz de su tiempo, María Rosa Salgado. Todos la habíamos mirado mucho siempre, pero se la llevó el torero. Como a Pastorita Peña: se la llevó Antonio Bienvenida. Cristóbal estaba pesado. "Una de sus noches", decían. Insistía en bailar con María Rosa, y ella no quería. Llegó a tomarla del brazo y levantarla: Pepe Dominguín le dio una bofetada rotunda. ¿Se podía abofetear al yerno de Franco? Sí, sí se podía. No pasó nada. Luis Miguel me dijo:

—El otro día me quiso robar una perdiz que había matado yo; se puso pesado y le tuve que pegar.

Termino de escribir el párrafo, y Cristóbal ha muerto. Poco espacio en los periódicos, en las televisiones. No vi a nadie conocido en las imágenes del hospital donde agonizaba. Solo Olano. Y Carmencita, María del Carmen, la marquesa, la duquesa: todo en una sola persona. Una persona discreta, que no ha querido explotar nada ni heredar más que un título y lo que el difunto dejó. Hasta ha devuelto, gratis, los diarios de Azaña, que tenía entre los documentos de casa. Cristóbal ya estará muerto cuando se publique lo que escribo ahora: una necrología profundamente desagradable. Poco piadosa. Un señorito de Marbella, de las fiestas de Dominguín. Pero, ¿y yo? ¿dónde estaba, sino allí?

Me canso, estoy cansado. Como el hombre de la metáfora de Musset, para construir la casa nueva he tenido sólo las piedras de las ruinas. Las piedras blanqueadas: como las de los sepulcros. No voy a meter aquí a mi prole. Pero tampoco importa: que se hagan ellos sus casas, o sus cabañas de película de dibujos, acechadas siempre por el lobo feroz. El lobo que caza de noche, que hace sus presas y las devora. "Apagad las antorchas", dice el personaje de Shakespeare. El veía la aurora; no tengo yo esa suerte. "Adiós, adiós, señores".

El olor de Tánger, el olor de África. Una persona muy querida me dijo una vez que los continentes huelen: me lo dijo desde América. Huele África; quizá venga, desde el último fondo, un olor de león y de elefante. Quizá lo traigan los huidizos, asustados africanos que llegan empujados por el hambre, el castigo, la muerte, hacia las pateras: para llegar a España. Hacia el telón de agua que han elevado los cristianos que derribaron el muro de Berlín y proclamaron la libertad.

Vuelvo a Xauen. Desde el pobre parador se veían los montes, el valle: y una mezquita pura y lejana. Estaba vacía: mandó construir sus fachadas el general Beigbeder para valorar el paisaje. Los moros la llamaban *Sidi Ualo*, San Nadie, (para él se mandó hacer un castillo, bien terminado, bien poblado: entonces no se hablaba de corrupción). "Moro" es una palabra que ellos consideran peyorativa, aunque su etimología no lo sea (*maur*, occidental. El imperio mauritano, el imperio, ay, tingitano; Mauritania, uno de los países más pobres del mundo). Pero moro es la palabra que usó el colonizador como despectiva, frontera entre las buenas y las malas clases, entre vencedores y vencidos. Nunca quisimos al moro: nos ocuparon ocho siglos, fueron luego expulsados por infieles; vinieron las crudas —corruptas— guerras de África; conquistamos unos terroncillos pobres y, finalmente, nos echaron. Lo pagan los harapientos que hacen noria en la Puerta del Sol de Madrid, y unos a otros se proporcionan albergues caros y malos, papeles dudosos, trabajos negros donde se les explota: y la sociedad les tiene miedo histórico, asco de color; desprecio.

"Bajarse al moro" está en las locuciones del día: a Marruecos a traer droga. Fue el título de una comedia madrileña de Alonso de Santos tan justa, tan triste, tan ingenuamente ilusionada al final. La película es buena, pero los de teatro sufrimos por la comparación con una obra excelente. Trasciende también la derrota de una juventud de canuto, de porro, que "baja al moro", al contrabando del "chocolate" y puede caer en manos de la policía. Ya están en la película de Fernando Colomo en la decadencia, en el final. Van escapando los desertores, los integrados: no son apocalípticos los que quedan, sino sobrantes, vencidos entre los vencidos.

En esa película sale Xauen: las únicas casas con tejas de todo el Islam, las únicas calles por donde corre el agua: reproduciendo Granada hace quinientos años. Y los zaguanes donde cuelgan aún las llaves de la casa invadida por los católicos... Las guardaron para cuando volvieran. Qué perseverantes hemos sido en quitarnos de encima todas las buenas civilizaciones que se aproximaron.

El olor del continente brota de la pantalla, de la televisión, del escenario. Un pequeñísimo continente: el té con menta azucarado; en la que fue la Plaza de España cuando mandaba y con el bordeneo de las abejas para sorberlo desde el borde. Y el de la casa de la Abisinia sobre el chau-chau de las chicas que esperaban que alguien volviera por ellas. El té de la Jafita, en Tánger. Y el kif: en el cine, en los cafetines morunos, en las calles. El olor a cuerpo, el olor de ellos: ellos notan el olor nuestro.

Las chicas de la Abisinia, las chicas de Tánger —Zohora, Aixa, Fátima; y Mariem, como en Lorca— olían a lo que comían, a lo que bebían. A veces los clientes les pedían que bebieran alcohol, ginebra o whisky, para verlas al temblor de la transgresión: prohibido sobre prohibido. A veces ellas eran las que lo pedían. En los cabarés les daban té con hielo como si fuese whisky, para engañar al cliente y cobrarle, para que ellas no cayeran demasiado pronto. "Pídelo para ti y me lo pasas..." Como en Madrid, después de todo. Las chicas de alterne.

Las africanas tienen el clítoris extirpado: a veces, machacado entre dos piedras. Tienen en la memoria el dolor de la operación infantil, como ellos tienen el de la circuncisión: pero el resultado es muy distinto. Es una castración. La hacemos nosotros: en algunos estados de América la quieren utilizar contra el violador. Veo unos: sombra en su cara, o manchas móviles para que no se le reconozca en la televisión: pero en los periódicos sale la fotografía. Un negro joven, bello, que ha decidido que no le castren: prefiere la vida en la cárcel, donde quizá le violen: o viole (allí esta admitido, tolerado). ¿Ha decidido? No tiene decisiones, manipulado por la jueza, la abogada, la madre, las hermanas; los periódicos, los carceleros, los presos.

La palabra castración me produce un efecto físico de dolor y angustia. Debe pasarnos a todos; pero desborda un sentimiento masculino porque cuando he leído o estudiado la ablacion del clítoris, en el mundo árabe y en toda África, he sentido el mismo malestar peculiar. El corte de la mano del ladrón en Irán me indigna; no hablemos de la guillotina, la horca, la silla eléctrica: pero es otro dolor: moral, humano, solidario. Quizá un tabú cristiano. Y una desolación infinita ante la civilización del castigo, implacable: maldad contra maldad, en espiral.

El estremecimiento por la castración, masculina o femenina, debe venir de mucho antes del cristianismo, o de la afición irreprimible por los evangelios —qué gran religión, qué revolución auténtica, si no hubiese incorporado el antiguo testamento y la obediencia y el pánico, con los terribles, ignorantes papas: todo lo que pasa por Roma, se corrompe—: debe estar en los arcanos de la especie que quería sacar a flote Jung —y otros nazis, que curioso—, nacida en la época en que la fuente de la vida era sacratísima porque había que poblar el planeta y reponer la muerte rápida: dura ahora, cuando conviene tanto despoblarlo: no crear más desgraciados, no dejar que la muerte del aborto se retrase y venga por hambre, miseria, abandono o bloqueo de las Naciones Unidas: infanticidios diferidos.

No se puede ni imaginar la sustitución legal de la cárcel por la castración. Pero hay castraciones mentales: regímenes, sistemas, códigos penales y civiles, reglamentos, miedos, madres y padres, compañeros y compañeras, religiones de todas clases, educadores, represores sociales que practican la castración moral: en democracia. No produce sangre, pero sí ciudadanos sumisos, aterrados, solitarios, amuñecados. Impotentes. (Pero es invisible).

África: corran a verla, pronto no existirá. Ya apenas quedan estos bordes doloridos. Es misterioso pensar que a mediados de siglo pensábamos en la descolonización, y la exigíamos: y ahora, viendo África rota, hambrienta, desmembrada, enferma de sida y prostitución y malaria y disentería, pediría ser colonizada otra vez. Pero ya no interesa. La verdad es que cuando descolonizamos, en los años sesenta, lo hacíamos porque ya no necesitábamos de sus materias primas, de su mano de obra barata. Les habíamos destrozado desde las expediciones esclavistas de árabes y de cristianos, les explotamos cuando les ocupamos, les hundimos cuando nos fuimos. Cuando no necesitábamos nada más de ellos, y les podíamos poner el muro de agua. Adiós, África.

Cuando los blancos la abandonaron, los países imperiales ganaron: nunca ha habido más riqueza que después de la descolonización. El salto adelante de Europa viene desde los años sesenta: cuando desarmaron. El salto adelante de los Estados Unidos, desde que perdieron la guerra del Vietnam. España: el salto desde el Desastre a la República sólo necesitó treinta y tres años. Pero luego llegaron los del Desastre y desastraron la República, y a España. Ah, pero eso ya lo he contado. Me canso.

España sin Imperio: miro este trozo de España, desde lo alto de la Gran Vía, en la Ser o en Arthur Andersen, miro hacia abajo y veo los círculos concéntricos de las épocas: en el centro, los tejados rojos y descoloridos de la población manchega, que dijo alguien; las calles de Quevedo y Lope. Las imprentas de Cervantes. Poco a poco los círculos de las modernizaciones. La Gran Vía, la calle de Alcalá: hasta los confines donde están las urbanizaciones; y, más allá, las chabolas de los africanos; o de los descendientes de los africanos. Se ve la nariz, el pelo crespo, los ojos de las mujeres: y un atavismo en las barbas, y una prosodia que aceptó mal el castellano. No es sólo una coincidencia que la pobreza haya hecho en ellos su presa, la presa del lobo de la noche, antes que en otros. Si los sociólogos trabajaran, verían también que la pobreza es mas fácil para los descendientes de los que perdieron la guerra que para quienes la ganaron. Simplemente, para quienes vivieron en una zona o en otra.

En el Madrid más antiguo hay cúpulas, torres, pizarra: son las iglesias. Hay menos a medida que se van viendo los ensanches y la modernidad. Hay menos cuadriláteros vacíos: es que no hay cuarteles. Todavía quedan algunos grandes huecos, pero se han convertido en centros de cultura. O de suposición de cultura. Y es que cada vez hacen menos falta los cuarteles y las iglesias. Somos más sumisos, menos pecadores, menos revoltosos. Envejecidos.

El Madrid pequeño de mi infancia tenía algo menos de un millón de habitantes. Ahora tiene cuatro. En ese Madrid había un Rey, y ahí está el palacio, y unos cuantos ministerios, y un municipio. Si la población se ha multiplicado por cuatro, los edificios oficiales y los funcionarios se han multiplicado por catorce, por veinte. La proporción del Estado es muchísimo mayor que la del crecimiento demográfico. Gobernación era ése solo edificio de la Puerta del Sol donde se proclamó la República. Esa República decidió sacar el Gobierno de Madrid: fabricó los nuevos ministerios en lo que entonces era descampado: al borde de la Castellana. Para todos. Ahora no cabe ni siquiera uno. En la Puerta del Sol está el centro de la Comunidad de Madrid, que entonces no existía: pero esa Comunidad se ha extendido, se ha hecho pulpo:

viejas casas históricas y sociales han sido cazadas —la Universidad, Maudes—, se están construyendo nuevos edificios. Es el Estado, en sus formas alotrópicas, el que se extiende. Muchos creen que las autonomías les han salvado del Estado central; han creado otros estados centrales, que son otros enemigos. El mal crece.

Había un Rey, ahora es otro y es su nieto: todo es así. Ha pasado el Desastre, las tres grandes generaciones literarias, la guerra civil, las africanas, las mundiales; se ha perdido hasta la última colonia, y todo tiene la misma textura. Las grandes pérdidas han redundado en algunos beneficios: se vive mejor que antes, y hasta el hambre es más llevadera. Pero también se distancia más la pobreza de la riqueza: el rico es más rico, y más pobre es el pobre. Los partidos se han convertido en mecanismos del Estado, que se ha convertido en mecanismo de los bancos. Ha caído la natalidad porque no hacía falta; se ha liberado la mujer y se ha puesto a trabajar de secretaria, de camarera. Ah, ya no hay modistillas, ni aprendizas. Pero los hogares no los puede mantener una sola persona.

Vacíe usted un palacio a la fuerza; poco a poco, volverá a estar ocupado. Descentralice un Estado, y saldrán catorce. Por eso, y por todo lo pasado y recordado, me canso ahora un poco más.